国家社科基金项目
"西部民族地区城乡义务教育师资均衡财政保障机制"终期研究成果；

宁夏大学民族学一流学科建设经费资助出版（NXYLXK2017A02）

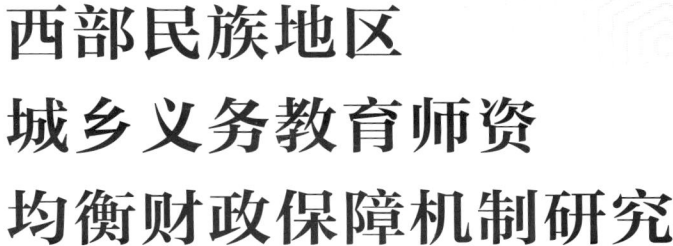

西部民族地区
城乡义务教育师资
均衡财政保障机制研究

马 青 / 著

中国社会科学出版社

图书在版编目（CIP）数据

西部民族地区城乡义务教育师资均衡财政保障机制研究/马青著.—北京：中国社会科学出版社，2020.5
ISBN 978-7-5203-6381-5

Ⅰ.①西… Ⅱ.①马… Ⅲ.①民族地区—义务教育—教育财政—财政制度—研究—西北地区②民族地区—义务教育—教育财政—财政制度—研究—西南地区 Ⅳ.①G526.7

中国版本图书馆 CIP 数据核字（2020）第 067444 号

出 版 人	赵剑英
责任编辑	王莎莎　刘亚楠
责任校对	张爱华
责任印制	张雪娇

出　　版	中国社会科学出版社
社　　址	北京鼓楼西大街甲 158 号
邮　　编	100720
网　　址	http://www.csspw.cn
发 行 部	010-84083685
门 市 部	010-84029450
经　　销	新华书店及其他书店

印刷装订	北京市十月印刷有限公司
版　　次	2020 年 5 月第 1 版
印　　次	2020 年 5 月第 1 次印刷

开　　本	710×1000　1/16
印　　张	19.5
插　　页	2
字　　数	268 千字
定　　价	118.00 元

凡购买中国社会科学出版社图书，如有质量问题请与本社营销中心联系调换
电话：010-84083683
版权所有　侵权必究

序　　言

改革开放以来，城乡社会急剧变迁，城镇化建设迅速推进，不仅极大地改变了城乡社会资源配置结构，还显著地改变了城乡社会文化意识格局。现代城市文化不断涌入农村，现代城市物质文明建设成果全面推向农村，以"差序格局"等观念为特征的传统社会文化逐步弱化，以"自愿平等"等市场观念为特征的现代社会文化持续强化，现代社会的个体化观念不断崛起，甚至被国际学术界正在形成一个"自我的中国"（iChina）。在这样的历史背景下，城乡教育意识生态开始重构，城乡教师自我意识和自我观念觉醒。面对城乡社会发展的现实差距，农村教师根据自我发展需求进行职业发展地域与单位的选择，引发农村优秀教师进城择校现象，造成农村优秀教师的大量流失。《乡村教师支持计划（2015—2020年）》等倾斜农村教师发展政策的颁布，有效改善了农村教师的工作生活环境条件，切实提升了农村教师职业吸引力。然而，城乡社会发展融合不充分、城乡公共资源分布不均衡等实际问题依然存在，导致农村社会发展的弱势地位依然没有得到根本改变，农村教师工作生活环境条件仍然有很大的改善空间。那么，究竟应通过什么样的政策举措来持续提升农村教师职业的吸引力，以实现城乡义务教育师资的高质量均衡发展，就成为亟待需要破解的理论与实践难题。

《西部民族地区城乡义务教育师资均衡财政保障机制研究》一书是马青教授主持的国家社科基金项目的终期研究成果，该书以西部民族地区城乡义务教育教师（以下简称"城乡教师"）队伍建设为研究对象，采用主体利益需求分析视角，运用大样本调查和深度个案分析相结合的研究方法，围绕城乡教师主体利益需求结构特征，从作为普通社会成员所具有的普遍性需求和作为教师角色所应有的特定性需求等方面，对基于主体需求的城乡师资均衡财政保障机制进行评价与构建。特别是，借鉴英国社会学家莱恩·多亚尔和伊恩·高夫所提出的中间需要概念，重新界定了教师基本需要的内涵范围，主张以需求满足公平为基础，从教师职业群体与其他职业群体、教师职业群体内部不同区域群体的需求满足公平性、教师职业特定需求满足公平性等层面阐释了作为教师职业的特定需求。作者认为应按照个人行为决策功能与能力对应原则，对城乡教师职业特定需求结构进行解构，强调社会文化整体性环境对教师职业特定需求形成与满足的影响。上述观点都是作者对教师政策的原理性探索，体现了教师政策研究的主体性文化取向，有利地回应了新时代城乡师资均衡发展的机制设计理念和需求结构满足问题。

该书注重教育管理机制的"结构"分析，关注教育管理机制设计的系统性，强调机制体系结构的功能性，关注不同机制之间的关联性、相容性和契合性。作者遵循"理论分析－需求关注－实践对应－机制改进"的研究思路，从"职业吸引力同等化、专业发展质量均衡化、专业施展机会平等化"三个维度构建了城乡师资均衡财政保障机制，从"配置、决策、评价"三个维度构建了城乡师资均衡财政供给机制。虽然这种教育管理机制的结构分析仍然存在着很多需要继续探讨的方面，但是对拓展和丰富教育管理机制理论体系具有重要的启示意义，这一点无疑是值得肯定的。

在马青教授《西部民族地区城乡义务教育师资均衡财政保障机制研究》一书即将出版之际，作为他的硕士生和博士生指导老师，看到他能够秉持"不忘初心"的信念，毕业后能主动申请到西部工作，努力投身于西部教育改革发展的研究与实践，我既感到欣喜，也感到欣慰！本书的出版是他致力于西部教育的研究成果，更是他主动融入西部教育、贡献西部教育的实践成果，也反映了他敢于理论创新的努力尝试和志向追求。

籍本书出版之际,既向马青教授几年来所取得的丰硕成果表示祝贺,同时也对马青教授未来发展提出新的期待,希望他能继续扎根西部教育沃土,深耕民族教育田园,结出教育理论硕果!

郭志明

2020 年 5 月 20 日

于长春寓所

目　　录

第一章　绪论 …………………………………………………（1）
　第一节　研究背景与价值 ……………………………………（2）
　　一　研究背景 ………………………………………………（2）
　　二　研究价值 ………………………………………………（7）
　第二节　文献回顾与评价 ……………………………………（12）
　　一　概念界定 ………………………………………………（13）
　　二　文献述评 ………………………………………………（23）
　第三节　理论基础与视角 ……………………………………（28）
　　一　理论基础 ………………………………………………（28）
　　二　分析视角 ………………………………………………（38）
　第四节　研究方法论与方法 …………………………………（42）
　　一　研究方法论 ……………………………………………（42）
　　二　研究方法 ………………………………………………（54）
　第五节　研究思路与逻辑架构 ………………………………（61）
　　一　研究思路 ………………………………………………（62）
　　二　逻辑架构 ………………………………………………（62）

第二章　城乡教师职业吸引力同等化财政保障机制 …………（64）
　第一节　城乡教师职业吸引力比较分析 ……………………（64）

一　教师职业吸引力省际比较……………………………（65）
　　　二　教师职业吸引力城乡比较……………………………（72）
　　　三　教师职业吸引力人类学变量比较……………………（84）
　第二节　城乡教师职业吸引力财政投入实践运行机制………（91）
　　　一　城乡教师工资福利待遇财政投入机制………………（92）
　　　二　城乡教师工作环境财政投入机制……………………（97）
　　　三　城乡教师进修提升财政投入机制……………………（102）
　第三节　城乡教师职业吸引力同等化财政保障机制构建……（107）
　　　一　城乡教师差异化工资稳定增长财政投入机制………（108）
　　　二　城乡教师多元教学环境改善财政投入机制…………（111）
　　　三　城乡主体互动式教师培训财政投入机制……………（116）
　　　四　城乡教师人才奖励财政投入机制……………………（118）
　　　五　城乡"中间阶段"教师重点支持财政投入机制……（120）

第三章　城乡教师专业发展质量均衡财政保障机制…………（123）
　第一节　基于质量均衡的城乡教师专业发展需求……………（123）
　　　一　城乡教师专业能力发展需求…………………………（124）
　　　二　城乡教师专业发展途径需求…………………………（132）
　　　三　城乡教师专业发展评价激励需求……………………（137）
　第二节　城乡教师专业发展财政投入实践运行机制…………（142）
　　　一　城乡教师专业能力建设财政投入机制………………（143）
　　　二　城乡教师专业发展途径财政投入机制………………（150）
　　　三　城乡教师专业发展评价激励财政投入机制…………（155）
　第三节　城乡教师专业发展质量均衡财政保障机制构建……（159）
　　　一　城乡教师专业能力整体提升财政投入机制…………（159）
　　　二　城乡教师专业发展途径均衡建设财政投入
　　　　　机制……………………………………………………（165）
　　　三　城乡教师综合评价激励改革财政投入机制…………（168）

第四章 城乡教师专业施展机会均衡财政保障机制 ……（176）
第一节 基于机会均衡的城乡教师专业施展保障需求 ……（176）
  一 社会支持环境需求 ………………………………（177）
  二 专业设施支持环境需求 …………………………（193）
  三 专业文化管理支持环境需求 ……………………（198）
第二节 城乡教师专业施展财政投入实践运行机制 ……（206）
  一 社会支持环境财政投入机制 ……………………（206）
  二 专业设施环境财政投入机制 ……………………（212）
  三 专业文化管理软实力财政投入机制 ……………（217）
第三节 城乡教师专业施展保障基础均等化财政
    投入机制构建 ……………………………………（220）
  一 社会支持环境改善财政投入机制 ………………（220）
  二 标准化专业设施环境建设财政投入机制 ………（228）
  三 专业文化管理软实力改进财政投入机制 ………（232）

第五章 城乡师资均衡发展公共财政供给保障机制 ………（235）
第一节 城乡师资均衡财政投入公平配置机制构建 ……（236）
  一 城乡师资均衡财政投入中央转移支付机制 ……（237）
  二 城乡师资均衡财政投入积极差别配置机制 ……（245）
  三 城乡师资均衡财政转移支付法制建设机制 ……（254）
  四 城乡师资均衡财政投入政府激励机制 …………（257）
第二节 城乡师资均衡财政投入民主管理机制构建 ……（262）
  一 基层政府与学校财政支出管理赋权机制 ………（263）
  二 城乡师资均衡财政投入信息公开机制 …………（266）
  三 城乡师资均衡财政投入决策参与机制 …………（268）
  四 城乡师资均衡财政投入监督机制 ………………（272）
第三节 城乡师资均衡财政投入效能保障机制构建 ………（275）

一　城乡师资均衡财政转移支付规范管理机制 …………（276）
　　二　城乡师资均衡财政投入政策统筹组合机制 …………（278）
　　三　城乡师资均衡财政投入绩效评价机制 ………………（280）
　　四　城乡师资均衡财政投入扁平化运行机制 ……………（283）

参考文献 ……………………………………………………（286）

后　记 ………………………………………………………（302）

第一章
绪　论

在"工业反哺农业，城市反哺农村"的历史背景下，城乡发展一体化已成为我国政策的基本战略走向。义务教育作为经济、社会发展的基础条件，既是城乡一体化建设的内容，又是推动城乡社会可持续发展的关键，那么，实现城乡义务教育的均衡发展就显得尤为重要。改革开放以来，尽管城乡义务教育[①]的发展水平获得了显著改善，可是某种程度上仍然是一种数量型的普及，教育质量尚存差距，难以充分满足广大人民群众对优质教育的需求。要缩小质量差距，保障城乡居民享受优质教育的平等权利，真正实现有质量的城乡义务教育公平，就应保证师资供给质量的均等化，相应的财政保障机制又是城乡师资均衡发展的制度基础。2006年以来，我国逐步确立了"国务院领导，省、自治区、直辖市人民政府统筹规划实施，县级人民政府管理为主"的义务教育管理体制，可是，相应的管理机制体系仍处于探索之中，那么，在新的管理体制下，我们究竟应通过什么样的财政保障机制来促进城乡师资的均衡发展就成为亟待进行的研究课题。

---

① 除特别说明外，本书中的城乡、城乡教育或者城乡义务教育均指西部民族地区的相应对象；城乡师资均衡均指西部民族地区城乡义务教育师资均衡；城乡教师是指西部民族地区城乡义务教育教师；城市学校、农村学校均指西部民族地区城市义务教育阶段学校、农村义务教育阶段学校。

第一节 研究背景与价值

国家整体改革的不断深化，国家治理体系改革、新型城镇化、教育综合改革等各项重大战略举措的实施，使西部民族地区城乡义务教育发展面临着新问题、新挑战和新任务，城乡师资质量的均衡供给成为加快西部民族地区城乡义务教育发展的关键支点，财政投入机制的改革则是重要前提和基本途径。实施城乡师资均衡财政保障机制研究，对丰富教育管理的特色化理论体系和城乡师资均衡实践路径的探索，具有启示意义和借鉴价值。

一 研究背景

（一）优质义务教育供给成为新型城镇化建设的必然要求

数据显示，1949年我国的城镇化率仅为10.6%，2018年已达到59.58%[①]，城镇化增长率达到43.13%。与高速增长率相伴随的却是较低的发展质量、城乡社会发展的差距、城乡人口生活质量的差距。应对片面快速发展所带来的城市病，我国政府提出了"以人为核心"的新型城镇化发展战略规划。结合已有的观点，所谓新型城镇化主要有两个层面的政策内涵：第一，城乡双向互动、共同发展，而非单向性的城市发展。从本质上讲，新型城镇化是现代文明建设成果普惠城乡社会的过程，是现代城市文明不断向农村扩散、农村与城市同步实现现代化的过程。第二，尊重利益相关者的发展意愿，保障城乡社会公众生存、发展的平等权利，由过去侧重"以物为本"的发展导向转化为侧重"以人为本"的发展取向。前者是新型城镇

[①] 2016年的数据详见国家统计局发布的《中华人民共和国2018年国民经济和社会发展统计公报》；1949年的数据详见武力《1978—2000年中国城市化进程研究》，《中国经济史研究》2002年第3期。

化的发展途径，是实现新型城镇化的前提基础；后者是新型城镇化的发展归宿，是新型城镇化建设的根本目的。正是基于此种关系的考虑，"2013—2020 年中央一号文件"以及《中共中央关于全面深化改革若干重大问题的决定》等重大政策，都将城乡公共资源、公共产品的配置，公共服务均等化作为重要内容加以阐述。①

  义务教育是一项基本的公共服务产品，不仅是新型城镇化建设的基本内容，还是推动新型城镇化建设的关键因素，也是保障城乡居民平等权利的重要途径。一方面，义务教育处于国民教育体系的底层，对保障农村人力资源的供给质量具有奠基意义；另一方面，中国自古以来就有重视教育的文化传统，优质教育对人口具有巨大的吸引效应，从而形成优质教育对城镇化的推动与支持作用。教师是改善义务教育供给质量的前提。因此，在新型城镇化建设的背景下，如何通过高质量师资的有效供给实现优质义务教育的共享就显得尤为关键。从供给历史来看，与传统城镇化发展模式相对应，长期以来我国城乡师资建设遵循了一种非均衡型发展的逻辑。也就是说，按照非均等化的方式实施城乡师资队伍建设，师资建设的政策效果更多地为城市享有，导致城市、农村义务教育师资质量发展产生了差距。这也印证了"城镇化建设就是城市建设"的传统理念。显然，非均衡的发展逻辑不仅会造成社会公平问题的加剧，而且难以满足新型城镇化对高质量义务教育供给的要求。面对新型城镇化建设的政策环境，城乡师资发展应由非均衡型发展转化为整体结构性调整，即按照均等化发展的价值理念、采取非平均化的方式、加强对弱势贫困农村地区义务

---

① 需要说明的是，新型城镇化建设关涉的人口群体除包括众多农村人口、农民工等之外，还包括数量众多的公共服务关联人口群体。此类群体以农村为工作地点，享受国家体制内的福利待遇，但不以农业生产活动为主业。受到城乡发展二元结构模式的影响，尽管同属国家体制内人员范围，可是工作地点、服务对象的不同，导致城乡公共服务关联人口群体的发展条件、工作环境、福利待遇等存在显著差距。他们的素质水平、发展条件直接影响着农村公共产品的供给质量。

教育教师的支持力度，打破二元结构模式下所形成的农村义务教育师资建设的累积性弱势，形成公平的教师发展利益结构格局。在结构性调整政策体系中，相对应的投入保障是首要条件。我们究竟应通过什么样的政策设计，实现利益结构调整的政策效应，进而保障优质义务教育的供给均衡就成为必须面对的问题。

（二）城乡教师质量的持续改善成为教育综合改革的实施基础

改革开放四十余年来，面对经济社会发展的人才需求以及提升人口素质、保障受教育权利的种种压力，我国各级党委、政府进行了大量的实践探索。从"拨乱反正，恢复正常教育秩序，确立教育现代化的历史任务"，到"全面教育体制改革的开展"，再到"以'经济主义'为发展特征的教育产业化、教育大跃进"的发展，再到"落实科学发展观、推动教育公平发展"，无不体现了我国对教育发展的重视和提升教育发展水平的决心和立场。纵观四十余年教育发展、改革的历程，我国教育发展规模迅速扩大、教育发展总体进入世界中等水平、逐步从人口大国向人力资源强国转变，并且全面实现"两基"，基础教育发展质量得以巩固，高等教育步入大众化阶段。可是，在数量增长和跨越式发展的背后，教育发展的结构性问题、公平性问题愈发凸显。随着经济的快速发展、人民生活水平的迅速提升，我国步入全面建成小康社会阶段，21世纪之初人均国内生产总值已经达到6000美元以上，社会公众的生活需求由生存型消费向发展型消费转变，对自身素质的提升需求强烈、对社会发展的贡献意识得以强化、对政府公共服务质量的要求不断提高，特别是对公平享受优质义务教育的愿望迫切。我国教育改革面临的发展环境越来越复杂化，教育发展的多样性、复杂性等特征愈发明显。

面对教育发展的新形势、新特征，我国提出了深化教育领域综合改革的战略举措。综合改革的综合性既体现于覆盖范围的全面性，涉及国民教育体系各层级教育的发展；又体现于教育改革事项的多样性，涉及人才培养、办学体制机制等各种难点、热点问题的改革。然而，归根结底还是人的发展。从终极目标看，受教育者的发展是最终导向；从实现途径看，教师的发展是根本保障。无论是人才培养模式的改革，还是教育发展体制机制的改革，教师不仅是各项改革的直接受众，还是各项改革最为直接的落实者和实践者。因此，教师质量的提升就成为全面深化教育领域综合改革的实施基础。在党中央和各级政府的共同努力下，近年来西部民族地区义务教育师资的整体质量获得了极大的提升。特别是特岗教师政策的实施，使西部民族地区义务教育教师的数量、质量问题得以有效缓解。但是，受经济社会发展水平、义务教育发展基础、历史地理条件等综合性因素的影响，西部民族地区义务教育师资供给的结构性矛盾突出，城乡师资质量失衡尤为显著。在西部民族地区的贫困偏远地区、农村地区，优质师资短缺，教育教学骨干流失严重，农村优秀教师进城择校的现象普遍存在。虽然2015年《乡村教师支持计划（2015—2020年）》实施以来，西部民族地区农村教师的生活待遇和专业发展环境得到了明显改善，对西部民族地区农村教师质量的提升产生了巨大的推动作用，但是，受到原有基础和整体社会发展水平的制约，农村义务教育师资质量较低的现实仍然没有得到根本改变，难以满足地方群众对优质义务教育的需求，这也成为巩固与提升义务教育发展质量、推动教育领域综合改革的瓶颈。

（三）教师投入成为义务教育财政体制改革的着力点

新中国成立以来，基于"穷国办大教育，大国办穷教育"的发展背景，我国应对新形势、新挑战、新任务，不断调整义务教育财政体制，为我国义务教育的快速发展和改革创新奠定了物质条件。数据显示，2000年，全国教育经费总投入为3849.08亿元，财政性教育经费为2562.61亿元，财政性教育经费占国内生产总值比例为2.87%；2012年，全国教育经费总投入为27695.97亿元，财政性教育经费为22236.23亿元，财政性教育经费占国内生产总值比例为4.28%，首次突破财政性教育经费占国内生产总值4%的目标。① 进入21世纪的前12年，教育经费数量激增，教育经费总量、财政性教育经费总量、财政性教育经费占国内生产总值比例增长幅度分别达到620%、768%、1.41%。2018年，全国教育经费总投入为46143.00亿元，国家财政性教育经费为36995.77亿元，国家财政性教育经费占国内生产总值比例为4.11%，保持超过4%的比重要求稳定增长。②

就教育经费的使用结构而言，虽然我国教育经费的使用取向"由重硬件投入向重软件投入"转化、"由重规模扩张向重质量改善"转化，教师经费总量也逐年增长，但是与我国义务教育发展战略由数量普及向质量提升转型的需要相比，仍然存在一定的差距。那么，就应通过完善义务教育财政体制、优化义务教育教师投入保障机制，保障义务教育教师投入的稳定持续增长。

从义务教育投入体制的演变看，新中国成立后，我国确立了"高度集中、统收统支"的管理体制，尽管适应了当时高度集中的社会经济发展模式，可是限于经费数量、管理效率的缺陷，义务教育逐步确立了"统一领导、分级管理、条块结合、块块为主"的投入管理体制；伴随"划分收支、分级包干"的财政管理体制改革，义务教育形成了"地方负责、分级管理"的管理体制，义务教育投入纳入地方财政拨款、中央实行专项补助，最终构成了"省办大学，县办高中、乡办初中、村办小学"的教育财政体制。此种投入体制调动了地方发展义务教育的积极性，有效推动了义务教育实施范围快速拓展，实施效果却背离了"义务教育"公共产品的本质内涵，造成了义务教育不"义务"。再者，高度分散化的义务教育投入体制扩大了区域、城乡之间的教育发展差距。基于"地方负责，分级管

---

① 详见《教育部、国家统计局、财政部关于2000年全国教育经费执行情况统计公告（教财〔2001〕23号）》《教育部、国家统计局、财政部关于2012年全国教育经费执行情况统计公告（教财〔2013〕7号）》。

② 详见《教育部、国家统计局、财政部关于2018年全国教育经费执行情况统计公告（教财〔2019〕3号）》。

理"投入体制弊端和农村税费改革的影响,我国义务教育投入的重心上移,形成"以县为主"的投入体制。在公共财政体制逐步确立、义务教育投入陷入困局的双重作用下,我国最终确立了"省级统筹,县级管理为主"的义务教育管理体制。中央、地方政府分类、分级共同承担义务教育投入的体制得以形成。

教师投入是义务教育投入的构成部分,在我国义务教育办学条件逐步改善、硬件设施条件逐步完备的背景下,教师投入将成为义务教育投入的核心内容。纵观义务教育财政体制改革历程,虽然教师投入的体制、机制改革方向日益清晰,义务教育经费保障机制改革后教师发展经费具备了制度性依据,但是从义务教育教师发展的需求来看,教师投入的缺口仍然较大,特别是广大农村地区中小学校,教师专业发展的平台建设、专业发展培训等经费亟待继续补充。针对提升义务教育质量的实践要求,我们究竟应如何设计义务教育教师经费保障机制,以实现教师发展与义务教育发展需求的政策性对接?如何科学合理地划分政府间的责任,在稳定增长国家投入的基础上,充分地调动地方政府、基层政府的投入积极性?如何在保障数量增长的同时,保障教师投入的实践针对性和实施效率?通过什么样的途径切实满足教师发展需求、建立基于实际需求充足度的投入制度,实现义务教育教师投入的稳定持续增长等,是我们必须加以面对的问题,也是新时期义务教育财政体制改革的重要内容。

二 研究价值

(一)理论价值

有助于教育均衡理论研究的深化。《中共中央关于全面深化改革若干重大问题的决定》指出,"城乡二元结构是制约城乡发展一体化的主要障碍。必须健全体制机制,形成以工促农、以城带乡、工农互惠、城乡一体的新型工农城乡关系,让广大农民平等参与现代化进程、共同分享现代化成果"。与城市相比,城乡之间除了在发展的制度保障、外在硬件环境等方面的差距之外,人力资源质量的差距也是制约农村经济社会发展的主要因素之一。因此，城乡教育均衡发展就成为城乡经济社会发展一体化战略格局不可缺少的构成部分。《国家中长期教育改革和发展规划纲要（2010—2020年）》（下文中简称《纲要》）作为指导我国教育发展改革的纲领，既明确了教育发展目标，又提出了教育改革的政策途径。针对城乡教育均衡发展，《纲要》提出了"建立城乡一体化的义务教育发展机制，在财政拨款、学校建设、教师配置等方面向农村倾斜。率先在县（区）域内实现城乡均衡发展，逐步在更大范围内推进"的政策路线。就城乡教育均衡发展的进程而言，我们很难在短期内"一步到位"，完善农村教育发展条件，实现初步教育均衡发展，是我国当前教育均衡发展的现实选择。从行动策略看，与教育经费、教育设施等硬件的改善相比，师资水平等软件的改善是重点更是难点。针对城乡教育均衡发展，尽管国家已经颁布出台了《国务院关于深入推进义务教育均衡发展的意见》（国发〔2012〕48号）等一系列重要政策，而且国内已经形成了一批有影响力的研究成果，可是城乡义务教育师资如何实现均衡配置、城乡义务教育师资均衡发展内涵的主旨是什么、城乡义务教育师资初步均衡的标准是什么等问题仍有待继续深化。本书紧紧抓住"区域"和"师资"这两个核心要素，以财政保障为切入点，在深入剖析城乡师资失衡内在成因的基础上，致力于城乡师资均衡发展财政保障机制的构建，拓展了义务教育均衡发展的理论研究空间，将有助于教育均衡理论研究的深化和教育均衡发展理论话语体系的构建。

有助于构建富有民族区域特色的教育管理理论。西部民族地区问题的特殊性不仅表现为少数民族的聚居性所引发的社会文化基础的独特性，也表现为社会发展的差异性所带来的社会问题的复杂性。首先，西部民族地区地理位置相对偏远，与政治经济文化中心的距离相对较远，再加上长期以来少数民族文化传统的影响，西部民族地区发展的区域性特征显著；其次，自然资源条件的限制，再加上相对封闭的社会发展环境，导致西部民族地区的经济基础薄弱、与东部发达地区的发展差距较大；最后，特定的社会文化基础也增强了西部民族地区社会问题的复杂性，不能简单地移植、套用其他地区的做法来解决西部民族地区的问题。教育是社会结构板块组成部分，虽然有其自身的发展规律，但是对所处社会环境的依赖性较强。西部民族地区独特的社会文化背景、经济社会发展基础共同造就了西部民族地区教育发展的独特性和复杂性。也正是基于这种独特性和复杂性，西部民族地区成为中国教育发展与改革的重点、难点地区。西部民族地区通常既属于西部欠发达地区，又是少数民族聚居区。面对经济社会发展的滞后性、社会文化基础的独特性共同作用形成的西部民族地区教育发展的复杂性，我们究竟应通过什么样的政策设计、怎样的管理方式，来推动西部民族地区又快又好地发展，是当前理论界和实践界共同关注的问题。要切实推动西部民族地区义务教育的均衡发展，就必须保障教育管理制度、形式的社会适应性，适应西部民族地区社会文化基础的同时，还应满足经济社会发展的现实需要。本书将"西部民族地区"作为研究界域，基于地方经济社会发展的实际，对城乡师资均衡发展问题进行分析，对西部民族地区义务教育管理运行的内在机制进行探索，对民族教育管理话语体系加以构建，以形成适应西部民族地区区域社会特征的教育管理理论模型，具有重要的启示意义。

（二）实践意义

有助于探索"提高西部民族地区义务教育质量，满足西部民族地区人民群众优质教育需求"的有效行动路径。改革开放以来，经过社会各界的共同努力，城乡义务教育获得快速发展。随着地方经济社会发展水平的不断提高和国家支持力度的不断加大，西部民族地区城乡义务教育改革与发展的势头强劲，城乡义务教育发展的软硬件条件不断改善，办学水平快速提升，有多项教育教学改革已步入国内先进行列。比如，宁夏南部山区的义务教育发展质量的改善显著。有研究表明，在全国31个省市区的教育发展指数排名之中，

2012年宁夏位列第10位，位居中西部地区前列。① 可是，已经实现的"两基"在很大程度上还只是"数量"上的达标，义务教育质量仍然亟待提高，特别是农村、偏远贫困地区人民群众优质教育的需求难以充分满足，农村、偏远贫困地区优质师资数量短缺，骨干优秀教师大量流失，农村生源进城择校问题日益严重。义务教育对地方居民的吸引力弱化，对地方经济社会发展带动作用难以有效实现。义务教育作为民生建设的一项重要内容，在政府职能由经济建设型向公共服务型转变的基础上，提高义务教育质量，办人民满意的教育已成为政府、社会各界共同关注的焦点。正如2012年11月15日习近平总书记在十八届一中全会后中央政治局常委与中外记者见面会上所强调的："我们的人民热爱生活，期盼有更好的教育、更稳定的工作、更满意的收入、更可靠的社会保障、更高水平的医疗卫生服务、更舒适的居住条件、更优美的环境，期盼着孩子们能成长得更好、工作得更好、生活得更好。人民对美好生活的向往，就是我们的奋斗目标。"要增强社会公众的义务教育满意度，首先就应保障义务教育师资的供给质量。本书将城乡师资均衡配置作为论题，强调通过满足教师等利益相关者的需求来改进农村、偏远贫困地区的师资水平，对于探索有助于缩小城乡师资差距，提高城乡义务教育的质量，增强《乡村教师支持计划（2015—2020年）》的政策实效性，进而实现办人民满意教育目标的有效行动路径具有借鉴意义。

有助于建构"打破西部民族地区义务教育的弱势积累，增强西部民族地区城乡义务教育公平度"的实践对策。就中国的发展现实而言，不论是城市化的继续推进，还是城乡一体化发展战略的实施，都必须以城乡经济、社会的统筹发展与公平发展为前提。城乡教育是城乡社会发展的基础条件，同样应获得公正而均衡的

---

① 王善迈、袁连生、田志磊、张雪：《教育调查：全国各省份教育发展水平比较分析》，《中国教育报》2014年4月16日第3版。

发展，可资源数量的限制、制度设计的局限却造成了城乡教育公平问题的突出。首先是进城儿童如何才能公平享受优质教育的问题亟待解决；另外，各级地方政府在集中资源办好城镇教育的同时，如何实现有质量的城乡义务教育公平也成为城乡教育协调发展的关键。高水平的城乡师资则是实现有质量城乡义务教育公平的基础，反映出城乡师资均衡配置的重要意义。特殊的历史经济发展背景、复杂的社会文化发展基础，以及经济社会发展的必然性与偶然性因素，造就了西部民族地区教育发展样态的特定性。我们只有尊重西部民族地区的发展历史和现实基础，明确城乡义务教育均衡发展任务的长期性，抓住义务教育均衡发展的核心问题和突出矛盾，才能切实改善农村、偏远贫困地区的义务教育发展质量，有效推动城乡义务教育的均衡发展。信息网络技术的快速普及打破了偏远区位特征所造成的封闭性，一是城乡、区域之间义务教育发展的差距变得更为显现，西部民族地区人民群众对优质教育的渴望更为强烈；二是西部民族地区政府、社会公众在积极改善城乡义务教育质量的前提下，家长、学生、教师等教育利益相关者也在努力地进行教育选择，"以足投票"的方式迅速蔓延。上述两种倾向的双重作用增强了西部民族地区义务教育发展的实践压力和义务教育变革的复杂性。本书从"价值均等化"的理念出发，主张对农村、偏远贫困地区义务教育师资的改进实施"反哺"性的积极差别对待政策，以城乡师资发展的一体化为目标，有助于探寻倾斜弱势地区教师发展和全面提升弱势地区师资水平的策略，进而增强西部民族地区城乡义务教育的公正性。

有助于设计"加快西部民族地区的发展，带动西部民族地区经济、社会整体提升"的行动路线。中外近现代社会发展历史早已证明，经济社会的发展水平、现代文明程度的高低都离不开优质人力资源的奠基作用。晚清政府发动的洋务运动与日本的明治维新运动几乎同时发生，却产生了不同的改革效应，前者未能改变清政府走向灭亡的历史命运，后者则使日本成为资本主义强国。

尽管政治社会制度的差异是客观存在的现实，可是人力资源质量的差距也是不容忽视的制约因素。在某种程度上，也正是基于优质人力资源对现代国家发展的价值和意义，美国经济学家西奥多·舒尔茨（Theodore Schultz）才会提出人力资本的概念。在社会激变、经济社会结构急剧变迁的历史背景下，改变西部民族地区贫穷落后的面貌，走内源性变革之路，将西部民族地区的后发劣势转化为后发优势，就应夯实西部民族地区的人力资源基础。改革开放使中国取得的经济发展成就为世人所称奇，成功的经验在于城市倾向的工业化快速发展之路。工业化通过创造大量的就业机会、吸收农村剩余劳动力、为农业发展提供技术支持，减少了农村的贫困人口数量、推动了农业生产效率的提高。虽然城市倾向的工业化模式在短期内对农村发展产生了消极影响，但是大力发展现代工业化、农业产业化，是当前社会条件下加快西部民族地区发展的必然之路。而教育是扩充人力资源储备和改善人力资源质量的基本途径。义务教育是现代国民教育体系的基础部分，对人的发展和素质提升具有支撑作用，是保障人力资源质量的着力点。科学技术日新月异、生产技术水平不断提高，新技术的应用对生产效率的影响愈发显著，义务教育的基础支撑作用也愈发凸显。那么，巩固义务教育的发展成果、提升义务教育发展质量，就成为加快西部民族地区经济社会发展的前提。本书将义务教育师资均衡问题作为论题，将对影响城乡师资均衡发展的政策性障碍进行深入探究，能够为政府相关部门进行城乡师资的统筹规划提供现实依据。

第二节　文献回顾与评价

围绕研究主题，本书主要从"吸引留住农村教师财政激励措施""提升农村教师质量财政政策""教师投入的政府责任与保障政策"三个维度,对已有文献进行梳理和评析,并对"城乡与农村教师""均衡与师资均衡""机制与师资均衡机制"等核心概念进行界定。

一 概念界定

(一) 城乡与农村教育

本书中的城乡概念指的是城市与农村的概念。城乡既是一个历史概念,又是一个空间概念,更是一个涉及政治、经济、文化等多方面因素的综合性概念。虽然已有很多学者都曾对城市的概念进行了阐述,但是学术界关于城乡概念的争论依然存在。城乡一体化建设深入推进,城乡二元分割的发展格局逐步被打破,城乡关系由"对立"走向"融合",更加增大了清晰界定城乡概念的难度。正如美国城市学理论家刘易斯·芒福德指出的:"人类用了5000多年的时间,才对城市的本质和演变过程获得了一个局部的认识,也许要用更长的时间才能完全弄清它那些尚未被认识的潜在特性。"[1] 在动态的历史演变过程中,关于城乡概念的认识也必然需要经过长期的探索。

已有的认识主要从政治特征、产业特征、人口特征等方面对城乡概念进行了界定,并表现出由单维度界定向综合性界定的趋向。经济学家巴顿(Kenneth J. Button,1948—)将城市定义为"一个坐落在有限空间地区内的各种经济市场——住房、劳动力、土地、运输等——相互交织在一起的网络系统"[2]。《牛津索引字典》将城市定义为,"一个拥有教堂,经过皇家授权的大城镇。它主要是从宗教和皇权管理角度对城市的特征进行解释"[3]。目前对城乡概念的界定

---

[1] [美] 刘易斯·芒福德:《城市发展史——起源、演变和前景》,宋俊岭、倪文彦译,中国建筑工业出版社1989年版,第1页。

[2] [英] K. J. 巴顿:《城市经济学——理论和政策》,上海社会科学院部门经济研究所城市经济研究室译,商务印书馆1984年版,第14页。

[3] 赵安顺:《城市概念的界定与城市化度量方式》,《城市问题》2005年第5期。

则表现出综合性的特征。《现代汉语词典》将"城市"定义为"人口集中、工商业发达、居民以非农业人口为主的地区，通常是周围地区的政治、经济、文化中心"①，将农村定义为"主要从事农业、人口分布较城镇分散的地方"②。我国1955年制定的《关于城乡划分标准的规定》对城镇的界定为"市、县级以上政府所在地；常住人口中超过2000人且半数以上为非农业人口……"也体现了综合性的界定特征。

  在传统观念中，城市、农村并非仅仅是一个地域概念，还带有浓厚的价值判断色彩。农村往往成为贫困、落后、愚昧等负向概念的代名词。与之相反，提及城市人们通常会同经济发达、现代文明等正向概念联系起来。经济社会飞速发展的现实颠覆了传统观念对城市、农村的理解。城市化进程的加快不仅弱化了城市、农村的二元特征，还使介于城市、农村之间的城乡连续体得以形成，所以，对城市、农村概念的界定我们就不能沿用一元化的思维，不能以"非此即彼"的方式简单地对城市、农村进行划分，而应将"城市性""农村性"作为城市、农村的区分依据。不论是现代城市还是农村，都同时具备"城市性""农村性"两种属性，"城市性强于农村性"的地域就是城市，"农村性强于城市性"的地域就是农村。城市、农村就是指具有城市性、农村性两种属性的不同区域。本书对农村的界定，倾向于"大农村"范围，即农村包括县城、乡镇、农村三个区域层面，主要原因是基于两个方面的考虑。第一，随着我国城镇化进程的不断加快和新型城镇化的深入实施，城乡发展差距有效缩小，城乡发展的同质化倾向不断加强，尤其是外在物质设施的表征上，县城与乡镇的表现最为突出，城乡发展的差异变得越来越模糊；第二，尽管城乡发展的差距逐步缩小，可是县城与城市

---

① 中国社会科学院语言研究所词典编辑室编：《现代汉语词典》（第5版），商务印书馆2005年版，第176页。
② 同上书，第1482页。

的发展差距依然显著，不论是公共服务基础设施，还是生活观念和思维模式，以及整体的社会发展水平，都存在着显著的差异。基于以上两点，我们将县城纳入农村的概念范围。

　　二元社会结构中，城市与农村的发展水平、运行制度、现代文明程度等方面存在很大差异，造成了农村教育的特殊性，农村教育成为一种特殊现象而被关注。国际社会对农村教育的关注是由对落后地区、贫困人口的关注引发的。1991年6月，第一次农村教育国际研讨会在山东泰安举行，从此农村教育（Rural Education）作为学术概念被国际社会普遍关注。就农村教育的概念而言，主要存在两种取向的界定：一种是单项性界定，一种是综合性界定。单项性的界定又包括"为农村的教育""属农村的教育"两种内涵；综合性的界定强调"为农村的教育"与"属农村的教育"两者之间的内在一致性。"为农村的教育"界定强调了农村教育的目标，认为农村教育是"包括扫盲、基础教育、职业和技术教育、成人继续教育以及有关高等教育在内的为农村发展服务的综合化教育体系"[1]；"属农村的教育"界定强调了农村教育的地域属性、经济属性，认为农村教育是"指在农村经济社区环境里，对农村居民（或农民）及其子女进行的教育"[2]。另有学者从经济属性的角度，指出了农村教育的自然经济基础以及由此形成的分散的居住方式。[3] 与以上两种观点不同，综合性的界定强调"为农村的教育"与"在农村的教育"两者的联系性、统一性，认为农村教育既包括"为农村的教育"，又包括"在农村的教育"。对农村教育的解释，尽管我们要基于二元社会的发展实际和城乡义务教育的现实差距，可是又要以城乡一体化建设的目标来分析城乡

---

[1] 孙志河：《2003年国际农村教育研讨会综述》，《职教论坛》2003年第5期。
[2] 明庆华、程斯辉：《发展我国农村教育要处理好几个关系》，《中国教育学刊》2004年第10期。
[3] 杜育红：《农村教育：内涵界定及其发展趋势》，《华南师范大学学报》（社会科学版）2013年第1期。

二元结构下的城乡问题,将农村作为打破城乡二元社会结构的着力点,也就是说,既要基于发展的实际,又要着重于打破已有的差距,将农村作为城乡建设的重点。因此,对农村教育的理解应坚持"属农村的教育"取向,即农村教育是指在农村的教育,包括县城、乡镇、村的教育。

(二)均衡与师资均衡

《辞海》将"均衡"解释为:"矛盾的暂时的相对的统一或协调,事物发展稳定性和有序性的标志之一。平衡是相对的,它与不平衡相反相成、相互转化。一般可分为动态平衡和静态平衡。"[①] 从学术研究领域的使用看,均衡最初是物理学中的概念,指同一事物受到相互对立、方向相反的两种作用力的影响,由于两种能力相等的作用力相互抵消,使该事物处于静止的状态。后被美国经济学家马歇尔引入经济学的研究中,他把经济活动中各种对立的、变动的力量处于一种力量相当、相对静止、不再变动的状态称为均衡。由此,均衡逐渐成为经济学分析的一个基本概念。

经济学中的均衡广义内涵是指经济体系中变动着的各种力量处于平衡,以致这一体系内不存在变动要求的压力和力量时的状态。这些力量中具有代表性的是供给和需求两种力量。在市场上,价格的涨落使供求两种力量对比发生改变,而供求的变动又会影响价格的变动,当需求、供给相互制约、相互作用最终导致供求一致时,就会实现经济均衡。[②] 就经济学中的均衡内涵而言,主要有两种解释。第一,市场上产品的需求与供给相等;第二,一种平衡、稳定的状态。较为精确地把均衡定义为"由经过选择的相互联系的变量所组成的群集(Constellation),这些变量的值已经经过调整,以致在它们构成的模型里面有任何内在的改变既定状态的倾向都不能占

[①] 夏征农、陈至立主编:《辞海》,上海辞书出版社2000年版,第51页。
[②] 翟博:《教育均衡论》,人民教育出版社2007年版,第45页。

优势"[①]。由此可见，均衡指的是一种平衡状态，既体现为动态的发展过程，又体现为静止的稳定状态。

与之相对应，教育均衡的内涵也可以从两方面进行解释。第一，教育均衡是教育需求与教育供给的对等性，教育供给能够满足受众的教育需求；第二，教育均衡是教育发展与教育受众及其利益相关主体需求之间的一种平衡状态，能够消除不同主体之间的教育差距、实现接受教育不同主体之间以及教师等利益相关者之间的发展公正性。需要说明的是，教育均衡是相对的、非同质性的平衡状态，是在价值均等化理念的引导下，通过合理地配置教育资源，达到教育资源的供需平衡，实现不同人群接受教育的公平性，进而推动不同个体之间的同等质量发展。城乡师资均衡可以从静态均衡和动态均衡两个角度进行理解。从静态均衡的角度看，城乡师资均衡主要是指城乡师资质量发展的平衡状态，体现为城乡师资教学能力、教学技能等教学综合素质的对等性和平衡性，是基于城乡教师能力素质发展结果的平衡状态；从动态均衡的角度看，城乡师资均衡是指城乡师资能力提升支持条件的平衡状态，体现为城乡师资专业能力发展支持条件和能力施展基础的平衡性，是基于城乡教师素质能力发展过程的平衡状态。

（三）机制与师资均衡机制

从词源学的角度看，机制一词最早起源于希腊文中的 mēchanē（英文 machine），指机器的构造和运作原理，后来被广泛应用于社会各领域的研究。20 世纪 60 年代以来，通过美国经济学家利奥·赫尔维茨（Leonid Hurwicz）、埃瑞克·马斯金（Erics Maskin）、罗格·迈尔森（Roger Myerson）等的努力，机制设计理论得以形成，并成为主流经济学界的核心内容。在机制设计理论的促动下，"机制"迅速成为经济、政治、文化、教育等领域的热门词汇，体制改革与机制

[①] ［法］让-帕斯卡尔·贝纳西：《市场非均衡经济学》，袁志刚等译，上海译文出版社 1997 年版，第 3—4 页。

完善也成为学术领域的热点话题。

　　关于机制的内涵，目前主要存在以下观点：关系论，这种观点着重于对事物构成要素关系的强调，认为机制是"事物或现象各部分之间的一种相互关系及其运行方式"①；机能论，认为机制是社会机体内部各相关要素、环节间相互作用联系方式所形成的带有一定向度性和规律性的使社会机体自动运行的机能②；方法论，将机制视为社会系统自动运行的调节手段、方法和方式③；控制论，将机制看作影响社会机体运行的控制系统，比如，有学者认为教育机制是"由教育内外部所有与教育活动有关的社会要素和教育要素、在各自本质和目的指引下、对教育产生直接或间接影响的教育活动控制系统"④；激励论，按照机制设计理论的观点，不同社会个体之间的利益是分散的，只有保持机制设计目标与参与者个体目标的一致，才能使机制设计者的目标得以实现。⑤尽管上述观点均具有一定的合理性，可是都不能全面地揭示机制的本质属性。

　　结合已有的观点以及生活与管理实践的现实需要，机制应具备规律性、指向性、实体性、相对性、针对性五个特征。规律性是指机制的形成是客观规律作用的结果，机制的运行及其功能的实现又受到客观规律的影响；指向性主要是指机制功能的特定性或者说是机制的目的性，是人类为了实现某种预期目标构建而成，机制的指向性也体现了机制的人为性，机制的形成既是客观规律作用的结果，又是人类根据自身的实际需求和事物间的客观规律自觉进行选择的结果；实体性是指机制具有实际的载体，以某种特定制度的形式表现出来，比如我们经常会提到机制的改革，也

---

① 孙绵涛：《教育管理学》，人民教育出版社 2007 年版，第 285 页。
② 张建新：《社会机制的涵义及其特征》，《人文杂志》1991 年第 6 期。
③ 汤林春：《"教育管理机制"辨》，《教育研究与实验》1997 年第 4 期。
④ 王长乐：《应该注意建设教育机制》，《教育科学研究》2003 年第 2 期。
⑤ 汤维维：《机制的力量》，《商学院》2008 年第 8 期。

有人经常会主张构建什么样的机制，显然，我们很难去改变事物运行的客观规律或者原理，也很难改变事物自身的功能，但是能够进行相应的制度建设；相对性是指机制是与体制相对应的概念，存在于一定的体制下并与一定的体制相适应，因此，体制与机制的改革往往是联系在一起的；针对性是指机制的功用主要在于调动人的积极性，促进体制建设目标的顺利实现。综上所述，机制就是指，与特定体制建设的要求相适应，以相关的社会规律为形成基础，以调动利益相关者积极性为核心的制度及其实践取向。城乡师资均衡发展机制是指，与城乡义务教育一体化发展的体制要求相适应，以遵循教育发展规律为基础，以调动教师等利益相关者工作积极性和保障其专业发展质量、专业施展机会为核心的制度及其实践取向。[①]

（四）城乡教师职业吸引力同等化

教师职业吸引力实质是教师职业所提供的发展条件满足潜在成员和在职成员的程度。教师职业吸引力的影响对象既包括在职在岗的教师，又包括未毕业的师范生等潜在就业成员。与之对应，教师职业吸引力的作用不仅表现为对在职在岗教师工作积极性的调动和激励，还体现为对潜在就业群体的吸引。

1. 教师职业吸引力的内涵及维度划分

（1）教师职业吸引力的内涵解析

早期关于职业吸引力的研究主要倾向于"雇主吸引力或组织吸引力"的相关研究，包括"意愿说、利益说和能力说"。Turban、Keon 和 Greening（1993）最早提出"组织吸引力"（Organizational Attractiveness）的概念，即组织本身吸引潜在应聘者前往求职的意愿

[①] 马青、焦岩岩：《城乡教育一体化与教育制度创新》，《2011年农村教育国际学术研讨会论文集》，2011年。

程度。① Berthon、Ewing 和 Hah（2005）从利益角度，将雇主吸引力定义为潜在雇员预期为某个组织工作所能得到的各种利益之和。② 无论是意愿说还是利益说，吸引力的对象都是潜在求职者。刘荣、韩美青（2014）认为雇主吸引力是"企业通过各方面的努力和途径吸引外部求职者到企业应聘的程度以及留住企业内部员工的能力"③，吸引力的对象包括潜在求职者和现有职员。

三种学说都从不同侧面揭示了职业吸引力的内涵。首先，意愿是前提。职业吸引力表现为能够满足潜在求职者的意愿，引发潜在求职者的关注和兴趣。其次，能力是基础。职业吸引力表现为能够满足现有职员的能力，为现有职员的生存和发展提供相应的条件。最后，利益是保障。职业吸引力表现为能够满足潜在求职者预期利益和现有职员的现实利益。总体上说，职业吸引力是职业所具备和提供的条件满足潜在人员意愿和促使在职人员服务的能力。对潜在人员来讲，职业吸引力主要表现为满足意愿；对在职人员来讲，职业吸引力主要表现为促使和激励在职人员服务，为职业发展贡献自己的力量。

教师职业吸引力是教师职业所具备和提供的条件满足潜在人员意愿和促使在职教师服务的能力。首先，教师职业能够将有从事教师职业意愿和能力的潜在人员吸引到教师队伍中。表现为主动吸引和被动吸引两种形式：主动吸引是潜在人员本身具有从业意愿，被动吸引是潜在人员受其他因素影响而产生从业意愿。其次，教师职业使从业人员产生职业认同，热爱教育事业。最后，教师职业激励和促使在职教师保持从业动机，取得专业领域内的

---

① 刘荣、韩美青：《雇主吸引力的提升研究》，Proceedings of 2014 4th International Conference on Applied Social Science（ICASS 2014）Volume 53。
② 沈阳、凌国顺：《雇主吸引力国内外研究评述》，《企业活力》2011 年第 1 期。
③ 刘荣、韩美青：《雇主吸引力的提升研究》，Proceedings of 2014 4th International Conference on Applied Social Science（ICASS 2014）Volume 53。

长足发展。

(2) 教师职业吸引力的维度划分

对潜在求职人员和现有职员来说，职业吸引力的维度不同。教师职业吸引力的衡量指标包括两方面：一方面是教师职业能够吸引何种层次的人才进入教师队伍；另一方面是教师职业能够为在职教师提供何种条件。殷志平（2007）通过初次求职者和再次求职者之间的对比，发现不同的求职群体对应的雇主吸引力维度呈现出不同的特点。[①] 本书主要侧重于教师职业吸引力对在职教师的影响，即教师职业能够为在职教师提供何种条件。

关于职业吸引力的维度，国内的学者大多采用 Berthon 的研究方法。Berthon 将职业吸引力分为五个维度，分别为兴趣价值、社会价值、经济价值、发展价值和应用价值。[②] 邬志辉教授将农村教师职业吸引力划分为社会认可、职业提供、个人偏好和空间社会特质四个维度。[③] 本书结合邬志辉教授对农村教师职业吸引力的维度划分，将教师职业吸引力划分为职业认同、社会认可、工资福利、工作环境和进修提升五个维度。其中，职业认同包括职业认知和职业体验两个指标，社会认可包括公众认可和他人认可两个指标，工资福利包括工资水平、福利待遇、保险公积金和周转房四个指标，工作环境包括工作负担度、学校硬件、校园文化、教学氛围、人际关系、生活条件（工作所在地）和领导支持七个指标，进修提升包括培训机会、职称晋升和考核与评奖三个指标（详见表1-1）。[④]

[①] 殷志平：《雇主吸引力维度：初次求职者与再次求职者之间的对比》，《东南大学学报》（哲学社会科学版）2007年第3期。

[②] 刘善仕、彭娟、段丽娜：《人力资源实践、组织吸引力与工作绩效的关系研究》，《科学学与科学技术管理》2012年第6期。

[③] 邬志辉、秦玉友：《中国农村教育发展报告2012》，北京师范大学出版社2014年版，第268页。

[④] 焦岩岩：《西部地区城乡教师职业吸引力现状及提升策略研究——以宁夏为例》，《宁夏大学学报》（社会科学版）2017年第5期。

表 1 - 1　　　　　　　　教师职业吸引力指标体系

一级指标	二级指标
职业认同	职业认知
	职业体验
社会认可	公众认可
	他人认可
工资福利	工资水平
	福利待遇
	保险公积金
	周转房
工作环境	工作负担度
	学校硬件
	校园文化
	教学氛围
	人际关系
	生活条件（工作所在地）
	领导支持
进修提升	培训机会
	职称晋升
	考核与评奖

（总一级指标：教师职业吸引力）

（五）同等化与城乡教师职业吸引力同等化

1. 同等化

同等，即为"相同、相等"，同等化既代表一种过程，又代表一种结果，同等化的结果即为实现两个或两个以上事物之间的相同或相等。同等化与均等化的概念相近。国内绝大多数学者都认为均等是一个相对的概念，而不是一个绝对的概念，是在承认或允许有一定差异情况下的大体相等，而不是平均主义。但对于均等的判断准则，学者们并没有一致的意见。[1] 同等化的判断首先应遵循罗尔斯的

---

[1] 刘德吉:《公共服务均等化的理念、制度因素及实现路径：文献综述》，《上海经济研究》2008 年第 4 期。

"最大最小"原则(在坚持平等自由原则基础上,承认在群体间可以存在差异,但必须有助于社会最弱势群体状况的改善,这种差异必须对弱势群体最为有利);其次是要遵循均平原则(基准的供给水平应该平均,是底线完全平等)。① 同等化意味着不同群体间的地位和价值是平等的,社会资源应向社会弱势群体倾斜。

2. 城乡教师职业吸引力同等化

教师职业吸引力是教师职业本身所具有的一种能力,是可以将外部人员吸引到教师职业和促使在职人员工作积极性和有效性的力量。我国长期以来城乡二元结构的存在,导致教师职业吸引力在城乡之间存在差异。调查结果显示,有80.2%的师范院校大学生"愿意当教师",但"愿意去农村当教师"的仅有38%。② 依据罗尔斯的"最大最小"原则,城乡教师职业吸引力同等化意味着城市教师和农村教师具有同等的吸引力。为强调或促进教师职业吸引力的均衡化发展,应在坚持平等自由原则基础上,提出相应的改进措施,促进弱势地区教师职业吸引力的提升。

二 文献述评

师资水平既是影响义务教育质量的关键因素,又是缩小城乡义务教育差距和提高义务教育公平度的出发点与落脚点。纵观世界各国的义务教育发展历程,无论是发达国家还是发展中国家都曾经或者正在经历着城乡义务教育师资发展的失衡。尽管各国面临的实际问题不同、所采取的具体措施不同,可是都将财政保障机制的完善作为改革的核心环节。国内外学术界的相关研究主要集中于三个维度:第一个维度是吸引优秀教师到农村任教和留住农村优秀教师的财政激励措施;第二个维度是提升农村义务教育阶段教师质量的财

---

① 陈昌盛、蔡跃洲编著:《中国政府公共服务:体制变迁与地区综合评估》,中国社会科学出版社2007年版。

② 邬志辉、秦玉友:《中国农村教育发展报告2012》,北京师范大学出版社2014年版,第284—285页。

政政策与理论分析；第三个维度是所需投入的责任分担及其相应的保障措施。

从第一个维度看，国内外学者大都将工资待遇、生活环境等外在原因作为影响教师流动的主要因素。国外的研究结果表明，工资收入、教师获得教学岗位的机会、对管理者支持的满意度、工作条件和生活环境等是影响教师流动的重要动因，调查显示低收入、社会性孤立、地域性孤立是农村学校吸引和留住优秀教师所面临的三个最为关键的障碍，而教师的工资福利待遇则是影响农村教师流失的最为直接的诱因（Terri Duggan Schwartzbeck，2003；EPE research center，2008）。国外研究的内容主要涉及城乡教师收入及工作生活环境的差距，福利待遇的改变对农村教师流失率的影响，不同贫富地区学校教师流失率的差异等方面（Ashley Keigher，2010）。

国内研究的结果也表明城乡教师的职业收入差距、工作生活条件差距是城乡义务教育师资发展失衡的重要原因（夏茂林，2010；邓涛，2007；蔡明兰，2010）。统一城乡教师待遇、实施有针对性的奖励、提高偏远农村地区教师的待遇、改善农村教师的工作条件和生活环境等则是国内外学者共同的政策建议（Patricia Cahape Hammer，2005；Dan Lips，2008；Michael B. Allen，2005；周洪宇，2006；朱永新，2006；王嘉毅，2007）。

已有研究大都将以农村教师为重的差异化薪酬待遇改革作为提升农村教师职业吸引力和改善农村教师生活环境的主要路径。有研究者认为，应从公平的角度保障农村教师工资不低于公务员水平和同区域城镇教师工资水平，并且应依据边远贫困程度实施梯度岗位工资，通过积极差别对待的教师工资政策改革，切实增加农村教师的岗位工资，提升边远贫困地区农村教师的职业吸引力，调动优秀人才从事农村教师岗位的积极性。而且，应基于农村小规模学校大量存在的教育发展实际，改革绩效工资分配模式，将校内分配模式转变为区域内校际分配模式，体现多劳多得的薪酬分配原则（秦玉友，2015）。有研究者则强化了能力取向的薪酬分配原则，尤其是在偏远、贫困地区的薄弱学校，要适度拉开不同能力水平教师的工资收入差距（赵忠平，2016）。针对农村教师的工作实际，有学者在借鉴其他国家经验的前提下，提出了依据农村教师的实际工作量设置"复式教学岗位津贴"，补偿农村教师的不利工作条件和超额工作量（李跃雪，2016）。为实现农村教师工资水平的显著提升，结合《乡村教师支持计划（2015—2020年）》的政策要求，有研究者主张应该在已有政策规定的基础上，设计更为细化的政策支持体系，应该更为详细地根据学校与县城、乡镇等重要地点和生活服务场所的距离，以及学校周围的自然环境来认定学校艰苦程度等级，据此实施岗位津贴的分类发放（周兆海，2016）。结合城乡教师的发展差距，有学者从经济资本、文化资本与社会资本三个方面，提出了政府对农村教师实施差异补偿的政策建议（唐松林、王晨，2015）。有研究者则从货币补偿和非货币补偿两个角度提出"改善农村教师的不利环境，增强农村教师的补充效果"的建议主张（李玲、卢锦珍、李婷，2015）。

从第二个维度看，农村教师专业发展方式改革和专业发展环境的完善是学术界关注的焦点。国外相关研究的内容主要包括新教师入职教育及专业发展支持和教师职后培训的财政资助问题。比如，美国东南部教师质量发展研究中心所提出的"培养地方精英"计划。有学者对2001—2008年美国联邦政府教育预算文本的分析也表明，改革教师职前教育、新教师入职教育和教师职后专业发展活动的拓展等是联邦政府教育预算支出的重要目标（Terry E. Spradlin，2006；U. S. Department of Education，2007；John Marvel，2007）。

国内研究将缩小农村教师的发展成本（秦玉友，2009）、增加农村教师的培训投入（曲铁华，2005）、保障农村教师参加培训的机会（庞丽娟，2006）、发展更具针对性的教师培训、建立城乡教师交流学习的财政支持政策、实行教师培训经费的单列制度等作为缩小城乡义务教育教师发展差距的主要途径。基于城乡教师交流互动视角的教师专业发展是国内学术界热议的论题。有研究者从"提升认知、保障人力、组织协调、评价反馈"四个方面，提出了构建城乡教师教学交流互助机制的观点（卢尚建，2016）。基于内在需求的教学交流激励制度、基于教师人文关怀的教学交流长效机制、基于教师教学水平提升的研训平台是城乡教师教学交流制度的主要策略（卢尚建，2015）。另外，农村教师培训形式与内容的改革也是学术界关注的核心话题。在培训内容上，应结合农村教育发展的实际，增加对农村小规模学校、教学点教师的培训，实施适应复式教学和老龄化教师发展需求的培训内容；在培训形式上，应强化县域教师培训的质量，实施培训形式的多样化改革，采取顶岗置换等多种培训形式的有机结合，切实增强教师培训的实效性（赵丹，2016）。而且，在已有的培训基础上，应建立新的培训机制，实施现场化、实地化的交流学习培训（刘博超，2016）。此外，通过合理流动机制的构建，以高校与中小学合作联盟为基础，建立城乡教师、学校"同伴互助"的常态化合作模式，是推动城乡教师均衡发展的有力措施（周凤霞、黎琼锋，2016）。

从第三个维度看，如何通过教育财政制度的改革来保障充足的投入，如何实现不同层级政府间投入责任合理划分和保障投入的充足性与效率性是已有研究的主要论题。由于各国的管理体制不同，国内外研究的着重点各具特色。对于分权制国家而言，地方掌握着义务教育管理权并承担着投入责任，联邦可以通过增加投入的方式来保障政策目标的实现，可是行政资源的缺乏却造成投入效率问题的凸显。因此，在保障投入充足性的同时，如何通过拨款模式的改革、管理体制的完善来提高效率成为国外学者的关注焦点（Allan R. Odden，2008；Dominic J.，2008）。有研究以历史为视角，通过政策分析的方式，对美国以结果公平为取向的财政政策进行了论述，提出了以政策建设为渠道的义务教育财政体制改革实践路径（薛二勇，2014；覃玉香、冯国有，2015）。改革经费支付模式，实施学校专门拨款制度，强化对弱势群体学生的资助力度，增强经费投入管理的公开化程度等，是英国政府为推动义务教育的公平发展而采取的投入管理方式变革（施祖毅、何茜，2014；Hannah Richardson，2014）。

对于中国而言，虽然具有丰富的行政资源，但是财政体制改革的滞后导致农村基层教师投入的不足。国内研究的内容主要集中于投入充足性的保障。在不同层级的政府之间，如何实现集权、分权的合理化改革，成为学术界的主要关注点。就集权化改革而言，自 2005 年中西部农村义务教育经费保障机制改革实施以来，义务教育财政体制呈现出重心上移的集权化改革趋向。虽然地区间、地区内部、省际间、省域内部，义务教育经费的均等状况得到了一定程度的改善，但是区域内部的差异成为地区间教育投入不均等的主要原因（姚继军、许芸，2016）。就分权化改革而言，省级财政分权对城乡义务教育的均衡发展具有显著的负向影响。而且，省级财政分权对城乡小学均衡发展的负向影响最大，财政收入分权对城乡义务教育均衡发展的负向影响最大，财政自主性的负向影响相对较小（宋亚香，2016）。市县财政分权对县域义务教育投入均等化具有显著的负向影响，财政分权程度的强化会减少县级政府自有财力对义务教育的投入，进而影响县域内义务教育的整体投入水平（黄斌、王璇、张琼文，2016）。由于上级财政支持的缺乏，再加上本级政府自身的财力缺乏，欠发达地区的县级政府往往会面临义务教育投入的困境。地级市和省级政府的投入缺位成为引发县域义务教育投入困境的深层次诱因（钟景迅、刘任芳、陈明，2016）。

改变义务教育投入与财政和生产总值挂钩的评价方式，实施以财政制度为基础的保障制度改革，建立事权与支出能力相对应的义务教育财政制度，优化教育财政转移支付制度，是实现义务教育投入持续稳定增长的关键（王善迈，2014）。调整居民与政府之间、不同层级政府之间的经费投入责任范围划分，进一步量化中央、省级、市及县级政府间的投入责任，健全义务教育投入的考核评价与问责制度，是提高义务教育投入均等化、充足度和公平性的有效途径

（袁连生，2011；司晓宏，2009；范先佐，2009）。有学者在借鉴加拿大阿尔伯塔省基础教育财政体制的基础上，提出了建立"以省为主"的基础教育财政投入体制的主张，并且在强化公平、充足、效率原则的前提下，强调基础教育投入与经济发展的关联性、基础教育财政投入的规范性（柏檀、陈丽萍、王水娟，2015）。

目前的研究均具有一定的学术水准，而且对城乡义务教育师资的均衡发展也产生了一定的积极影响。可是，仍有很多问题亟待进行深入研究。从研究内容看，对城乡义务教育师资均衡发展的一般性探讨比较多，对弱势地区的研究比较少，对少数民族地区城乡义务教育师资均衡问题的研究更少；从研究方法看，国内的个案研究比较多，国外的大型调查较多，能够将大型调查与个案研究相互结合的比较少；从研究视角看，对外在干预政策的设计研究较多，对基于主体（教师）内在需求的保障机制研究较少，对政策实施过程的关注较少；经验性的介绍较多，理论性的深层次探讨较少，由于缺乏对问题形成的内在机制的深刻思考，所提出的政策建议在实践中也很难奏效。

第三节 理论基础与视角

基于城乡教师发展实际以及城乡社会发展支持环境的差异，本书选择阿马蒂亚·森福利经济学理论作为理论基础，借鉴"贫困理论、可行能力平等论、以自由看待发展理论"等观点对城乡教师发展实践问题进行分析，并提出基于教师主体需求的分析视角，对城乡教师发展的多元需求进行探讨，并将其作为城乡师资均衡研究的主体需求依据。

一 理论基础

城乡社会发展的新形态和国家城乡社会发展战略的新趋向，要求我们必须以新的理念和视角，重新审视新时期城乡师资均衡的政策基础，才能适应社会发展新常态的政策要求，有效提升城乡教育供给质量。在传统的经济学理论中，通常从占有财富绝对数量的角度来理解贫困与富裕的差异。现代经济学之父亚当·斯密就曾指出："人是贫是富，要看他在何种程度上享有人生的必需品、便利品及娱乐品。"[①] 尽管上述主张有助于从基本物质需求的角度对贫困概念进行直观的界定，可是窄化了人类需求的范围领域，同时也忽视了人类需求结构与认知结构的复杂性，难以从人全面发展需求的角度厘清贫困与富裕的概念。受到传统观念的影响，已有的政策往往从外在需求的角度，通过物质投入政策的建立，对处于弱势地位的农村教师给予支持。这虽然有利于短期内快速改善农村教师的物质生活，但是缺乏对教师内在发展需求和内在动力机制的关注，进而造成政策效应缺乏可持续性。经济学家阿马蒂亚·森的福利经济学理论超越了传统经济学理论的认识局限，从权利与自由的角度重新界定贫困的概念，认为贫困的本质是权利和自由的剥夺，是可行能力的丧失，对世界反贫困政策的实施产生了重要的影响。借鉴阿马蒂亚·森的福利经济学理论，从权利与自由贫困观念的角度分析城乡教师的需求发展差异，对厘清城乡教师发展的内在运行机理，以及城乡教师发展需求差异的实质，分析城乡教师发展的差距和建立更具针对性、全面性的支持政策，具有重要的启示意义。

阿马蒂亚·森福利经济学思想内容是较为丰富的，包括贫困理论、可行能力平等论、以自由看待发展的福利观以及社会选择理论等，其研究视角不同于传统经济学家，在学术思想上充分吸收了从亚里士多德到亚当·斯密等思想家理论成果中的有益成分，其福利经济学思想饱含对世界穷苦人民的情感。因而阿马蒂亚·森被誉为

---

① [英] 亚当·斯密：《国民财富的性质和原因的研究》，郭大力等译，商务印书馆1974年版，第124页。

"经济学良心的肩负者""穷人的经济学家"。与传统经济学家只关注物质财富增长不同,阿马蒂亚·森更加关注全世界范围内底层贫困人群的生活和福利状况,更加关注人的权利和可行能力,对世界范围内的反贫困政策产生了重大影响。例如,联合国1990年发布的《人类发展报告》和联合国、世界银行等国际组织贫困指标体系的设置等,都参照了他的理论。

(一) 新的贫困理论

依据传统经济学的理论观点,贫困是与物质资源的占有相互关联的,贫困的界定标准主要是财富或者资源占有的绝对数量,财富或者资源占有数量的多少也成为区分贫困与富裕的主要参照。阿马蒂亚·森的贫困理论则将获得商品的交换权利作为识别贫困的依据,认为贫困的本质是权利的被剥夺。作为发展中国家,发展依然是我国面对的核心问题,特别是西部民族地区,不但面临着城乡差距带来的发展机会失衡,而且还面临着农村社会贫穷的困扰。作为农村社会所属的职业人群,农村教师不仅直接受到农村社会综合发展水平的影响,还直接承受着社会贫困所带来的压力。从权利剥夺的角度审视农村教师的"弱势"地位,以及城乡教师发展质量的差异,能够更加全面地界定城乡教师差异化发展政策和建立更具针对性的弱势补偿政策。

1. 贫困的识别:商品交换权利

阿马蒂亚·森的贫困理论首要解决的问题是如何识别贫困。阿玛蒂亚·森之前的学者与经济学理论,对贫困的识别主要采取两种方法:一是直接测量消费法,就是运用数据统计测量人们的消费水平和消费结构,从消费水平和消费结构来分析人们的贫困状况;二是测量收入法,就是通过对人们收入的统计和测量,分析其收入水平能否维持最低的生活水准。两种识别贫困的方法各有优缺点,相互补充能够弥补单一方法所带来的缺点,直接测量消费法可以直接清晰地测量和比较人们当前所处的贫困状态——消费能够最直观地反映出人们目前是否贫困，而直接测量消费法的缺陷也是明显的，即无法完全了解和测量个人或群体当前所有的消费状况，也会导致统计的消费数据不准确；测量收入法相较于直接测量消费法有其特有的优势，即在直接测量消费法无法统计和分析所研究群体的消费状况时，统计收入状况亦能够对当前生活状态进行分析，通过深入分析收入状况进而了解是否处于贫困状态，与此同时，测量收入法也存在着不足之处，不同地区、不同文化、不同民族的消费习惯各不相同，并且对于消费方式的选择也是多样的，其困难之处在于如何找出最低收入水平进而确定贫困的分界线。传统识别贫困的方法，无论是直接测量消费法还是测量收入法，都无法揭示贫困背后的成因，只能从表象上去区分哪些人是贫困的，无法解释贫困的成因或是为什么穷人会处于贫困状态。

阿玛蒂亚·森将贫困存在的背景限定在市场经济作为主要资源配置和分配机制之中，在市场经济的前提下，不同的经济个体进行商品、劳动以及其他相关资源的交换，在市场经济中穷人（社会中那些收入最低的人）占有较少的交换资源，对于他们来说，与占有的可交换的财产或是资源相比，获取各项保障基本生活水平的商品交换权利更为重要。[①] 他认为对贫困的已有研究更多的是对贫困状态的描述或是界定，而深入研究分析贫困背后的原因，则是社会底层人群商品获取交换权利的弱化和失败，他认为应通过权利分析法来分析贫困和饥荒问题，应注重商品特征、交换权利与贫困发生的关联性探索，基于此种构想，他提出了贫困的权利分析识别法。[②]

2. 贫困的本质：权利的被剥夺

阿玛蒂亚·森通过对几次比较大的饥荒进行分析研究，得出结

[①] ［印］阿马蒂亚·森：《贫困与饥荒》，王宇、王文玉译，商务印书馆2009年版，第37页。

[②] ［印］阿马蒂亚·森：《贫困与饥荒》，王宇等译，商务印书馆2009年版，第39页。

论：导致饥荒的原因是多方面的，既包括粮食供给弱化等直接原因，又包括食物获得权利失败等间接原因。[①] 通过对饥荒、饥饿的大规模案例研究，阿马蒂亚·森发现即使粮食供给没有降低并处于能够保障人们基本生活的状态时，仍有可能发生大规模饥荒，原因在于诱发饥荒的原因是多元的，不仅有粮食供给下降的原因，还存在着其他的因素，由此他认为"粮食供给说"并不能深入对粮食供给与人的关系进行分析，它没有考虑到这其中人的因素。所以，阿马蒂亚·森对于为何粮食供给充足仍有饥荒发生的问题展开研究，同时也对粮食供给骤减情况下为何仍有人不受影响的问题进行深入分析和研究。一个人的权利可能会因为自身的无资下降（如土地转让或因疾病失去劳动能力）和交换权利的不利转变（如失业、工资下降等）而丧失或受到影响[②]，但是对于多数人来说，个体所拥有的最重要的交换资源或者交换价值是自身的劳动能力，或者说是工作能力。[③] 在市场经济条件下，个人如果无法获得工作，那么他将失去交换包括食品在内的各项商品的权利，所以，拥有获取交换商品的权利是摆脱贫困的必备条件，阿马蒂亚·森认为权利剥夺是贫困的一项诱因，同时也是识别贫困的方法。

针对贫困问题，在已有研究成果和理论观点的基础上，阿马蒂亚·森独树一帜地提出自己的主张和观点，认为收入低并不是引发贫困的根本原因，他基于权利分析法对商品与获得商品权利的关系进行了建构，将权利的被剥夺视为贫困的本质。借鉴阿马蒂亚·森的贫困治理思想，推动城乡师资均衡的政策设计途径在于：第一，应充分认识到教师发展权利的保障是推动城乡师资均衡的根本路径，

---

① ［印］阿马蒂亚·森：《贫困与饥荒》，王宇等译，商务印书馆2009年版，第102—105页。

② 让·德雷兹、［印］阿马蒂亚·森：《饥饿与公共行为》，苏雷译，社会科学文献出版社2006年版，第25页。

③ 同上书，第21页。

是改变农村教师发展弱势地位的根本之策,也是导致城乡师资失衡的关键诱因。在城乡师资均衡政策的设计过程中,除了强化外在物质生活条件的保障之外,更为重要的是提供教师发展权利的保障。既包括作为普通社会成员所应具有的普遍性发展权利,又包括作为特殊的职业群体所应具有的专业发展权利。第二,围绕长期以来城乡教师发展质量的差异,以及农村社会整体发展滞后所带来的影响,本书将坚持积极差别对待的政策取向,按照价值均等化的政策理念,将保障弱势教师群体的发展权利作为最终目标,以城乡教师发展权利实现机会的均衡作为政策设计的中心议题,进行基于发展权利均衡的农村教师支持政策的理论探索,致力于城乡教师发展权利保障机制的理论建构与分析。

(二)可行能力平等论

阿马蒂亚·森从可行能力视角创造性地提出不同以往的平等概念——可行能力平等,其平等论的独到之处就在于,在承认人类固有的多样性和差异性的基础上,将人类的平等概念的焦点从收入(财富)平等、机会、效用平等,扩展到更宽广、更包容的可行能力领域,并将平等与实质自由有机联系起来,勾勒出一种全面实质和积极的平等概念[1]。阿马蒂亚·森的平等论对于社会实践有着重要的参考意义,同时可行能力平等论为人们把握和解决现实的平等问题提供了重要的新的视角和分析思路。

1. 可行能力平等论的提出:解释权利剥夺的原因

从阿马蒂亚·森的贫困理论可以看出,贫困的本质是权利的剥夺,然而为什么会造成权利的被剥夺?用什么样的理论来解决贫困问题?虽然权利分析方法能够作为识别贫困的方法、分析贫困的本质,却无法解决有关贫困问题深层次的社会正义问题,阿马蒂亚·森在权利分析方法的基础上,进一步提出了可行能力的分析方法,

---

[1] 周文文:《新的平等:阿马蒂亚·森的"可行能力平等"》,《理论界》2005年第1期。

他在对社会正义问题进行分析时发现，人自身的能力对权利转化具有十分重要的意义和作用，他认为可行能力失败和丧失导致权利被剥夺。阿马蒂亚·森以"实质自由"为研究视角，对平等问题进行深入研究和分析，将"可行能力"概念定义为一个人做自己认为有价值的事的能力，即实质自由，因此，可行能力是一种个人实现不同生活方式的自由。

可行能力平等论的提出，源于阿马蒂亚·森对如何消除贫困以及不平等问题的思考，其贫困理论已经很好地揭示了贫困的本质，而消除贫困的途径是人们在可行能力上的平等，这样才能够自由地选择职业进而获得交换商品的权利。从可行能力的角度进行研究，可以更好地对贫困、饥荒等不平等问题进行更为深层次的研究。另外，从可行能力角度来看，贫困不仅仅是单纯的收入低下问题，更多的是个人基本能力缺乏所致。阿马蒂亚·森认为个人收入的多寡可以反映出可行能力水平的高低，相较于收入上的贫困，个人能力的贫困问题更为紧迫。

2. 可行能力平等论的应用：削减贫困的根本策略

鉴于人与人之间可行能力的不平等，阿马蒂亚·森将可行能力平等理论作为解决贫困的根本措施，他认为个人能力上的贫困是导致贫困的根本原因，另外，他的研究还发现饥荒的发生是人们没有足够的能力得到食物以及其他生活必需品所造成的，并不是因为粮食供给下降所导致的。世界银行由此认为，"任何减贫战略的核心内容都是拓宽穷人的能力"[1]。阿马蒂亚·森可行能力平等论的重点在于关注个人对生活选择能力上的差异，传统发展观念注重对收入、财富等物质因素的考量，虽然对于人的生活十分重要，但是没有考虑到人自身的主动性；而可行能力平等论体现的是对人能力的关注，充分强调了人自身能动性的重要意义，也反映了平等问题的根本原

---

[1] 世界银行：《1990年世界发展报告：贫困问题·社会发展指标》，中国财政经济出版社1990年版。

因所在，只有通过人内在能力上的平等才能够解决当前人类发展遇到的不平等问题。

阿马蒂亚·森的可行能力平等论是从人的主体性出发研究平等问题，而不是基于外在物质标准对平等问题进行研究，个人的可行能力反映出个人能够做什么、不能够做什么，个人可行能力上的平等即是个人过某类生活或实现合理目标的自由能力上的平等。可行能力本然地蕴含着人之能动性的意味，一旦人缺乏了某种可行能力，就表明人的一部分能动性的丧失，不平等便出现了。[①]"从最小的程度上讲，森建议我们不应当过分地视平等为一种消极的状态，而应当视其为能够使我们积极地投入这个世界，并且通过这样做来过上我们希望过的那种生活。"[②] 阿马蒂亚·森将可行能力平等论作为消除贫困的策略，不仅仅从理论上找到了消除贫困的方法，在实践中更能够给人们带来积极的生活态度，引导人们积极主动地提高自身的可行能力。

结合阿马蒂亚·森的可行能力平等理论，可行能力的公平发展是消除贫困和实现人与人之间公平发展的关键。那么，城乡教师可行能力的公平发展就成为城乡教师公平发展的关键。借鉴阿马蒂亚·森的可行能力平等理论，本书将从以下两个方面，对城乡师资均衡发展的财政机制进行设计：第一，尊重城乡教师发展需求的差异，不但要尊重由于客观原因所引发的城乡教师外在显性因素的发展差异，而且还要尊重由于不同的成长经历等主观因素所引发的城乡教师内在因素及发展需求的差异，将差异化的政策取向作为政策设计的理念基础；第二，将城乡教师专业实践能力的建设作为城乡师资均衡政策设计的着力点，根据双因素理论的

[①] 周文文：《新的平等：阿马蒂亚·森的"可行能力平等"》，《理论界》2005年第1期。

[②] ［美］亚历克斯·卡利尼克斯：《平等》，徐朝友译，江苏人民出版社2003年版，第73页。

观点，在保障城乡教师与工作任务相对应的物质生活条件的前提下，激发城乡教师的内在工作动机，引导和支持城乡教师加强专业实践能力的建设，通过农村教师专业实践能力和多元化专业发展路径投入机制的建构，为城乡教师的专业能力提升搭建发展的平台和载体，为推动城乡教师专业实践能力的均衡发展提供政策设计的理论参考。

（三）以自由看待发展理论

发展观是发展决策的基本观点，是行为实践的基本理念导向。现代社会的发展观由以物质资源为中心向以人的发展为中心的转变，不仅是人类社会发展观念的理性回归，更是人类社会终极价值关怀的理性回归。阿马蒂亚·森以自由看待发展的理论，强调了个人自由发展对社会发展的重要意义，既是对人类社会终极价值关怀的理性反思，又是对人类社会发展观念的理性回应，强化了社会发展的人本主义价值取向。

1. 重视扩展个人自由的发展观

从近现代人类社会的发展历史看，人类的发展观从重视国民生产总值等物质财富指标的增长，到重视以人类发展指数为核心的综合性发展指标，这是人类发展观的重大进步。将国民生产总值、个人的收入水平、社会发展的现代化水平等作为经济社会的发展目标，这种发展观的核心在于对经济发展、财富增长等物质方面的考量，阿马蒂亚·森称之为狭隘的发展观，他认为这种发展观混淆了"发展"和"增长"两个概念之间的区别。不同于狭隘的发展观，阿马蒂亚·森重点强调人类自由对于发展的重要性，主张基于社会成员实质自由的扩展程度来评价经济社会的发展质量，除此之外，他还较为全面系统地论述了增长与发展的关系，认为增长与发展的关系具有内在一致性和融合性。一方面，经济以及物质财富的增长会促进整个经济社会的发展；另一方面，社会成员个人发展以及实质自由的扩展反过来也将促进经济增长。阿马蒂亚·森认为，"发展就是扩展人们享有的真实自由的一个过程"[①]。因此，发展也正是提高人类各种能力的一个过程。阿马蒂亚·森的发展观扭转了传统发展观只重视社会成员收入增长、经济增长的负面影响，以自由看待发展的发展观更加重视人类整体发展指数包含环境的和谐、社会发展的公平、个人实质自由的拓展，并将人的发展作为评价发展的中心，充分体现了对世界底层人群的关怀。

2. 从增长财富到扩展个人自由

根据社会发展的传统观念，贫困问题的解决必须依靠物质财富的丰富，但是现实情况并非如此，经济的增长并不能消除国与国之间的发展差距，一个国家内部也会出现富人更富、穷人更穷的发展现实。阿马蒂亚·森认为，社会成员的实质自由以及幸福并不是通过物质财富的拥有就可以实现的，扩展个人实质自由应成为经济社会发展的主要目标。他提出了以自由看待发展的发展观，彻底改变了传统发展观对于物质财富以及经济增长的重视，从更高的立场和角度确立了全新的人类发展观，将扩大人的实质自由作为发展的最终目的，个人自由的扩张是促进社会发展的重要手段，彰显了人本主义的理论价值取向。[②] 阿马蒂亚·森以其严密的逻辑以及从哲学的高度对经济社会发展问题进行研究和分析，认为消除贫困需要在发展过程中实现，但是人类社会的发展问题并不是简单的经济增长能够解决的，扩展社会成员的实质自由才是推动人类社会整体发展的根本之路。

阿马蒂亚·森的以自由看待发展理论，不但树立了消除贫困的科学发展理念，也为城乡师资均衡政策的实施提供了价值取向的方向引领。就城乡师资均衡政策的实施而言，既要面对城乡教育发展目标与城乡整体社会发展差距之间的矛盾，又要面对城乡师资建设

[①] ［印］阿马蒂亚·森：《以自由看待发展》，任赜等译，中国人民大学出版社2002年版，第30页。

[②] 同上书，第62页。

整体目标与城乡师资均衡发展局部目标之间的矛盾，以及城乡师资建设的整体利益与教师个体利益之间的矛盾。在城乡师资均衡政策的推进过程中，必须坚持以人的发展为中心的价值取向，兼顾城乡教育发展的整体利益与城乡教师发展的个体利益，将实现教师个体的自由发展作为城乡师资均衡政策的根本目标，将实现城乡教师之间的公平发展作为城乡师资均衡政策设计的价值依据。

二 分析视角

作为特定的职业群体，教师不但具有特定的专业需求，还具有作为社会人所具有的一般性需求。教师常常被公众赞誉为人类灵魂工程师、太阳底下最光辉的职业等一些高大神圣的形象，其背后还隐藏了公众对教师作为普通人和其他职业群体所共有的基本需要的忽视。教师首先是作为"人"的存在，然后才是作为"师"的存在。[①] 不论是作为教师，抑或是作为其他职业群体，都存在着主体利益需求的结构性特征，存在着利益需求的类型差异和结构差异。教师不但存在着作为普通社会成员所具有的普遍性需求，也存在着作为教师职业的特定性专业需求；不仅存在着基本的物质利益需求，也存在着精神追求的价值需求。

传统的社会观念往往过多地强调教师的精神利益追求，较多地强调教师所应具备的精神价值追求，过多地夸大教师的奉献精神要求，片面地将教师塑造为"只求奉献，不求索取"的精神使者化身。一方面，仅仅从外在社会道德要求的角度对教师所应具有的职业特征进行限定，忽视了教师需求发展的主动性，缺乏对教师自身利益需求的主动关注；另一方面，强化了教师职业的精神性要求，忽视了对教师基本物质需求的关注，缺乏对教师需求的全面认识。传统的教师需求观念既无法充分地体现教师专业发展的主体性价值，又

[①] 伍叶琴、李森、戴宏才：《教师发展的客体性异化与主体性回归》，《教育研究》2013年第1期。

无法全面地体现教师发展的整体性诉求。这在某种意义上，也造成了长期以来农村教师发展的弱势地位，《乡村教师支持计划（2015—2020年）》的颁布正是对上述问题的有力回应。保障教师的基本需求，实现城乡教师基本需求满意度的同等化，是调动城乡教师发展积极性，进而提升城乡教师质量均衡的重要支点，基于教师需求的结构特征，本书提出了基于教师主体需求的分析视角，主要体现在以下两个方面：

第一，关注城乡教师的基本需求。从个人利益的角度讲，健康的身体是个体行为决策及其实践的前提条件。所以，在满足其他需求之前，健康的需求首先要得到满足。无论干什么，也无论处于什么样的文化背景中，想要好好地过日子，人们需要做到的远远不仅限于生存。他们必须具备基本的身体健康[1]，不论开展什么样的工作，或者从事什么样的生活实践活动，都需要各种各样的生理和心理机能的正常发挥和相应的情感与技能支持。或者说，基本需要的满足是其他需要满足的前提，其他需要的满足必须以基本需要的满足为基础。另外，从个体人的精神特征和发展内驱力的角度讲，无论处于何种文化背景、社会环境之中，抑或从事何种职业、处于何种发展阶段或者境地，个体人都具有向上发展的内驱力，都具有超越现状实现向上发展的动机，而且也是个体人开展社会实践活动最为直接的动力。因此，健康和自主成为人类基本的需要。[2] 为便于基本需要满足程度的测量，英国社会学家莱恩·多亚尔和伊恩·高夫提出了中间需要的概念。

所谓中间需要是指基本需要的具体化需求，或者可以说是一系列测量健康和自主的具体化需要。包括营养食品和洁净的水、具有保护功能的住房、无害的工作环境、无害的自然环境、适当的保健、

---

[1] ［英］莱恩·多亚尔、伊恩·高夫：《人的需要理论》，汪淳波、张宝莹译，商务印书馆2008年版，第73页。

[2] 同上书，第73—79页。

童年期的安全、重要的初级关系、人身安全、经济安全、适当的教育、安全的生育控制和分娩。① 成为中间需要的唯一标准即是否普遍并积极地有助于身体健康和自主。"对于提高基本需要满足，如果不是普遍需要的，就不能作为一个中间需要，无论该商品/活动/关系的影响范围如何广泛。"② 本书强调对城乡教师基本需求的关注，将借鉴中间需要的概念范围，在已有中间需要内容的基础上，根据我国经济社会发展的现实，并结合西部民族地区城乡社会及教育发展的实际，重新界定教师基本需要概念的内涵范围，对基本需要的具体内容进行筛选，利用自行设计的调查工具，着重对城乡教师基本需要满意度差异进行分析，以此为基础，致力于对城乡教师基本需要财政保障机制的设计。

第二，关注城乡教师的普遍需求。从城乡教师需求的保障来讲，满足教师作为社会个体人所具有的普遍需求，就显得尤为重要。在传统社会文化的认识中，教育教学通常被理解为高价值内涵和高附加值的社会实践活动。所谓高价值内涵是指教育教学目标直接面向人的发展，将促进人的发展作为最高目标，并与社会整体发展的基础相关联；所谓高附加值是指教育教学活动不仅承载着个体人发展的功能，还承载着社会发展的功能。教育教学活动的高价值内涵和高附加值特征，直接引发了社会对教师职业价值与功能的高要求。针对教师的需求，社会公众往往会过度强化教师的特殊需求，以对应教师职业价值与功能的高要求，而忽视了教师作为社会个体人的普遍需求。本书对教师普遍需求的关注，主要体现于以下三点：

其一，关注教师职业群体与其他职业群体普遍需求保障的公平性。从管理心理学的角度看，个体人总是以"比较人"的身份出现，与其他相关主体的比较结果将成为行为决策的直接依据。在某种意

---

① ［英］莱恩·多亚尔、伊恩·高夫：《人的需要理论》，汪淳波、张宝莹译，商务印书馆2008年版，第242—245页。

② 同上书，第200页。

义上,也正是基于"比较人"的管理实践需求,《中华人民共和国教师法》才明确"教师工资不低于公务员"的具体要求。本书以教师需求的满意度为切入点,除了基本的衣、食、住、行等生理需求之外,还通过教师与其他同类事业单位的横向比较,分析教师普遍需求保障的公平性。

其二,关注教师职业群体内部不同区域教师群体普遍需求保障的公平性。一是城乡教师普遍需求保障的公平性;二是不同区域教师普遍需求保障的公平性。本书通过自行开发的调查工具,以满意度为切入点,对城乡、不同区域之间教师基本需求保障的公平性进行分析和论述。考虑到国家政策的统一要求,以及国家已有的保障条件的不断健全,在教师基本需要的具体构成要素中,本书并未将"安全的生育控制和分娩"纳入教师的基本需要范围。在过去特定的历史时期内,由于人口发展观念的偏差,导致我国人口规模的过度发展,为优化人口发展的结构规模,我国实行了强有力的人口控制政策,甚至当前很多地区仍然保留了计划生育的一票否决制规定,与之相对应的生育和分娩安全保障措施正在不断完善,因此,基于政策统一性要求的考虑,本书没有将"安全的生育控制和分娩"纳入教师基本需要的概念范畴。另外,考虑到与其他地区横向比较的需要,本书没有将"营养食品和洁净的水"作为教师基本需要比较分析的内容。

其三,关注城乡教师的特殊需求。如果说普遍需求直接对应的是教师基本生活的正常进行,那么特殊需求则直接对应的是教师专业活动的顺利开展。教师的特殊需求主要突出教师的职业特性,强调教师实施专业实践活动所必需的物质与精神需求。从个体人的心理角度讲,个体人行为决策功能与能力的对等性是实现心理平衡和心理满足的基础。换句话说,只有当个体人具备的行为决策功能与个体行为能力能够相互对应,进而产生行为决策效果时,个体人才能实现心理的满足。针对教师的特殊需求,本书按照个体人行为决策功能与能力的对应性原则,从教师"专业能力发展"和"专业能力施展"两个维度，对城乡教师特殊需求保障公平性进行调查与分析。就"专业能力发展"而言，依据专业能力的结构性特征，拓展了对专业能力与发展途径的传统认识，从学历、专业实践能力、多元化专业发展途径等方面，对城乡教师的满意度进行调查与分析；就"专业能力施展"而言，以教育发展与社会环境相互契合的视角，坚持"外在支持条件与内在支持条件""物质设施条件与精神文化条件"等兼顾的原则，从"社会环境支持条件""专业设施支持环境""专业文化支持环境"三个维度，对教师专业能力施展支持环境的内在要素进行了建构，通过"城乡总体比较、省域之间比较、省域内部比较"三个层面，对城乡教师专业发展质量的均衡程度进行比较分析，以便弄清城乡教师专业发展与专业施展环境的差异。

第四节　研究方法论与方法

本书将社会个体化的社会转型背景作为研究基点，在强化教师个体需求满足的同时，强调对教师职业群体需求特征的关注，在借鉴个体化分析基础上，提出集体取向的个体化分析，关注城乡教师个体发展需求与教师职业整体性特征的关联分析，并将其作为政策分析与实践问题研究的方法论基础，同时也作为城乡教师发展需求分析、城乡师资均衡已有投入政策设计，以及城乡师资均衡财政保障机制构建的基本观点和基本方法。

一　研究方法论
（一）个体化分析

个人主义是现代主流经济学的基本研究方法，将行为个体作为问题分析的基点，旨在以个体行为分析来揭示大规模、整体性经济现象的运行规律。霍布斯（Hobbes Thomas）是个人主义方法论的提出者，他认为，人们在认识整个复合物之前，必须认识那些被复合的事物，因为只有通过它的组成要素，才能更好地了解每一事物。①亚当·斯密在《国富论》中最早将个人主义方法论用于经济现象的分析，将个人对自身利益的追求作为一切经济现象的诱因。Hamlin 认为，个人主义方法论包括三项基本命题：第一，人之个体乃是社会、政治和经济生活中唯一积极主动的参与者；第二，个人在进行决策的时候将为了自己的利益行事，除非受到强制；第三，没有人能够像利益者个人那样了解他自身的利益。② 在马尔科姆·卢瑟福看来，个人主义方法论具有以下特征：只有个人才有目标和利益；社会系统及其变迁产生于个人的行为；所有大规模的社会学现象最终都应该只考虑个人，通过考虑他们的气质、信念、资源以及相互关系的理论而加以解释。③ 由此可见，个人主义方法论的要点主要包括三点：第一，目标与利益的专属性，强调只有个人具有目标和利益，个人行为是构成社会现象的基本单元，个体行为分析是认知社会现象的基础；第二，个人利益是形成个体行为的诱因，个体行为的自主性、个人利益的最大化追求是个人行为动机分析的基本依据；第三，个人利益的分析和研究，应尊重个体的需求差异，个体行为的分析必须尊重人的自主性选择和自我利益最大化追求的客观现实。之所以将个人主义方法论用于教师问题的分析，主要基于以下几点的考虑：

1. 个体性的生活体验结构使教师个体成为教师整体分析的逻辑起点

在传统社会中，个体人是以人类组织的整体性概念存在的，整体性人类组织构成了人与人之间生活的全部，深刻地影响着个体人

---

① ［英］史蒂文·卢克斯：《个人主义》，阎克文译，江苏人民出版社 2001 年版，第 103 页。
② ［英］F. A. 哈耶克：《个人主义与经济秩序》，邓正来译，生活·读书·新知三联书店 2003 年版，第 6 页。
③ ［英］马尔科姆·卢瑟福：《经济学中的制度：老制度经济学和新制度经济学》，陈建波等译，中国社会科学出版社 1999 年版，第 38 页。

的工作与生活，不论是个体人生活的哪个方面，都与特定的人类组织整体联系在一起，与他人的关联性成为个体人立身力行之本，即使个体人的身份界定也是从整体性人类组织开始的。比如，在自我介绍时，人们经常以'我姓某某""我是某某家的孩子"等诸如此类的话语界定自我身份，这就反映了传统社会中个体人与宗族、家庭的紧密联系。正如我国著名社会学家费孝通先生对传统社会"差序格局"的表述："我们的格局不是一捆一捆扎清楚的柴，而是好像把一块石头丢在水面上所发生的一圈圈推出去的波纹。每个人都是他社会影响所推出去的圈子的中心。被圈子的波纹所推及的就发生联系。每个人在某一时间某一地点所动用的圈子是不一定相同的。"①

　　国家现代化的社会发展进程改变了传统社会的经济社会结构，人们的生活方式、价值观念多元化，个体的概念、自我的概念得以强化。如果有人问，市场经济对中国最大的影响是什么？问题的答案在于，除了物质生活的极大改善、社会生产效率的快速提高之外，莫过于市场经济对人生活观念的影响。市场经济"平等、自愿"的运行规则，不仅改变了人们的生活方式，还增强了现代社会的个体性观念。有人经常用"端起碗吃肉，放下筷子骂娘"这句话来描述改革开放以后出现的心理失衡现象。这种现象恰恰体现了改革开放后社会公众自我意识的觉醒。人们的生活与工作由过去的"被动接受"逐步转变为"主动谋划"，逐渐不再单纯地去接受"要我做"式的命令，而是转向"我要做"式的主动实践。人们开始主动去思考彰显自我、表现自我、表达自我的利益主张。此外，信息化既丰富了人类的知识信息量结构、最大限度地实现了生产生活的便利化、高效化，又极大地改变着人类的生活方式，以信息为媒介的人机互动代替了人与人之间的交流，个体化行为代替了群体性的社会交往。生产方式转型、生活观念转变、社会

---

① 费孝通：《乡土中国　生育制度》，北京大学出版社1998年版，第26页。

交往方式变迁形成的三重叠加效应带来了社会公众行为方式的个体化体验。

教师作为社会知识分子群体的重要构成部分，不但受到现代社会个体化行为体验的影响，而且教师的个体化行为体验也在改变着传统体制下教师群体的社会行为方式。在原有单位制管理体制解体、"平等自愿、双向选择"用人体制确立的前提下，教师行为的个体化体验特征愈发显著，教师个体根据发展需要、利益需求作出行为决策，以个体化的方式进行着自我利益诉求的表达。近年来，不同区域之间、同一区域内部不同学校之间的教师流动现象，偏远贫困地区的教师流失现象，优秀教师群体"孔雀东南飞"的进城择校现象，无不证明了教师行为的个体化变动趋向特征。另外，从教师自身的职业特征看，教育教学活动的个性化体验特征也强化了教师行为的个体化取向。尽管在教育教学实践活动中越来越强调教师集体合作的重要性，甚至教师发展共同体的概念已被广大教育工作者所熟知，可是教育教学活动的创新性、教师个体之间的利益分散化共同强化了教师行为个体化的实践价值。因此，面对教师行为的个体化趋向特征，只有将教师个体作为分析对象，我们才能弄清教师群体的整体性行为取向。

2. 社会个体化的宏观背景趋向使教师个体成为分析教师整体性问题的前提

个体化是当代社会学理论的重要命题，也是西方社会现代化进程的重要构成部分。作为与全球化进程相伴生的概念，社会个体化有着更为新颖的内涵取向。与新自由主义之权利性个体化内涵不同，即旨在维护和拓展个体权利、自由，社会个体化是集个体权利与集体依赖于一体的概念，不仅强调对个体自由、选择、权利的关注，还关注个体对社会制度本身的依赖性。依据现代社会学理论的主张，社会个体化理论主要包括三个要点：第一，去传统化，个体日益从外在的社会约束中脱离出来，主要是家庭、血缘关系和阶级地位等文化传统的约束。社会变得更加多元和分化。传统的社会规范不再是个体发展的奋斗目标，而是成为个体发展的便利条件。① 第二，被动的自主性，外在的社会制度、社会发展环境迫使社会个体成为积极主动的行为者，对自己的行为负责，凸显了社会制度对个体发展的影响。② 第三，同质性的发展结果，个体自由选择、自主发展并不会必然带来发展的极端差异化，恰恰相反，正是由于对社会制度、社会发展的依赖导致个体发展的趋同性。③ 通过对已有个体化理论要点的分析，我们不难发现，从表层意思看，社会个体化似乎是一个自相矛盾的概念，社会强调集体性，个体强调自我性，两者蕴含着两种不同的发展趋向。可是，社会个体化却体现了在社会急剧变迁、传统社会生活方式解体、新的生活方式重构的复杂背景下，个体与社会、个体与组织相互融合、相互依存的现实。同时，也再次证实了在复杂的社会发展环境下，很大程度上任何极端化的社会实践取向都难以获得持久性的发展。

在中国社会发展的历史长河中，中国作为中央集权制的国家得以长期地延续，不仅造就了整体性的社会文化风格，还持续性地影响着人们的生活和工作。尽管中国现代化进程的快速推进，特别是新中国成立后中国社会结构的激变，导致人们的传统社会生活方式、整体性的社会文化风格逐步弱化，可是国家、集体、家庭等传统概念范畴仍然在深刻地影响着人们的生活实践。虽然历史、文化等的影响导致中国与西方国家有着不同的发展方式特征，但是相同的是中国与西方都出现了社会个体化趋向。从某种意义上讲，国家主动个体化与个体被动个体化共同促成了中国的社会个体化。

从国家的角度看，新中国成立后，受到稳定新政权、快速展现社会主义制度优越性的压力，国家实行了高度集权的经济社会发展管理体制，甚至以户籍制有意设置人口流动的障碍。虽然在特定的

---

① 阎云翔：《中国社会的个体化》，陆洋等译，上海译文出版社 2012 年版，第 328—329 页。

② 同上书，第 328—329 页。

③ 同上。

历史时期，高度集权的经济社会管理体制产生了推动社会发展的积极影响，但是不断变化的经济社会发展环境却导致集权性管理体制的弊端愈发显现。而且，庞大的人口规模也造成高度集权性管理体制积重难返。为提高生产效率、扩充社会财富总量、改善人民生活水平，中国政府推行以建立市场经济体制为核心的改革，人口流动的限制也随之弱化，再加上市场经济本身平等、自愿原则的促动，个体之间的互动增强，个体行为方式得以强化。另外，随着国家经济水平的快速提升，国家对社会公正、平等理念不断强化，成为国家主动个体化的体现。比如，习近平总书记就加快发展职业教育所做出的重要指示中强调，"营造人人皆可成才、人人尽展其才的良好环境"，"要加大对农村地区、民族地区、贫困地区职业教育支持力度，努力让每个人都有人生出彩的机会"，无不体现了对个体之间公正、平等发展的关注，同时也体现了个体发展对社会制度的依赖性。从个体的角度看，在某种程度上，中国个体自主性的发展不仅是个体自觉行为的结果，更是国家政策效应的直接体现。以市场为导向的经济社会改革，不但有效改变了经济社会发展的整体水平，极大地缓解了财政总量的压力，而且也改变了原有体制下的社会生活方式。国家不再无限承担个体发展的主要成本，社会个体不得不承担起自身发展的责任，不得不去面对各种各样的社会压力。国企改革导致大量下岗工人走上自主创业、自主发展的道路，正是有力的实例。另外，户籍管控的弱化所形成的农民工潮也是政策促动下的个体自主行为后果。另外，20世纪90年代以来，我国教育、卫生、住房改革等一系列改革的实施，在很大程度上增强了社会个体的行为自主性，成为形成社会个体化的重要诱因。

面对国家、个人两个层面的个体化变动，只有坚持利益相关者需求的政策立场，尊重教师个体发展的实际需求，将教师个体作为教师群体分析的基点，才能对教师政策的整体性问题形成科学的判断，才能弄清教师政策问题的外在表现形式和内在运行机制，从而切实保障政策设计的科学性、可行性。

（二）集体取向的个体化分析

集体主义与个人主义通常作为相互对立的概念被理解。个人主义主张将行为个体作为分析问题的基点；与之相反，集体主义强调群体性关注，将不可再分的个人集体的行为作为理论分析的起点。就集体主义理论自身而言，存在分离性集体主义与依存性集体主义两种理论倾向。分离性集体主义强调社会与个体的对立性、分离性、差异性，认为社会高于个体，社会是独立于个体的超个体性存在，社会与个体不存在简单的累加和对应关系；依存性集体主义强调社会对个体的依附性，个体是社会的体现，社会只有通过个体才能得以存在，但社会不等于个体，个体之间的关系性、互动性结构共同构成了社会，且独立于个体而持续存在。[①] 本书更倾向于依附性集体主义的观点，尽管社会区别于个体而存在，制度、文化等社会性因素也是解释个体行为的重要依据，社会成为个体行为的限定性因素，可是个体是社会形成的基础，个体活动是构成社会生活的主体，是社会内涵的直接体现。

从表面来看，集体取向的个体化分析似乎是自相矛盾的自反性概念，然而，社会变革的复杂性决定了社会发展的多样性，正如当前"城市"与"农村"内涵边界的模糊性，众多事物通常是多种特性的融合体，无法以非此即彼的单一特性存在。个体性、社会性犹如硬币的两面，共处于统一体之中，无法相互分离。因此，在肯定个体、集体差异的同时，应关注个体与集体的统一性。就本书中集体取向的个体化分析而言，其本身所包含的双重属性并不是矛盾的，它主要强调了群体行动的一致性和独立性特征，主要包括两层含义：第一，集体取向的个体化分析关涉的对象是群体行为，主要指涵盖教师等利益相关主体的职业群体，主张其具有共同的职业群体行为属性，具有集体行为的内在一致性，具备作为进行整体性研究的可行性；第二，包含教师等利益相关主体的职业群体，在行为取向上

[①] 李昱祺：《社会学整体主义方法论的批判》，《知识经济》2012年第11期。

具有个体行为的自主性特征，能够以个体自主性的理论视角对教师等利益相关主体的职业群体进行审视，具备个体行动者的行为逻辑与行为路径特征。

1. 职业依赖的社会性决定了教师职业群体行为的整体性

以行为整体性视角分析教师政策问题，首先需要回答的是，教师到底是否存在整体性行为。已有的研究往往将整体利益视为整体行为的诱因。城邦利益生成雅典公民政治参与的行为动机，共同利益促使美国人生成自愿结社的行为特征。[①] 在现实生活中，虽然共同利益的存在会带来教师的共同行为，但是个体利益分散化的现实通常会造成集体行动的困境，个体的理性行为导致集体行为的不理性，从而弱化教师职业群体的整体性程度。可是，作为特定的职业群体成员，教师个体行为仍然受到社会文化、社会制度等社会因素的约束。不论是教师的专业行为活动抑或是生活实践活动，都无法摆脱社会的影响。依据社会学整体主义理论的观点，虽然个人是构成社会的基础，个人活动是社会的基本构成部分，但是个人与社会是相互区别的存在单位，社会塑造了人的意识与行为，任何个体都存在于特定的社会制度与文化中，社会限定了个体的价值。所以，群体、制度、结构等宏观社会现象成为社会分析的基本单位，通过对制度结构、社会规范、文化价值的考察，能够形成对人的行为的认识和理解。[②] 因此，职业依赖的社会性特征决定了教师行为分析整体性视角的可行性。

诚如上文所述，当今无论是资本主义国家还是社会主义国家，都出现了社会发展的个体化趋向，然而，在社会分工愈发细化的前提下，在某种意义上，作为职业群体成员的个体对社会的依赖不是弱化了而是增强了，形成了个性要求增强与社会依赖增强共存的自

[①] 高春芽：《集体行动的逻辑及其困境》，《武汉理工大学学报》（社会科学版）2008 年第 1 期。

[②] 李昱祺：《社会学整体主义方法论的批判》，《知识经济》2012 年第 11 期。

反性格局。但是个体日益从外在的社会约束中脱离出来，这些约束包括整体的文化传统及其包含的一些特殊范畴，例如家庭、血缘关系和阶级地位。所以社会变得更加分化和多元。但是，这并不意味着传统和社会群体就不再发挥作用，如果它们能成为个体可资利用的资源，传统和社会群体就仍然重要。① 换句话说，个体对社会的依赖，由目的性的全面性依赖转变为发展性的选择性依赖，即个体由"传统社会背景下，为了保持传统而全面性地依存于社会"转变为"现代社会背景下，为了自我发展而有选择地依赖于社会"。如果说，在传统社会背景下，个体对社会的依赖是全面性的、被动性的，那么，在现代社会背景下，个体对社会的依赖则是选择性的、主动的。总之，不论是主动性、选择性依赖，还是被动性、全面性依赖，都表明个体对社会依赖的必然性，由此使教师问题的分析坚持整体性视角成为可能。

2. 个体行为的情境人际互动性决定了教师职业群体行为的集体性

在固有的思维模式中，不论是作为整体性的社会现象还是作为特定社会现象的教育活动，其复杂性通常都被归结为人的复杂性，这种看似合理的解释不仅无法体现复杂社会实践背后的深层运行逻辑，还过度简化了社会运行本身的复杂性，难以有效地应对复杂的社会实践所带来的各种实践问题。剥离社会实践表层的社会现象，我们会发现，社会现象的复杂性不仅在于人本身的复杂性，更在于人与人之间关系模式的复杂性，而且这种复杂性会直接受到特定情境状态的影响。作为社会性的存在，个体人不可能脱离社会的影响，既受到文化、制度等整体性社会因素的影响，又会受到其他社会个体的影响，在特定的社会情境下，甚至其他社会个体的影响要远远超过整体性社会因素的影响，体现了个体行为受人际关系模式影响

---

① 阎云翔：《中国社会的个体化》，陆洋等译，上海译文出版社2012年版，第328页。

的特征，不但限制了社会个体人的选择，而且制约着社会个体人的行为决策选择，进而促使人类的集体行为形成。

社会群体行为的自组织现象就是重要的实例。就运行机制而言，自组织的实质在于个体的无意识行为形成集体的整体式行为。自组织过程表现为，在一定的情境下，甲引发乙的行为，乙的行为又引发丙的行为，丙又引发乙的行为，乙再次引发甲的行为，反复循环，无限运行。如同作为"无形之手"的市场作用，社会群体自组织现象并不是外控干预因素引发的组织行为，而是自发运行的组织行为，正体现了社会群体组织内部自有的人际互动模式形成的运行关系逻辑。美国学者马克·布坎南（Mark Buchanan）将人比作原子或者遵循某种简单规律的分子，将影响社会运行的基础归结为人际关系模式的存在，而且模式运行遵循着特定的规律，以自组织的形态维持运行。这种被誉为物理社会学的理论观点，其本身就反映了人际关系模式对社会群体行为的影响以及社会群体行为的客观存在。

从另一个角度讲，作为社会人的人类个体，任何人都处于一定的社会背景之中，特定的社会背景赋予了个体特定的社会地位，规定着个体行为的范围和权利，制约着个体行为的取向。另外，任何个体行为抑或是群体行为的发生都是某一特定社会情景作用下的产物。特定的社会背景和社会情境共同引发了个体人际关系的互动模式，促成了社会群体的集体行为。特定的社会背景和社会情境构成了职业群体集体行为的动力源泉，共同成为职业群体集体行为的情境性诱因。可以说，社会职业群体集体行为不是源自抽象的先验理性，而是源自特定的集体情境理性，是特定的社会文化背景、制度环境、时空环境共同作用的结果。职业群体集体行为是嵌入特定情境性诱因环境中的理性行为，不是独立于这些情境、不依这些情境的改变而发生改变的抽象的柏拉图式的理性。[①] 本书对象定位于西部民族地区城乡义务教育教师，作为共同的职业群体成员，本书涉及

---

① 汪丁丁：《情境理性》，《IT经理世界》2004年第1期。

的教师群体既具有着共同的专业理想、工作生活背景、职业信念，又面对着共同的社会文化背景，在职业群体行为上，必然体现出共同的行为取向。因此，对西部民族地区义务教育师资均衡问题，从职业群体整体性的角度进行分析和探讨，便具有可行性。

3. 中国社会行为取向的趋同性决定了教师职业群体行为的同质性

从源发性探讨的角度看，众多社会问题的研究大都可以还原为对社会文化原问题的解释，社会行为取向是社会文化原问题的直接对应对象，而且，由于社会文化引领与规范作用的稳定性，某种社会背景下的社会行为取向通常被视为确定的，因此上述社会行为取向的文化分析原理成为社会问题研究的重要依据。西部民族地区城乡师资均衡问题的研究，作为一种特定的社会问题和社会现象，要弄清其内在运行机理，探寻其运行的内隐规律，按照文化分析原理方法进行社会行为取向特征的剖析就成为必然。那么，究竟应如何认识当前的中国社会行为取向呢？这种社会行为取向又是如何影响教师职业群体行为的呢？

就社会行为取向的相关研究而言，长期以来，不同的学科领域形成了不同的观点和主张，影响力最大的是西方学者提出的二元对立式主张，矛盾的焦点集中于个人主义与集体主义的分歧和争议。很多学者从中国传统文化、风俗习惯等方面，提出了中国社会行为取向的社会性特征，或者说是集体主义取向。但是，也有学者提出了中国社会行为取向的个体主义主张。针对差序格局理论，费孝通先生指出："在这种富于伸缩性的网络里，随时随地是有一个'己'作为中心的。这并不是个人主义，而是自我主义。个人是对团体而说的，是分子对全体。在个人主义下，一方面是平等观念，指在同一团体中各分子地位相等，个人不能侵犯大家的权利；一方面是宪法观念，指团体不抹杀个人，只能在个人们所愿意交出的一分权利上控制个人。这些观念必须先假定了团体的存在。在我们中国传统思想里没有这一套的，因为我们所有的是自我主义，一切价值是以

'己'作为中心的主义。"① 有学者根据费孝通先生关于"以己为中心"的差序格局理论，提出了中国人行为取向的个体性特征，认为"因为中国人没有一个固定的集体，他们所有的就是以己为中心的而发展出各自不同的并不停变化的社会网络。由此一来，'私'是中国人社会行为的核心"②。

尽管经济社会发展方式的转变，特别是市场经济地位的确立，使中国人的传统文化、风俗习惯、思想观念产生了巨大的变化，甚至表现出个体性的行为特征，可是从中国社会行为的内在运行逻辑来看，在很大程度上中国社会行为更应归结为集体性取向。著名经济学家约瑟夫·熊彼特（Joseph Alois Schumpeter）曾经说过，人们可以用三种方式去研究经济学——通过理论、通过统计和通过历史。历史不仅是研究经济学的重要途径，还是研究其他社会问题的主要渠道。只有回归历史，才能弄清社会运行的演变进程，进而把握社会运行的内在逻辑。只有从历史的角度，才能深刻把握中国社会行为取向的内在特征和实质内涵。

中国自古以来就是大一统的国家，中央集权制是社会治理的主要手段，由此形成了大一统的文化特征。正如美国著名汉学家、历史学家魏斐德（Frederic Evans Wakeman）所评论的，"统一是中国的一种文化"③。在中国历史上，中央集权制的政治治理方式延续长达两千余年，不但实现了统一，还曾经创造了高度的物质文明和精神文明，甚至成为引领世界发展的主要力量，进而巩固了中国整体性、统一性的文化风格。步入现代社会，随着西方社会生活方式、思想文化的涌入，中国的社会出现个体化的倾向，但是，即使在当代社会，中国仍然是世界三大经济体中唯一实行中央集权式政治、社会治理的国度。面对西方的质疑，中国共产党人仍然凭借中央集

---

① 费孝通：《乡土中国　乡土重建》，商务印书馆2016年版，第29—30页。
② 翟学伟：《中国人社会行动的结构》，《南京大学学报》（哲学·人文·社会科学）1998年第1期。
③ 吴晓波：《历代经济变革得失》，浙江大学出版社2013年版，第4页。

权式的治理方式，完成了经济的快速腾飞，以9%的速度持续30年高速增长。历史的延续性、治理方式的一贯性，共同强化了中国社会行为取向的统一性、整体性特征。尽管互联网、市场经济体制的建立，逐步打破了中国人固有的思维模式，在个体人身上愈发显现出个性化的特征，可是却未能从根本上动摇中国人行为取向的内在一致性特征。近年来，面对突发重大事故、自然灾害的威胁，中国人所表现出的团结一致、危难共渡的精神，在使西方发达国家感叹中国行政体制高效率的同时，也更加印证了中国人行为特性的内在一致性。西部民族地区教师作为特定的社会职业群体，虽然具有着工作、生活、职业的特殊性，但是仍然无法摆脱社会文化环境的制约，仍然表现出内在统一性的社会行为取向。20世纪八九十年代，面对工资拖欠、基本生活待遇无法保障的困境却坚守三尺讲坛而不离不弃，再到面对艰苦的生存与发展环境而不畏艰难、恪尽职守，无不反映了作为教师职业群体所具备的奉献精神，同时再次印证了中国人行为取向的统一性特征在西部民族地区教师职业群体身上的体现。

二 研究方法

（一）文献研究法

结合本书的研究任务与目标，从文献研究法的应用看，主要体现在三个层面：

第一，研究文献的梳理与分析。以"城乡""教师""均衡"为关键词，对已有的国内外研究成果进行梳理与分析，对国内已有的重要文献、研究成果以及联合国教科文组织等国外大型国际组织发布的农村教师、城乡义务教育发展等相关的研究报告进行收集和整理，对涉及的重要理论观点、分析框架和分析模型进行分析和借鉴，将其作为机制设计、问题分析的理论参考；根据研究主题的实质内涵，结合已有理论的研究结论，对机制设计理论、城乡社会发展一体化理论、财政公平理论等进行分析，对其核心概念、主要思想进行归纳和总结，将其作为西部民族地区城乡义务教育师资均衡财政问题分析的理论依据。

第二，政策文献的梳理与分析。首先，对 2011 年以来，国务院、教育部、其他相关管理部门出台的关于城乡教师薪酬改革、教师专业发展、教师专业能力提升等政策文献进行收集和整理，以厘清国家已有的政策基础和政策发展的趋势；其次，对 2011 年以来，调查涉及的西部少数民族聚居特征显著的三个省颁布出台的相关政策进行收集和分析，包括地方性的教师教育改革政策、偏远贫困地区农村教师的补助政策、《乡村教师支持计划（2015—2020 年）》落实政策等制度文献、《十三五教育事业发展规划》、关于民族教育的各专项规划等，分析其政策要点和政策演变特征；最后，对调查涉及的三个省教育主管部门的年度工作报告、领导讲话材料、地方基层政府的教师队伍建设汇报材料等进行收集和梳理。

第三，统计文献的梳理与分析。主要包括《中国统计年鉴》《中国教育统计年鉴》《中国教育经费统计年鉴》《国民经济和社会发展统计公报》《全国教育经费执行情况统计公告》等国家层面的统计数据，调查涉及的三省 2011 年以来发布的地方统计年鉴、教育统计数据、教育经费统计数据和调查涉及的市、县等相关统计数据。

（二）调查研究法

1. 问卷试测与信效度检验

根据《乡村教师支持计划（2015—2020 年）》等国家政策的规定，围绕"下得去、留得住、教得好"的发展目标，针对"吸引留住机制""素质发展机制""素质展现机制"等问题设计调查问卷。问卷整体采用混合设计模式，其中"城乡教师职业吸引力"和"城乡教师专业施展"的调查采用李克特五点量表形式。

（1）城乡教师职业吸引力调查问卷

根据已有研究对教师职业吸引力维度的分析（详见表 1-2），结合前期访谈和观察所取得的认识，本书初步拟定了教师职业吸引力的维度和具体指标，教师职业吸引力分为五个维度（共 19 题），包括职业认同（3题），社会认可（2题），工资福利（4题），工作环境（7题），进修提升（3题）。

表1-2　　　　　　　　　　职业吸引力维度文献综述

作　者	吸引力维度
邬志辉	社会认可、职业提供、个人偏好、空间社会特质
石佳巍	社会地位和声誉、发展未来、教师专业自治权、职业认同感和幸福感、个人终身学习的愿望
刘荣、韩美青	企业实力、职业发展、工作特征、工作环境、企业氛围
张正堂	薪酬管理、职业发展、绩效评估与管理
殷志平	初次求职者：环境价值、名誉价值、发展价值、经济价值、心理价值；再次求职者：社会价值、名誉价值、环境价值、发展价值、心理价值
侯慧娟	企业实力、职业发展、工作特性、工作环境、企业氛围
杨智勤	信用价值、基础价值、成长价值、工作价值、氛围价值
Agrawa Swaroop	工作责任和权利、工作福利、工作地点
张正堂	薪酬管理、职业发展、绩效评估、管理（依次递减）
姜英敏	专业地位、培训制度、薪酬待遇
Lievens Highhouse	功能性：薪水、晋升、福利、弹性工作时间和工作地点；象征性：诚挚、创新、能力、声望、坚强
Berthon	兴趣价值、社会价值、经济价值、发展价值、应用价值
张燕、王辉、樊景立	保健型人力资源实践维度：员工福利、工作保障、员工薪酬、员工关怀；激励性人力资源实践维度：员工培训、职业发展规划
朴在林、韩光谟	员工与上司、管理层之间的信用；员工在工作中对自我能力、价值和身份的自信；同事之间交往、共事的乐趣
胡蓓、翁清雄、杨辉	组织特性、职业发展、报酬制度、组织表现、学习培训制度、工作特性

将初始问卷经专家和一线教师审阅后进行试测。共发放问卷298份，回收问卷246份，回收率为82.6%，其中有效问卷235份，回收有效率为78.9%，问卷统计回收后进行了信效度检测。在项目分析上，本书将"决断值（t值）大于3，相关系数大于0.30"作为

筛选标准,若题目符合以上二者的标准则保留,否则删除。经独立样本 T 检验和积差相关分析后发现,"职业期待"的决断值是 2.200,相关系数是 0.196,未符合标准,其他各题的决断值都符合标准(详见表 1-3),所以在项目分析阶段将"职业期待"删除。

表 1-3　　　　　　　教师职业吸引力题目分析结果摘要

题目	t	r^2	结果
职业认知	27.148***	.571***	保留
职业体验	31.309***	.612***	保留
职业期待	2.200	.196	删除
公众认可	41.334***	.696***	保留
他人认可	35.210***	.690***	保留
工资水平	17.633***	.426***	保留
福利待遇	32.012***	.598***	保留
保险公积金	30.252***	.590***	保留
周转房	33.221***	.592***	保留
工作负担度	32.587***	.623***	保留
学校硬件	30.683***	.601***	保留
校园文化	38.606***	.693***	保留
教学氛围	38.568***	.634***	保留
人际关系	35.021***	.655***	保留
生活条件	40.913***	.716***	保留
领导支持	37.747***	.677***	保留
培训机会	38.389***	.658***	保留
职称晋升	37.016***	.647***	保留
考核与评奖	43.243***	.718***	保留

注:*P<.05,**P<.01,***P<.001,以下同。

经项目分析后筛选出 18 道题目,对筛选出的题目进行因素分析,以了解所得题目的建构效度。在测量问卷的效度时,采用主成分分析法和旋转方式的 Kaiser 标准化最大方差法。第一次因素分析时，KMO 与巴特利特检验（Bartlett）检验的结果显示：Kaiser-Meyer-Olkin 度量为 0.934，Bartlett 的球形度检验显著性为 0.000（标准是 P<0.05），依据 Kaiser（1974）的观点，属于极适合进行因素分析的程度（详见表 1-4）。

表 1-4　　　　　　　　KMO 和 Bartlett 的检验

取样足够度的 Kaiser-Meyer-Olkin 度量		.934
Bartlett 的球形度检验	近似卡方	31100.220
	df	210
	Sig.	.000

从"总方差解释"来看，有五个因子初始特征值大于 1，分别为 8.358、2.246、1.745、1.298 和 1.069，也就是说，18 道题目可以分成五个维度。此外，题目的总解释量为 58.803%，符合解释量 50% 以上的标准，表示这 18 道题能解释 58.803% 的教师职业吸引力，具有不错的效度。另外，在信度上，克隆巴赫系数为：职业认同是 0.761；社会认可是 0.619；工资福利是 0.752；工作环境是 0.873；进修提升是 0.789。总信度是 0.835。符合维度大于 0.60，整体大于 0.80 的标准。说明教师职业吸引力的 18 个题目具有很好的内部一致性。

（2）教师专业施展机会均衡调查问卷

教师专业施展机会均衡的主要举措在于专业施展条件的保障。不仅包括社会发展环境等宏观支持条件的改善，还包括以学校场域为核心的教育教学环境等微观支持条件的完善。结合文献分析和前期调研，本书将教师专业施展初步划分为社会支持环境、专业设施支持环境和专业文化支持环境三个维度，其中，社会支持环境包括社会环境安全、信息渠道、公共服务设施、居民文化程度；专业设施支持环境包括校园整体设施、教学专业设施、专业辅助设施；专业文化支持环境包括学校教学改革氛围、领导管理、学校制度。

问卷采用李克特五点量表形式,将初始问卷经专家和一线教师审阅后与教师职业吸引力问卷部分一起进行试测。共发放问卷 298 份,回收 246 份,回收率为 82.6%,其中有效问卷 235 份,回收有效率为 78.9%,问卷统计回收后进行了信效度检测。在项目分析上,本书采用"决断值(t 值)大于 3,相关系数大于 0.30"的筛选标准,若题目符合以上二者的标准则保留,否则删除。经独立样本 T 检验和积差相关分析后发现,"专业辅助设施"的决断值是 2.200,相关系数是 0.196,未符合标准,其他各题的决断值都符合标准(详见表 1-5),所以在项目分析阶段将"专业辅助设施"删除。

表 1-5　　　　　　　教师专业施展题目分析结果摘要

题目	t	r^2	结果
社会环境安全	21.986 ***	.456 ***	保留
信息渠道	39.955 ***	.722 ***	保留
公共服务设施	42.374 ***	.692 ***	保留
居民文化程度	38.522 ***	.659 ***	保留
校园整体设施	24.666 ***	.500 ***	保留
教学专业设施	23.470 ***	.474 ***	保留
专业辅助设施	2.741	.121	删除
教学改革氛围	24.709 ***	.483 ***	保留
领导管理	25.006 ***	.493 ***	保留
学校制度	24.487 ***	.492 ***	保留

注:* $P<.05$,** $P<.01$,*** $P<.001$,以下同。

经项目分析后筛选出 18 道题目,对筛选出的题目进行因素分析,以了解所得的建构效度。在测量问卷的效度时,采用主成分分析法和旋转方式的 Kaiser 标准化最大方差法。第一次因素分析时,KMO 与巴特利特检验(Bartlett)检验的结果显示:Kaiser-Meyer-Olkin 度量为 0.898,Bartlett 的球形度检验显著性为 0.000(标准是

$P < 0.05$），依据 Kaiser（1974）观点，属于极适合进行因素分析的程度（详见表 1-6）。

表 1-6　　　　　　　KMO 和 Bartlett 的检验

取样足够度的 Kaiser-Meyer-Olkin 度量	.898
Bartlett 的球形度检验　近似卡方	29423.664
df	105
Sig	.000

从"总方差解释"看，初始特征值大于 1 者，有三个，分别为 5.974、3.785 和 1.262，也就是说，因素分析将这些题目分成三个维度。第一个维度解释变异量为 39.829%，第二个维度解释变异量为 25.231%，第三个维度解释变异量为 8.413%，总解释量为 73.473%，符合解释量 50% 以上的标准，表示这 9 道题能解释 73.473% 的教师专业施展条件，具有不错的效度。另外，在信度上，克隆巴赫系数为：社会支持环境是 0.633；专业设施支持环境是 0.836；专业文化支持环境是 0.845；总信度是 0.821。符合维度大于 0.60，整体大于 0.80 的标准。表示教师专业施展条件的 9 个题目具有不错的内部一致性。

2. 问卷正式发放

根据进入实地调查现场的便利性和可能性，在研究的实施过程中，我们将 N 省作为重点调查的省份，将 G 省和 M 省作为调查的次重点省份，共计发放调查问卷 4251 份，收回有效问卷 3835 份，其中农村教师调查问卷 2059 份，城市教师调查问卷 1776 份；访谈教师、教育管理者 60 人，其中教育管理部门领导 11 人，中小学校长 15 人，中小学教师 34 人；调查涉及三省的共计 8 个县（区），其中农村学校 97 所，城市学校 43 所。

针对 N 省的调查，根据 N 省少数民族的人口分布特征、经济社会发展的现实水平和文化历史积淀所形成的区域发展差异，按照 N

省南部山区、北部川区的划分维度，选择调查样本县对象，结合开展调查研究的便利性原则，选择 N 省南部的 M 市和北部的 Y 市，并按照"城市、县城、乡镇、村庄"的四个区域层次，分别选择 M 市、Y 市的一个城区、一个县城及其乡镇作为调查的区域，以便进行纵向的对比分析。共发放调查问卷1300 份，回收问卷 1195 份，有效问卷 1182 份；发放校长调查问卷 43 份，回收 41 份，有效问卷 39 份，调查学校包括 43 所学校，其中初中 18 所，小学 25 所；针对 G 省和 M 省的调查，主要根据两省少数民族聚居区域的分布情况，分别选择一个少数民族相对较多的市作为调查区域，从两个市分别选择一个市区、一个县城及其乡镇作为调查对象，进行问卷的发放和访谈，以及其他质性资料的收集。

（三）个案研究法

结合开展深度调查的可操作性，我们选择少数民族区域特征较为显著的 N 省 L 县作为个案研究对象。围绕城乡师资均衡问题、城乡师资均衡的财政保障措施等主题，课题组成员多次赴 N 省 L 县开展相关的调查。在调研过程中，进行个案研究的课题组成员克服了进入现场的重重限制和阻碍，进行了调查问卷的发放，对相关的政策文本、各类总结发言材料等进行收集和整理，并且对教育局主要负责人、教育局的相关科室领导、县（区）师资管理的行政管理人员、中小学校长等，进行了大量的访谈，收集到了大量的第一手资料，为本书所研究内容的实施和推进，提供了丰富的研究素材和研究线索，同时也为政策问题的分析和探讨提供了具体翔实的个案研究材料。

第五节　研究思路与逻辑架构

本书既关注基本理论的建构与分析，又注重对实践问题的探讨与解释。针对城乡师资均衡财政保障机制的构建，按照"主体需求—实践对应—改进机制"的思路进行研究,并结合已有的改革实践成绩与问题,从总本性的角度对城乡师资均衡财政供给机制进行构建。

一 研究思路

本书按照"理论分析—主体需求—实践对应—改进机制"的思路开展研究,既强调对理论构建的分析与探讨,又强调对实然状态的关注与分析。首先,围绕"师资均衡""财政机制"等关键词,对已有的研究文献进行梳理和分析,对基本概念、基本观点进行提炼和归纳,对阿马蒂亚·森的福利经济学理论、教育财政均衡理论等的核心观念进行总结,明确问题分析的理论依据和理论基点;其次,利用调查工具,以满意度为主题,基于利益相关者的需求,围绕城乡师资均衡的专业发展保障条件、专业施展机会保障条件、职业吸引力提升保障条件等核心问题,对城乡师资均衡发展的财政保障需求进行调查;再次,以已有的政策分析为着力点,对国家、地方各级政府针对城乡师资均衡的财政政策进行研究,在弄清已有政策的优势与不足的基础上,明确城乡师资均衡财政保障机制的改革方向;最后,根据城乡教师的满意度分析,以及已有财政保障政策的利弊分析,对城乡师资均衡的财政保障机制进行构建。

二 逻辑架构

本书的内容主要包括三个部分:第一部分是绪论,主要是对城乡师资均衡的本体论分析,围绕研究背景、研究价值、核心概念、方法论与研究方法、理论基础等内容,对研究的基本理论问题进行论述和探究。第二部分是基于主体需求的城乡师资均衡财政保障机制设计研究,《乡村教师支持计划(2015—2020年)》等国家政策,对农村教师队伍的建设提出"下得去、留得住、教得好"的发展目标,政策的实质在于打破城乡教师队伍发展的失衡,促进城乡师资供给质量的均衡化。城乡师资供给质量均衡化的核心就是城乡教师质量均衡化。从城乡教师队伍整体建设的角度看，推动城乡教师质量均衡发展，主要涉及"稳定、提升、施展"三个政策要点：一要实现"吸引留住机制"效应的均衡，不论城市还是农村都能对优秀教师形成同等的吸引力，此为城乡教师队伍稳定和质量提升的前提；二要实现"素质提升机制"效应的均衡，不论城市教师还是农村教师都能享有优质的专业发展机会，实现城乡教师专业发展机会与质量的均衡，此为城乡教师质量均衡的主要途径；三要实现"素质展现机制"效应的均衡，不论城市教师还是农村教师都能有效将素质能力转化为实践成果，通过能力与环境的对应性增强教师自我效能感体验的均衡，进而巩固和持续提升城乡教师综合职业素养，此为实现城乡教师质量均衡的关键支点。针对以上三个政策要点，主要从"职业吸引力均衡""专业发展质量均衡""专业施展机会均衡"三个维度，借鉴阿马蒂亚·森的福利经济学理论思想，按照"主体需求—实践对应—改进机制"的思路，对基于主体需求的城乡师资均衡发展的财政保障机制进行分析与构建。第三部分从总体投入供给的角度对城乡师资均衡的财政供给机制进行论述，此为城乡师资均衡财政保障机制的总体性管理机制。结合西部民族地区经济发展的实际，围绕"配置、决策、评价"三个政策关键点，对"如何实现资源配置的公平""如何实现投入决策的民主""如何实现投入利用的高效"三个问题、对城乡师资均衡投入的总体管理机制进行建构与论述。

第 二 章

城乡教师职业吸引力同等化财政保障机制

《国务院关于加强教师队伍建设的意见（2012）》提出，到2020年形成一支"道德高尚、业务精湛、结构合理、充满活力"的高素质专业化教师队伍。《乡村教师支持计划（2015—2020年)》提出，到2020年，努力造就一支素质优良、甘于奉献、扎根乡村的教师队伍，为基本实现教育现代化提供坚强有力的师资保障。从国家出台的各项教师发展政策以及目标看，如何使教师"引得来、留得下、干得好"是打造高素质专业化教师队伍的核心问题，问题的关键在于增加教师职业吸引力，吸引优秀人才并激励在职在岗教师提高教育教学水平，提升教育质量。西部民族地区是教育发展的薄弱地区，也是国家历来重点关注的地区，增强其城乡教师职业吸引力对于促进师资质量的均衡有着积极意义。我们通过对城乡教师职业吸引力的现状进行调查，找寻影响城乡教师职业吸引力现状的财政机制因素，探寻向西部民族地区投入倾斜的教师职业吸引力提升机制。

第一节 城乡教师职业吸引力比较分析

西部民族地区地域广阔，大部分省份以农业为主，属于我国经济欠发达的地区，同时，N省、G省和M省均为我国少数民族聚居特征显著的地区，教育发展也相对落后。受我国区域、城乡社会发展差距的影响，我国整体的教育结构和布局不尽合理，贫困地区、民族地区教育发展滞后，城乡教师职业吸引力总体水平不高。

一 教师职业吸引力省际比较

调查结果显示，教师职业吸引力处于中等偏上水平（M = 3.16），说明教师职业吸引力总体水平不高，有待提升。从表 2-1 中可以看出，在教师职业吸引力五维度中，职业认同、社会认可和工作环境处于中等偏上水平，均值分别为 3.87、3.40 和 3.39，工资福利和进修提升处于中等偏下水平，均值分别为 2.59 和 2.57，工资福利和进修提升成为制约教师职业吸引力的关键因素。经单因素方差分析可知，教师职业吸引力在不同省份之间存在显著差异（F = 52.973，P < 0.01）。

自古以来，我国就有尊师重教的传统。新中国成立以后，由于受到特定时期的政治运动影响，教师的社会地位受到严重冲击，甚至被列为"老九"的行列。改革开放以后，伴随教育地位的逐步凸显，教师的社会地位逐步恢复，并以建立教师节的方式得以确立。在以经济发展为核心的社会战略下，受到片面发展观念的影响，过度强化物质文明和经济增长水平的关注，教师虽然被冠以崇高的社会荣誉地位，却缺乏与之相对应的物质经济以及发展条件支撑。在市场经济的背景下，经济地位是职业群体社会地位最为直接和显著的标志，由于物质经济条件与社会荣誉不能相互对应，收入等各种经济条件的低下就造成了教师社会地位无法彰显。从数据统计分析的结果看，"工资福利"和"进修提升"均值较低的调查与分析结果，既反映了教师对经济地位满意度较低的现实，又反映了教师社会地位无法通过经济地位有效显现的实际。虽然国家对教师的重视程度逐步增强，对教师发展的投入也逐步增加，但是长期发展所形成的教育意识生态和思维惯性，使得与教师社会荣誉地位相对应的经济地位还需要经过较长的时间才能得到最终确立和巩固（详见表2-1）。

表2-1　　　　　　　　　教师职业吸引力五维度情况表

维度	均值	标准差
职业认同	3.87	.765
社会认可	3.40	.921
工资福利	2.59	.788
工作环境	3.39	.719
进修提升	2.57	.929
教师职业吸引力	3.16	.643

从表2-2中可以看出，从均值上看，M省T市>N省M市>G省N市，N省M市和M省T市教师职业吸引力处于中等偏上水平，G省N市处于中等偏下水平，三个地区之间存在显著差异。从理论上讲，教育是社会的重要板块，与其他社会板块之间存在着相互依存的关系。教育的发展依赖于其他社会板块，其他社会板块的发展又体现于教育的发展中。以上三个地区之间教师职业吸引力均值的差异，体现了三个地区教师职业发展水平的差异，也体现了三个地区经济社会发展水平的差异。

表2-2　　　　　　　　　教师职业吸引力省际差异情况表

省份	均值	标准差	F	P
N省M市	3.17	.536	52.973	.000
G省N市	2.98	.599		
M省T市	3.26	.682		
总体情况	3.16	.643		

注：$P<0.01$差异显著，$P<0.001$差异极显著，下同。

(一) 教师职业认同处于中等偏上水平，省际差异显著

职业认同是教师职业吸引力的重要维度。如果求职者对该职业具有价值认同，就会引起求职者内部动机的变化，在工作中会体现出更多的主动性和积极性。Fishbein 和 Ajzen（1975）的理性行为理论研究发现，组织一般吸引力与组织声誉对求职意愿能够产生积极的正向作用，进而影响求职者的行为或决策。[①] 教师职业认同是教师在不同的环境条件和工作情境中，基于个体对教师职业的兴趣或外在引导，通过教师自身不断努力逐渐形成的。调查结果显示，教师职业认同处于中等偏上水平（M=3.87），教师职业认同在不同省份之间存在显著差异（F=78.000，P<0.01，详见表2-3）。

表2-3　　　　　教师职业认同省际差异情况表

省份	均值	标准差	F	P
N省M市	3.86	.707	78.000	.000
G省N市	3.62	.786		
M省T市	4.02	.736		
总体情况	3.87	.765		

教师职业认同水平较高，说明教师从内心接受自己所从事的职业，认为教师职业是有价值、有意义的职业，对教师职业充满信心和情感，并愿意承担教师角色。虽然从经济收益的角度教师职业未必是最佳的择业方向，但是教师职业却有着较高的自我价值实现空间。在教育教学活动中，自我教育见解的实践，以及师生关系的生成与转化等，不仅能使教师体会付出与收获的效应，还能使教师体会自我价值的形成和实现，师生关系所带来的人际优势也必将使教师受益终身。因此，就教师职业认同的生成机制而

[①] Lievens, F. High house, S., "The relation of instrumental and symbolic attributes to a company's attractiveness as an employer", *Personnel Psychology*, 2003 (5), pp. 75–102.

言,并未与地方社会发展产生必然的联系。但是,地方政治、经济、文化等多种因素构成的社会样态必将对教师的发展产生制约作用,本书调查的三个地区之间教师职业认同的差异也体现了不同社会样态的制约作用。

(二)教师社会认可处于中等偏上水平,省际差异显著

教师是职业人,也是社会人。教师社会地位的优劣,可谓是人类社会兴与衰或是将兴和将衰的"晴雨表"。我国古代就有将师与"天地君亲"并列的做法,体现了教师职业崇高的社会地位。但也有"家有五斗粮,不当孩子王"和"一支粉笔两袖清风"的描述。作为处于社会关系之中的个体,社会和重要他人对教师职业的认可也会影响社会成员从事教师职业的积极性和主动性,进而影响教师职业吸引力水平的高低。调查结果显示,教师社会认可处于中等偏上水平(M=3.40),经单因素方差分析,教师社会认可在不同省份之间存在显著差异(F=68.879,P<0.01,详见表2-4)。

表2-4　　　　　　　　教师社会认可省际差异情况表

省份	均值	标准差	F	P
N省M市	3.35	.881		
G省N市	3.13	.896	68.879	.000
M省T市	3.58	.909		
总体情况	3.40	.921		

从表2-4中可以看出,就教师社会认可维度的均值而言,M省T市>N省M市>G省N市,且差距较大。有报道称:G省H县自然环境恶劣,当地大办教育,这个50多万人口的贫困县,自恢复高考以来培养出11多万名本专科学生、7000多名硕士博士,被誉为"状元县"。中央电视台《小崔会客》栏目还曾邀请当地嘉宾畅谈办学经验。按理推想,这里的教师地位应该不低吧?然而,2014年

底，H 县从财政供养的事业单位编制人员中招考的 189 名警察，其中竟然有 171 名来自教师行业。教师"集体跳槽"，揭示了"状元县"的尴尬。[①] 可见，教师的社会认可度与公务员相比，存在较大差距。以 N 省公务员招考为例，2016 年 N 省各类公务员招考 791 人，报名人数 62800 人，比例为 1.26%，远远高于特岗教师、事业编制的招考比例，也反映了社会认可对教师职业吸引力的影响。

（三）教师工资待遇处于中等偏下水平，省际差异不显著

教师是专业工作者，也是生活在现实世界中的普通人，在社会中生活，教师需要获得能够满足生存需要的相应的福利待遇。与其他职业相比，教师职业的物质待遇不高，是一个劳动付出多于物质回报的职业，教师收获更多的是精神利益。在官方新闻报道中，经常会出现"长期坚守大山深处、辛勤耕耘于教育一线"的优秀教师报道，这些典型的案例揭示了教师职业的内在精神动机，也体现了教师职业的奉献特征。但是，并不能因此否定教师对正当劳动回报的索取。

工资福利待遇是教师通过从事教师职业所获得的直接与劳动付出相应的物质和精神报酬，主要包括教师工资、奖金、福利、津（补）贴、社会保险等。由于这类因素直接维系着个体实现自我生存需要的满足，所以对教师产生和具有的作用表现得最为显著，是影响教师生存生活的最直接和最根本因素。调查结果显示，教师对工资待遇的认同处于中等偏下水平（M = 2.59），经单因素方差分析，教师工资待遇在不同省份之间不存在显著差异（F = 2.651，P > 0.05）。

从表 2-5 中可以看出，教师对工资福利待遇的认同总体情况不高。虽然自 2005 年以来，随着农村义务教育经费保障机制改革的实施，中央和地方政府按比例共同承担的农村教师工资投入机制逐步

[①] 孙虎原：《提高教师工作吸引力》，http：//inews.nmgnews.com.cn/system/2016/09/08/012127711.shtml。

建立，但是地方经济发展和财政收入水平对农村教师工资福利待遇的影响仍然较为显著。我国西部县区大多以农业为主，长期存在财政能力薄弱的问题，教师工资福利有效稳定增长机制难以建立，成为制约教师职业吸引力提升的关键因素之一。

表2-5　　　　　　　教师工资福利待遇省际差异情况表

省份	均值	标准差	F	P
N省M市	2.63	.523	2.651	.071
G省N市	2.62	.756		
M省T市	2.55	.886		
总体情况	2.59	.788		

（四）教师工作环境处于中等偏上水平，省际差异显著

教师工作环境主要是指存在于教师工作的学校场域，围绕教学活动的有序正常远行所形成的各项支持条件建设，既体现为具体的硬件设施环境支持条件，又体现为制度、文化等软件支持环境。教师工作环境是教师工作积极性和职业吸引力的重要影响因素。调查结果显示，教师工作环境处于中等偏上水平（M=3.39），经单因素方差分析，教师工作环境在不同省份之间存在显著差异（F=53.720，P<0.01）。

表2-6　　　　　　　教师工作环境省际差异情况表

省份	均值	标准差	F	P
N省M市	3.48	.629	53.720	.000
G省N市	3.17	.686		
M省T市	3.47	.746		
总体情况	3.39	.719		

从表2-6中可以看出，G省N市教师工作环境在三省对比中的

满意度最低。G省N市位于中国G省西南部，是汉、藏文化的交汇处，经济发展水平低。从2015年G省14个市GDP的排名来看，N市位于第14位，再加上当地特殊的地理环境，交通条件落后，社会现代化水平相对较低，直接影响了教师对工作环境的满意度。尽管M省T市、N省M市也是西部少数民族聚居地区，可是交通条件相对便利，产业结构、经济结构相对多元，社会的现代化相对较高，因此，教师对工作环境的满意度水平相对较高。

（五）教师进修提升处于中等偏下水平，省际差异显著

对于教师而言，进修提升意味着自身需要水平的发展及其实现能力的增长，能够为教师工资福利待遇和工作生活环境方面的状况改善提供可能条件。调查结果显示，三个地区的教师对进修提升的满意度处于中等偏下水平（M=2.57），经单因素方差分析可知教师对进修提升的满意度在不同省份之间存在显著差异（F=32.976，P<0.01）。

表2-7　　　　　　　　　教师进修提升省际差异情况表

省份	均值	标准差	F	P
N省M市	2.53	.881	32.976	.000
G省N市	2.38	.831		
M省T市	2.70	.979		
总体情况	2.57	.929		

从表2-7中可以看出，教师对进修提升的总体满意度水平不高，是制约教师职业吸引力提升的又一关键因素。有研究表明，在组织人才吸引力的六个维度中，职业发展排在第二位。[①] 就教师职业的本质属性而言，除了专业知识与专业技能外，专业精神与

---

① 胡蓓、翁清雄、杨辉：《基于求职者视角的组织人才吸引力实证分析——以十所名牌大学毕业生的求职倾向为例》，《预测》2008年第1期。

专业价值的追求是更为显著和更为根本的属性，决定着教师的发展方向和工作动力来源。促进学生发展的价值取向，不仅赋予了教师职业高度的责任压力，也为教师提供了强大的专业发展动力。教师只有不断提升自我的专业水平，才能适应教育观念、教育理念更新的要求，并适应学生多元化的发展需求，尤其是在师生教学关系的复杂性决定了教学工作的复杂性的前提下，教师对专业发展具有较高的要求。上述三个地区教师对进修提升较低的满意度，不仅反映了其教师专业发展途径的局限性，也体现了教师专业发展机会供给难以有效满足教师需求的现实，也将对教师职业吸引力产生显著的负向影响。

二 教师职业吸引力城乡比较

城市与农村的划分就像一条巨大的鸿沟，将我国社会分成两个部分，受地理位置、自然资源、人力资本和产业结构等差异的影响，城乡教师职业吸引力也存在差别。

（一）城市教师职业吸引力从总体上高于农村教师职业吸引力

经单因素方差分析，城乡教师职业吸引力不存在显著差异（$F=0.369$，$P>0.05$）。从表 2-8 中可以看出，就均值而言，城市教师职业吸引力水平最高，县城教师职业吸引力均值水平最低，城乡四个区域层面的教师职业吸引力水平差距较小，不存在显著的城乡二元式分布特征。有研究表明，工作在村庄的小学教师 96% 对现在工作不满意，工作在乡镇的小学教师 92.5% 对现在工作不满意[1]，反映了城乡教师之间的发展质量差距，以及职业吸引力的差异。受到工资收入、工作待遇、发展机会等多方面的影响，尤其是在现代精神与物质文明的建设过程中，城市从各个方面表现出

---

[1] 李金奇：《农村教师的身份认同状况及其思考》，《教育研究》2011 年第 11 期。

来的主导性优势，强化了城市教师的优势地位，使农村教师的职业吸引力低已成为社会广泛关注的现实问题。城乡教师之间的职业吸引力水平差距正是城乡教师地位、城乡社会发展水平差距的体现（详见表2-8）。

表2-8　　　　　　　　教师职业吸引力城乡差异情况表

区域	均值	标准差	F	P
城市	3.19	.688		
县城	3.15	.645		
乡镇	3.16	.618	.369	.775
村庄	3.16	.634		
总体情况	3.16	.643		

从表2-9中可知，在三省城乡教师职业吸引力调查分析层面，N省M市和G省N市均存在显著差异，M省T市不存在显著差异。统计分析结果显示，N省M市城乡教师职业吸引力存在显著的城乡差异（F=7.248，P<0.01），在城乡四个区域层面，均值依次降低，而且城乡教师的均值差距较大，城乡二元式分布特征显著；G省N市城乡教师职业吸引力存在显著差异（F=4.221，P<0.01），按照"乡镇""县城""城市""村庄"的顺序，教师职业吸引力的均值逐步降低，农村教师职业吸引力总体上要高于城市教师的职业吸引力，呈现传统城乡二元式的逆向分布特征，且城乡教师的职业吸引力均值差距较小，均值的整体水平相对较低；M省T市城乡教师职业吸引力不存在显著差异（F=0.046，P>0.05），而且城乡教师职业吸引力均值差异极小。三个地区内部城乡教师职业吸引力的差异，体现了三个地区城乡教师发展的经济社会文化背景的不同。

表2-9 三省城乡教师职业吸引力差异情况表

	区域	均值	标准差	F	P
N省M市	城市	3.41	.553	7.248	.000
	县城	3.15	.456		
	乡镇	3.15	.546		
	村庄	3.08	.551		
	区域	均值	标准差	F	P
G省N市	城市	2.90	.667	4.221	.006
	县城	2.96	.601		
	乡镇	3.06	.564		
	村庄	2.85	.570		
	区域	均值	标准差	F	P
M省T市	城市	3.27	.689	.046	.987
	县城	3.26	.706		
	乡镇	3.27	.682		
	村庄	3.26	.653		

（二）农村教师职业认同度高于城市教师职业认同度

经单因素方差分析法的检验，城乡教师职业认同存在显著的差异（F=6.189，P<0.01）。从表2-10可以看出，在教师职业认同的均值上，村庄>乡镇>城市>县城，呈现城乡二元的逆向分布特征。从社会学角度分析，农村纳入体制内的国家公职人员相对较少，甚至在很多西部民族地区，教师是农村唯一的国家公职人员群体，教师职业在农村属于"上层"职业，其身份地位、工资收入在农村都属于较高水平，而且工作和收入都相对稳定，是农村吸引力较高的职业。对三个地方的调查结果显示，当问到"您的收入在当地居民收入水平中属于哪种水平"时，5.2%的村庄教师认为自己属于高收入水平，17.3%的村庄教师认为自己属于中等偏上水平，38.1%的村庄教师认为自己属于中等水平，只有29.2%的村庄教师认为自己属于中等偏下水平，还有10.1%的村庄教师认为自己属于低收入水平,可见多数农村教师对自身收入水平的满意度较高。与农村社会相比,虽然城市教师的发展机会和整体福利待遇相对较高,但是城市存在着更为多样化的职业群体,面对着更为严格的要求和更为激烈的竞争,与其他职业之间的收入差距相对较大,所以,城市教师对自身收入水平的满意度相对较低。

表 2-10　　　　　　教师职业认同城乡差异情况表

区域	均值	标准差	F	P
城市	3.86	.820		
县城	3.78	.777		
乡镇	3.90	.740	6.189	.000
村庄	3.95	.721		
总体情况	3.87	.765		

通过表 2-11 可知,G 省 N 市城乡教师职业认同存在显著差异($F=6.728$,$P<0.01$),N 省 M 市和 M 省 T 市城乡教师职业认同不存在显著差异($P>0.05$)。从均值看,N 省 M 市按照"城市""乡镇""村庄""县城"的顺序依次降低,城市教师的职业认同均值要高于农村教师;G 省 N 市按照"乡镇""村庄""城市""县城"的顺序依次降低,呈现出农村教师的职业认同高于城市教师的特征;M 省 T 市同样呈现出农村教师职业认同均值高于城市教师的趋向。

表 2-11　　　　　　三省城乡教师职业认同差异情况表

	区域	均值	标准差	F	P
N 省 M 市	城市	3.99	.729		
	县城	3.80	.620	1.420	.236
	乡镇	3.86	.753		
	村庄	3.83	.712		

续表

	区域	均值	标准差	F	P
G省N市	城市	3.54	.893	6.728	.000
	县城	3.46	.764		
	乡镇	3.74	.727		
	村庄	3.60	.809		

	区域	均值	标准差	F	P
M省T市	城市	3.97	.768	2.604	.050
	县城	3.96	.785		
	乡镇	4.08	.711		
	村庄	4.07	.674		

（三）城市教师社会认可度高于农村教师社会认可度

经单因素方差分析，城乡教师社会认可度不存在显著差异（F=2.167，P>0.05）。通过表2-12可知，从均值上，城市教师社会认可水平高于县城、乡镇和村庄教师。而且，按照"城市""县城""村庄""乡镇"的顺序依次降低，具有显著的城乡二元分布特征。从职业认同心理的生成机制看，职业认同的形成不仅受到自身体验感受的影响，还受到社会其他成员认同度的影响。另外，从社会人际心理关联性的角度讲，其他社会成员的认同，也更有助于教师职业地位的彰显。社会认可代表社会大众和重要他人对教师职业的认同，是对教师职业身份、地位和利益的总体认知。由于我国长期沿袭城乡二元体制，导致城乡社会发展不平衡，城市与农村在教育、医疗、住房等公共服务方面存在较大差距。地缘性差异的存在导致城乡教师社会认可度的差异。

表2-12　　　　　　　教师社会认可城乡差异情况表

区域	均值	标准差	F	P
城市	3.48	.972		
县城	3.41	.897		
乡镇	3.36	.902	2.167	.090
村庄	3.38	.926		
总体情况	3.40	.921		

从三个地区内部城乡教师的社会认可度差异看，N省M市城乡教师的社会认可度存在显著差异（F=4.066，P<0.01，详见表2-13），G省N市和M省T市城乡教师社会认可度不存在显著差异（P>0.05）。就均值而言，N省M市按照"城市""县城""乡镇""村庄"的顺序依次降低，城乡教师之间的均值差距较大，呈现出显著的城乡二元分布特征；G省N市城乡教师的社会认可度与城乡二元社会特征不存在显著的对应性，城市教师的社会认可度均值低于乡镇教师的社会认可度均值；M省T市按照"城市""县城""村庄""乡镇"的顺序均值逐步降低，具有城乡二元的分布倾向。

表2-13　　　　　　　三省城乡教师社会认可差异情况表

	区域	均值	标准差	F	P
N省M市	城市	3.58	.852	4.066	.007
	县城	3.40	.804		
	乡镇	3.34	.950		
	村庄	3.18	.848		
	区域	均值	标准差	F	P
G省N市	城市	3.14	.989	2.366	.070
	县城	3.08	.867		
	乡镇	3.19	.870		
	村庄	2.91	.878		

续表

	区域	均值	标准差	F	P
M省T市	城市	3.62	.956	.621	.601
	县城	3.61	.895		
	乡镇	3.54	.876		
	村庄	3.57	.916		

（四）教师工资福利满意度整体偏低，城乡教师不存在显著差异

经单因素方差分析，城乡教师对工资福利满意度不存在显著差异（F=1.911，P>0.05）。通过表2-14可以看出，教师对教师职业提供的工资福利满意度均值较低（M=2.59），城市教师和县城教师对工资福利的满意度均值要低于村庄和乡镇，城乡教师的满意度均值与传统城乡二元结构相比，呈现逆向分布。《国务院关于加强教师队伍建设的意见》提出，依法保证教师平均工资水平不低于或者高于国家公务员的平均工资水平。在调查中，当问到"您的工资收入与工作所在地的公务员相比"时，有68.5%的教师表示比公务员低，有29.2%的教师表示与公务员持平，只有2.3%的教师表示比公务员高。除工资收入外，教师还表示在住房、医疗、社会保险、子女入学等方面与工作所在地公务员存在差距。受到社会文化等多方面因素的影响，在过去很长的时间里，公务员享受着高于其他国家公职人员群体的福利待遇，再加上政务信息透明度的影响，尽管教师的工资收入不断增长，可是始终未能消解教师与公务员福利待遇的比较弱势心理地位，公务员的工资福利待遇一直是教师工资福利待遇的比较对象。

表 2-14　　　　　城乡教师工资福利满意度差异情况表

区域	均值	标准差	F	P
城市	2.56	.831	1.911	.126
县城	2.55	.793		
乡镇	2.63	.777		
村庄	2.59	.752		
总体情况	2.59	.788		

单因素方差分析的结果表明，三省城乡教师对工资福利待遇的满意度不存在显著差异（详见表 2-15）。从均值看，在城乡四个区域层面，N 省 M 市的城市教师对工资福利的满意度高于农村教师，且差距较大，按照"城市""乡镇""县城""村庄"的顺序依次降低；G 省 N 市的城市教师对工资福利满意度均值低于县城和乡镇教师，按照"乡镇""县城""城市""村庄"的顺序依次降低，与传统的城乡二元社会结构呈逆向分布特征；M 省 T 市的城市教师对工资福利满意度均值低于乡镇教师和村庄教师，按照"乡镇""村庄""城市""县城"的顺序依次降低，同样呈现出传统城乡二元社会结构的逆向分布特征。三个地区内部城乡教师对工资福利满意度的差异，体现了不同省份内部城乡教师社会支持条件的差异，也反映了由此形成的教师心理认同度差异。

表 2-15　　　　　三省城乡教师工资福利满意度差异情况表

	区域	均值	标准差	F	P
N 省 M 市	城市	2.81	.486	4.259	.005
	县城	2.58	.491		
	乡镇	2.62	.529		
	村庄	2.58	.548		

续表

	区域	均值	标准差	F	P
G省N市	城市	2.54	.740	1.740	.157
	县城	2.65	.761		
	乡镇	2.66	.761		
	村庄	2.48	.741		

	区域	均值	标准差	F	P
M省T市	城市	2.50	.927	2.449	.062
	县城	2.48	.896		
	乡镇	2.62	.894		
	村庄	2.61	.825		

（五）城市教师工作环境满意度高于农村教师工作环境满意度

单因素方差分析的结果显示，城乡教师对工作环境的满意度存在显著差异（F=13.179，P<0.01，详见表2-16）。就满意度均值而言，在城乡四个区域层面，教师对工作环境的满意度呈现逐层下降的趋势，呈现显著的城乡二元式分布特征。工作环境不仅包括教学设施等显性的硬件环境，还包括由学校制度安排形成的柔性环境。虽然城市教师比农村教师面对着更为严格的要求，但是农村教师却承受着与城市教师同等甚至更高的工作负担。西部民族地区中小学布局调整力度的不断加大使寄宿制学校的数量不断增加，基于教育公平的考虑，大量教学点也得以保留，再加上营养早餐、免费午餐等多项重大惠民政策的实施，导致农村教师的工作量加大，由此引发的人力资源供需矛盾，不但造成教师劳动付出总量的增大，而且不同类型的工作任务调配也在无形中增加了授课教师的工作负担。本书对西部民族地区农村教师的调查结果显示，当问到"您任教的科目数"时，35.5%的农村教师任教科目在3门以上，相比之下，只有14.9%的城市教师任教科目在3门以上，反映出城乡教师工作负担的差距。

表 2-16　　　　　　城乡教师工作环境满意度差异情况表

区域	均值	标准差	F	P
城市	3.51	.772		
县城	3.43	.715		
乡镇	3.34	.689	13.179	.000
村庄	3.27	.698		
总体情况	3.39	.719		

从三省内部城乡教师工作环境满意度差异看，经过单因素方差检验分析，三省城乡教师对工作环境满意度均存在显著差异，三个省份单因素方差分析的结果显示，P值小于0.01，表明差异极其显著（详见表2-17）。在城乡四个区域层面，按照"城市""县城""乡镇""村庄"的顺序，N省M市城乡教师的工作环境满意度均值依次降低，城乡教师满意度与城市化的发展程度存在对应性，具有显著的城乡二元分布结构特点；G省N市呈现两端低中间高的趋势，按照"乡镇""县城""城市""村庄"的顺序，G省N市城乡教师的工作环境满意度均值依次降低，城市教师工作环境满意度低于县城教师和乡镇教师，城乡教师满意度与城市化的发展程度存在逆向对应性，表现出城乡二元式的逆向分布格局；M省T市城乡教师工作环境满意度按照"城市""县城""乡镇""村庄"的顺序依次降低，城乡教师的工作满意度均值差距相对较大，城乡教师满意度与城市化发展程度存在直接的对应性，城乡二元分布结构的特征明显。从城乡教师工作环境满意度的总体情况看，除G省N市之外，N省M市和M省T市农村教师对工作环境的满意度明显低于城市教师，不但体现了三个省份之间城乡义务教育发展的差异，还体现了三个省份内部城乡教师工作环境的差异，也反映了在城市化进程不断加快背景下城乡义务教育的发展差异性和复杂性。

表 2 - 17　　　　　三省城乡教师工作环境满意度差异情况表

	区域	均值	标准差	F	P
N 省 M 市	城市	3.88	.620	16.598	.000
	县城	3.52	.530		
	乡镇	3.41	.636		
	村庄	3.33	.626		
	区域	均值	标准差	F	P
G 省 N 市	城市	3.13	.778	4.004	.008
	县城	3.19	.674		
	乡镇	3.22	.656		
	村庄	2.94	.624		
	区域	均值	标准差	F	P
M 省 T 市	城市	3.60	.733	10.187	.000
	县城	3.55	.770		
	乡镇	3.43	.730		
	村庄	3.32	.722		

（六）城市教师进修提升满意度低于农村教师

经单因素方差分析，城乡教师对进修提升的满意度不存在显著差异（F = 0.717，P > 0.05）。通过均值比较，在城乡四个区域层面，教师对进修提升的满意度呈逐级上升趋势，呈现与传统城乡二元结构逆向分布的特征，城市教师满意度低于农村教师（详见表 2 - 18）。随着《乡村教师支持计划（2015—2020 年）》的实施，农村教师进修提升状况有了明显改善，城乡教师进修提升满意度的差异反映了该项政策实效。但就绝对水平而言，城市教师和农村教师满意度总体上仍处于中等偏下水平。

表2-18　　　　　城乡教师进修提升满意度差异情况表

区域	均值	标准差	F	P
城市	2.53	.957		
县城	2.57	.922		
乡镇	2.57	.911	.717	.542
村庄	2.61	.940		
总体情况	2.57	.929		

从三省内部城乡教师进修提升满意度差异看，经单因素方差分析，G省N市存在显著差异，N省M市和M省T市不存在显著差异（详见表2-19）。就城乡教师满意度均值而言，N省M市在城乡四个区域层面，城市教师均值最高，县城教师均值最低，乡镇教师和村庄教师均值处于中间位置，城市教师满意度与农村教师的满意度差距较大，城乡二元分布特征显著；G省N市在城乡四个区域维度，乡镇教师均值最高，城市教师均值最低，城乡教师满意度差距较大，呈现传统城乡二元结构的逆向分布格局；M省T市在城乡四个区域维度，城市教师均值最低，与传统城乡二元结构相比，呈现负向分布特征。

表2-19　　　　　三省城乡教师进修提升满意度差异情况表

	区域	均值	标准差	F	P
N省M市	城市	2.78	.895		
	县城	2.44	.824	2.890	.035
	乡镇	2.51	.886		
	村庄	2.51	.903		
	区域	均值	标准差	F	P
G省N市	城市	2.13	.840		
	县城	2.43	.827	6.257	.000
	乡镇	2.46	.834		
	村庄	2.32	.719		

续表

	区域	均值	标准差	F	P
M省T市	城市	2.65	.971	.288	.834
	县城	2.71	.992		
	乡镇	2.71	.976		
	村庄	2.71	.979		

三 教师职业吸引力人类学变量比较

经独立样本T检验和单因素方差分析可知，教师职业吸引力在教师性别、教龄、职称、学历、学校层级和学校类型方面存在显著差异。

（一）教师职业吸引力存在显著的性别差异，女性教师职业吸引力高于男性教师

调查结果显示，教师职业吸引力在教师性别方面存在显著差异（t=4.19，P<0.01）。女性教师职业吸引力明显高于男性教师职业吸引力（详见表2-20）。在中小学的教育实践生活中，男性教师的人数通常会远远低于女性人数，因为在社会公众的观念中，女性适合从事小学教师、保育员、护士、服务员等相关职业。可是，中小学生的健康成长需要具有合理结构比例的男教师和女教师，因为只有进行男女教师的合理搭配，才能实现不同性别和教学风格的优势互补。男性教师具有逻辑思维和数理思维较强、动手能力较强的特点，适合承担具有创造性和探究性活动的课程；女性教师具有丰富的感性认识，情感细腻，语言表达能力较强，适合承担语言类和思想意识类课程，不同性别教师对课程教授具有性别的优势差异。

表2-20　　　　　　　教师职业吸引力性别差异情况表

性别	均值	标准差	t	P
男	3.09	.683	4.19	.000
女	3.20	.618		
总体情况	3.16	.643		

从职业吸引力五个维度的差异看，教师在职业认同、社会认可、工作环境三个维度上存在显著的性别差异，在工资福利和进修提升两个维度上不存在显著的性别差异。就满意度均值而言，在职业认同、社会认可、工资福利、工作环境和进修提升五个维度上，男性教师的满意度均值都低于女性教师，呈现出性别的满意度差异（详见表2-21）。

表2-21　　　　　教师职业吸引力五维度性别差异情况表

维度	性别	均值	标准差	t	P
职业认同	男	3.78	.838	4.446	.000
	女	3.92	.719		
社会认可	男	3.28	.955	4.763	.000
	女	3.46	.897		
工资福利	男	2.56	.834	1.451	.147
	女	2.60	.763		
工作环境	男	3.29	.770	4.904	.000
	女	3.43	.686		
进修提升	男	2.55	.955	0.661	.508
	女	2.58	.915		

（二）教师职业吸引力存在显著的教龄差异，呈现"U"形结构的特征

调查结果显示，教师职业吸引力在教龄方面存在显著差异（F=4.662，P<0.01）。就均值而言，教师职业吸引力在教龄方面

呈现"U"形结构,教龄处于两端的教师职业吸引力水平高,教龄处于中间阶段的教师职业吸引力水平低(详见表2-22)。按照教师职业发展阶段的相关理论,教师职业发展分为入职初期、适应期、发展期、倦怠期、平和期等6个阶段。教师职业对于入职初期的教师吸引力水平最高,由于刚刚步入教师职场,尽管尚未树立成熟的教育信念,可是面对新鲜的职场环境,新教师对未来的职业存在着强烈的发展欲望,教师职业对新任职教师会具有较高的职业吸引力。而处于职业发展期的教师一般都是学校的教学骨干或中坚力量,在迈向职业发展成熟阶段的同时,也承担着较为巨大的工作压力和挑战,既要承担教学科研任务,又要承担家庭重任,职场和生活的双重负担促使其面临着巨大的压力,因此,教师职业对处于发展期的教师吸引力较低。

表2-23 教师职业吸引力教龄差异情况表

教龄(年)	均值	标准差	F	P
1年以下	3.38	.535		
2—5	3.13	.528		
6—15	3.08	.527	4.662	.001
16—25	3.13	.521		
26年以上	3.22	.539		
总体情况	3.17	.536		

(三)教师职业吸引力存在显著职称的差异,呈现"U"形结构的特征

从职称的角度看,不同职称的教师职业吸引力存在显著差异($F=11.728$,$P<0.01$)。从表2-23可以看出,教师职业吸引力在教师职称方面呈现"U"形结构,职称处于两端的教师吸引力水平较高,处于中间的教师吸引力水平较低。

表2-23　　　　　　　教师职业吸引力职称差异情况表

职称	均值	标准差	F	P
无职称	3.28	.664		
初级职称	3.11	.629		
中级职称	3.13	.633	11.728	.000
高级职称	3.28	.656		
总体情况	3.16	.643		

（四）教师职业吸引力存在显著的学历差异，呈现"U"形结构的特征

通过单因素方差分析，教师职业吸引力在学历方面存在显著差异（F=7.009，P<0.01）。就均值而言，教师职业吸引力在学历方面呈现"U"形结构，学历处于两端的教师职业吸引力水平较高，学历处于中间的教师职业吸引力水平较低（详见表2-24）。

表2-24　　　　　　　教师职业吸引力学历差异情况表

学历	均值	标准差	F	P
专科以下	3.23	.631		
专科	3.12	.646		
本科	3.16	.639	7.009	.000
硕士及以上	3.27	.706		
总体情况	3.16	.643		

（五）教师职业吸引力存在显著的学校层级差异，小学教师职业吸引力高于初中

经过独立样本T检验，可知教师职业吸引力在学校层级方面存在显著差异（t=6.600，P<0.01）。从教师满意度均值看，小学教师职业吸引力明显高于初中（详见表2-25）。小学教师与初中教师的工作对象、工作环境和工作压力不同。有研究表明，小学教师比

中学教师具有更高的职业幸福感水平，并且小学教师在生活满意、领导管理、工资待遇、自我实现、工作本身、学生家长和整体幸福这些维度上的得分显著高于中学教师。[1] 与小学教师相比，初中教师在学生升学方面需要承担更大的压力，工作氛围更加紧张，工作负担度更强，因此教师工作满意度更低。

表 2-25　　教师职业吸引力学校层级差异情况表

学校层级	均值	标准差	t	P
小学	3.22	.639	6.600	.000
初中	3.06	.637		
总体情况	3.16	.643		

经过独立样本 T 检验可知，小学教师与初中教师在职业认同、社会认可、工资福利、工作环境和进修提升五个维度均存在显著差异（详见表 2-26）。就教师满意度均值而言，在五个维度上，小学教师满意度均值都明显高于初中教师满意度均值。

表 2-26　　教师职业吸引力五维度学校层级差异情况表

维度	学校层级	均值	标准差	t	P
职业认同	小学	3.95	.750	6.771	.000
	初中	3.75	.772		
社会认可	小学	3.47	.926	5.316	.000
	初中	3.28	.901		
工资福利	小学	2.62	.790	2.551	.007
	初中	2.54	.783		
工作环境	小学	3.44	.709	5.718	.000
	初中	3.28	.725		

---

[1] 沈飘、张建人、周柏任：《小学教师与中学教师幸福感的比较》，《中国健康心理杂志》2016 年第 4 期。

续表

维度	学校层级	均值	标准差	t	P
进修提升	小学	2.65	.922	5.355	.000
	初中	2.44	.926		

（六）教师职业吸引力存在显著的学校类型差异，薄弱校有待提升

调查结果显示，教师职业吸引力在学校类型方面存在显著差异（$F=48.368$，$P<0.01$）。就均值而言，重点校教师职业吸引力明显高于一般校和薄弱校（详见表2-27）。重点校和一般校教师职业吸引力在中等水平之上，薄弱校教师职业吸引力在中等水平之下。由于区域差异以及支持政策和资源的不同，重点校、一般校和薄弱校在学校硬件、学生来源、校园氛围、教师素质、福利待遇等方面存在巨大的差异。从获得优秀教师、先进个人、省市县各级骨干教师等荣誉称号的教师比重来看，在接受调查的教师中，重点校53.5%的教师有荣誉称号，一般校39.9%的教师有荣誉称号，薄弱校只有38.4%的教师有荣誉称号。重点校对教师的吸引力更强，一般校和薄弱校应当增强自身综合实力的提升，吸引优秀师资加入。

表2-27　　　　教师职业吸引力学校类型差异情况表

学校类型	均值	标准差	F	P
重点校	3.37	.664	48.368	.000
一般校	3.17	.632		
薄弱校	2.98	.605		
总体情况	3.16	.643		

从教师职业吸引力的学校类型差异看，在"职业认同、社会认可、工资福利、工作环境和进修提升"五个维度上不同类型的

学校均呈现显著差异，且差异极为显著（详见表2-28）。从均值上看，在教师职业吸引力五个维度方面，重点校的均值最高，薄弱校最低，一般校居中。体现出由学校的社会声誉、资源投入等形成的综合影响力，对教师职业认同强度的影响。在特定的历史发展阶段，为了在短时期内满足社会对各类人才的需求，也为了加快教育的整体发展水平，并且受到城乡二元发展模式的影响，我国实行了重点校政策，在扩大教育供给的同时，也引发了教育公平问题的凸显。经过长时间的政策推动，虽然校际之间的差距在逐步缩小，但是受到不同区域及城乡经济发展水平的影响，校际发展差距仍然存在。

表2-28　　　　教师职业吸引力五维度学校类型差异情况表

维度	学校类型	均值	标准差	F	P
职业认同	重点校	4.02	.783	11.836	.000
	一般校	3.86	.758		
	薄弱校	3.80	.756		
社会认可	重点校	3.69	.926	45.020	.000
	一般校	3.41	.886		
	薄弱校	3.16	.953		
工资福利	重点校	2.70	.860	12.186	.000
	一般校	2.60	.782		
	薄弱校	2.47	.730		
工作环境	重点校	3.68	.714	83.623	.000
	一般校	3.40	.694		
	薄弱校	3.12	.702		
进修提升	重点校	2.75	1.002	18.495	.000
	一般校	2.58	.922		
	薄弱校	2.40	.857		

第二节 城乡教师职业吸引力财政
投入实践运行机制

教育发展的关键在教师,早在 1986 年,美国卡内基教育和经济文化论坛就在"国家为培养 21 世纪的教师做准备"的报告中指出,"美国经济的成功取决于更高的教育质量,而取得更高教育质量的关键是建立一支与此任务相适应的专业队伍,即一支经过良好教育的师资队伍"[①]。自 2010 年,国家先后颁布《国家中长期教育改革和发展规划纲要(2010—2020 年)》《国务院关于加强教师队伍建设的意见》《关于大力推进农村义务教育教师队伍建设的意见》和《乡村教师支持计划(2015—2020 年)》四个纲领性文件。四个文件层层推进,重点直指农村教育尤其是农村师资队伍建设问题,目的是打造一支专业素质优良的农村教师队伍,解决城乡教育发展不均衡的问题,实现教育公平。

《乡村教师支持计划(2015—2020 年)》的实施,是我国解决农村教育师资问题的一大利器。在 2015 年《乡村教师支持计划(2015—2020 年)》实施之前,各级政府对城乡义务教育均衡发展的支持主要体现在学校硬件设施上,对农村学校校舍、供暖、操场、图书馆等进行建设。例如,2011 年 N 省发布了《N 省义务教育阶段学校办学基本标准(试行)》和《N 省义务教育学校办学条件评估认定细则》,以试行县域义务教育初步均衡为目标,以义务教育学校标准化建设为主线,重点加强薄弱学校和农村学校改造。N 省 J 县在具体实施过程中,重点提出对 9 所义务教育学校办学条件达标的要求,教师每人拥有一台计算机,教师培训经费得到保障。对教师

---

① 赵忠建:《美国 80 年代以来教师教育发展政策述评》,《全球教育展望》2001年第 9 期。

待遇、校际交流有文件要求但无具体实施细则。① 2015年《乡村教师支持计划（2015—2020年）》实施之后，各地纷纷出台具体的投入政策，确保《乡村教师支持计划（2015—2020年）》的有效实施。本书以《乡村教师支持计划（2015—2020年）》出台后西部民族地区三省的相关政策为剖析对象，结合对城乡教师调查的相关数据，探讨自《乡村教师支持计划（2015—2020年）》实施以来城乡义务教育的发展动态和财政投入的效果。

一 城乡教师工资福利待遇财政投入机制

（一）城乡教师的总体收入较低，农村教师的收入显著提升

工资水平是个人考虑是否选择教师职业的重要依据。有研究表明，教师行业相对于其他行业工资水平的高低，将影响高素质人才是否选择从事教师职业，进而影响教师队伍的结构和质量。② 工资是教师个人收入的主要来源。2006年工资发放办法改革之后，中小学教师工资主要由四个部分构成：岗位工资、薪级工资、绩效工资和津贴补贴。岗位工资和薪级工资为基本工资，绩效工资和津补贴取决于个人的岗位职责、所作贡献和所在地区（津补贴分为艰苦边远地区津贴和特殊岗位津补贴），由当地和所在学校进行财政支付。从全国范围来看，同等职称的教师在基本工资方面差别不大，教师工资的主要差别源于绩效工资和津补贴。相较而言，我国中小学教师工资水平已经有了大幅增长，但1990—2010年我国中小学教师工资增长的很大一部分都被物价上涨所抵消，教师工资的实际购买力并没有显著增强。近20年来，相对其他相似学历的职业，教师职业的

---

① 《2014年中小学标准化建设工程实施方案》，http://www.nxjy.gov.cn/xxgk_readnews.asp?newsid=2727。

② 姜金秋、杜育红：《提高中小学教师工资水平的方案设计及可行性分析》，《教育研究》2014年第12期。

投资收益在不断下降，若从工资回报的角度来看，教师职业的吸引力大大降低。教师工资的增长远低于其他行业的工资增长速度。[1]

我国教师工资水平一直参照公务员工资水平。1993年颁布的《中华人民共和国教师法》规定："教师的平均工资水平应当不低于或者高于国家公务员的平均工资水平，并逐步提高。"2006年新修订的《中华人民共和国义务教育法》规定："教师的平均工资水平应当不低于当地公务员的平均工资水平。"2017年出台的《县域义务教育优质均衡发展督导评估办法》（教督〔2017〕6号）针对县级政府的督导评估，也提出"全县义务教育学校教师平均工资收入水平不低于当地公务员平均工资收入水平"的要求。在调查中，当问到"您的工资收入与工作所在地的公务员相比"时，68.5%的教师表示比公务员低很多，29.2%的教师表示相差不大，只有2.3%的教师表示比公务员高。有数据表明，2000—2012年，小学教师平均工资在五个行业中处于最低平均工资，且与全国就业人员平均工资水平的差距越来越大，2012年差距尤其明显，特别是与公务员所属的公共管理部分相比，《中华人民共和国义务教育法》规定的"教师的平均工资水平应当不低于当地公务员的平均工资水平"远未实现。[2] 教师工资水平不仅是吸引外在求职人员从事教师职业的重要依据，也是激励和保持在职人员工作积极性的重要因素，由于教师工资水平与公务员工资水平之间存在差距，导致在每年的公务员招生考试中，都有不少在职教师报名参加。

《乡村教师支持计划（2015—2020年）》实施以来，农村教师的工资水平有了大幅度的提升。2013年11月，N省印发《N省义务教育阶段农村学校教师补贴实施意见》，在全国率先实施农村艰苦边远地区教师津贴政策，山区教师每人每月补贴200元，川区教师每人

---

[1] 姜金秋、杜育红：《提高中小学教师工资水平的方案设计及可行性分析》，《教育研究》2014年第12期。

[2] 安雪慧：《我国中小学教师工资水平变化及差异特征研究》，《教育研究》2014年第12期。

每月补贴120元。2015年N省又将农村教师生活补助提高至人均每月山区500元、川区300元；G省在农村教师享受工作补贴200—600元基础上，对58个集中连片特困地区和17个插花型贫困县农村中小学教师，按每月不低于300元标准发放生活补助。在调查中，当问到"您认为相同职称、教龄的城乡教师收入相比"时，50.5%的教师认为农村比城市高，22.6%的教师认为农村和城市一样，27%的教师认为农村比城市低。与《乡村教师支持计划（2015—2020年）》实施之前相比，农村教师的收入水平有了很大提高。从教师的选择情况看，随着农村教师政策的不断优化及其支持力度的不断加强，农村教师的福利待遇水平获得显著提升，切实增强了农村教师的获得感，进而使农村教师对工资收入的公平感逐步增强，愿意去农村从事教育行业的人数明显增加。在调查中，N省M市L县教育局人事部门领导Z表示：要解决农村师资问题，首先就是要提高农村教师的待遇，只有待遇提高了，使他们的生活可以得到较大的改善，我想很多人还是会选择到农村教书。很多地方都把教师比作人世间最光辉的事业，但教师首先是人，同样要生活在这个社会上，无论如何生活都要维持下去，目前只是为了理想进入农村学校的人还是少数。

（二）基于教师流动的待遇激励逐步建立，城市教师向农村流动的积极性得到强化

教师流动有利于城乡义务教育均衡发展，缩小师资队伍差距。我国中小学教师流动以单向流动为主，有调查显示，在参与自主流动的教师中，小学和初中分别有69.2%和72.5%来自乡镇或农村学校，城市和县城自主流动的教师流向下级行政地区学校的比例，小学分别只有10.3%和18.9%，初中分别只有12.3%和15.3%。[①] 农村学校成为城市学校的"育师场"，农村优秀师资流失严重。例如，

---

① 史亚娟：《中小学教师流动存在的问题及其改进对策——基于教师管理制度的视角》，《教育研究》2014年第9期。

N省D县教育局工作人员表示：我县义务教育阶段学校教师数量总体不足，学科结构不尽合理，城乡师资水平有差距，特别是Y市、W市等地大量选调教师，致使我县教师外流现象较为严重。调查数据也印证了教师向城性流动的倾向。在调查中，当问到"如果有机会，您想转到什么地区的学校"时，55%的教师表示想往上一区域层级的学校流动；当问到"获得哪些奖励可以打消你流动的念头"时，41.2%的教师选择的是"金钱或物质奖励"。由此可见，以工资收入为核心的物质激励是教师流动的关键影响因素。

从已有支持政策的规定看，《国家中长期教育改革和发展规划纲要（2010—2020年）》明确提出，"实行县（区）域内教师、校长交流制度"，引导和鼓励教师进行政策性流动，强化城市教师向农村流动的政策导向。《国务院关于加强教师队伍建设的意见》从职称聘任的角度，明确了城镇教师到农村任教的具体规定，要求参加高级职称评聘的教师应具备到农村学校或者薄弱学校任教的经历。《关于大力推进农村义务教育教师队伍建设的意见》针对县（区）内教师流动，提出建立城镇中小学教师到农村学校任教的服务期制度，鼓励和支持优秀教师到农村薄弱学校或者教学点从教。推动城镇优秀教师向农村学校流动也是《乡村教师支持计划（2015—2020年）》的重要内容，各省市地区纷纷制定相应的政策引导教师流动。例如，G省N市X区规定，自2015年起每年从优质学校抽调优秀教师到"结对帮扶"学校支教，教师轮岗交流人数占总人数的10%以上。到目前为止，参与轮岗教师700多人次，已选派70名副校长、中层干部进行对口交流学习。调查结果显示，当问及"如果建立教师交流制度，流向偏远地区或薄弱学校，您最希望在哪方面得到补偿或方便"时，76.7%的教师表示是"工资方面"。2015年，N省M市的《M市乡村教师支持计划（2015—2020年）实施细则》规定，对自愿到农村学校支教的退休特级教师、省级骨干教师、高级教师，身体状况良好，经支教学校和教育局审核通过，由财政按照每人每年20000元补助，并享受相应的农村教师补贴，以调动城市教师向农村学校流动的积极性。

（三）教师福利待遇投入政策逐步健全，教师与公务员福利待遇差距依然存在

自 2009 年绩效工资改革以来，城乡教师工资福利待遇有了显著提升，尤其是自 2015 年《乡村教师支持计划（2015—2020 年）》颁布之后，各省都出台了相应的实施办法，切实提高了农村教师工资福利待遇。《乡村教师支持计划（2015—2020 年）》对教师住房公积金、周转房等相关福利待遇进行了明确规定。N 省、G 省和 M 省在各自《乡村教师支持计划（2015—2020 年）实施办法》（以下简称《实施办法》）中，针对教师保险公积金、宿舍、住房等都进行了详细规定。G 省提出组织农村教师体检和组织专家到条件艰苦的边远农村中小学巡诊。为农村教师修建集办公、住宿为一体的周转宿舍。将解决村一级小学教师住宿问题列入民办实事项目，建设周转房予以解决；把乡一级中小学教师住房纳入保障性住房范围，由县市区政府统一解决。M 省《实施办法》规定，建设农村教师周转房，彻底解决农村教师周转宿舍问题，为教师到农村学校任教提供生活保障。将符合条件的农村教师住房纳入本地区住房保障范围。N 省 M 市规定，到 2020 年，为所有农村学校建设可满足教师住宿的周转房。市、县住建部门将符合条件的农村教师住房纳入当地住房保障范围统筹解决，同等条件下优先轮候、优先分配。

但与公务员相比，城乡教师在工资收入和其他福利待遇方面还存在差距，尤其是教师增收的大部分已经被物价上涨所抵消，教师工资的购买力并没有得到根本性的改善。从实际调查的情况看，当问及"如有差距，您认为最亟须解决的问题是什么"时，44.2%的教师表示是住房，15.9%的教师表示是医疗，18.2%的教师表示是社会保险，18.5%的教师表示是子女入学等。因此，农村教师的福利待遇仍然需要各级政府在已有政策的基础上，进一步增加投入的力度和比重。

二 城乡教师工作环境财政投入机制

（一）城乡学校的硬件设施建设得到不断加强，农村学校办学条件得到显著改善

教师职业吸引力与所在学校类型紧密相关，调查结果显示，重点校和一般校的教师职业吸引力均值在 3 以上，薄弱校教师职业吸引力均值在 3 以下。薄弱学校是指难以招聘到教师的学校（Hard-staff Schools）或处境不利的学校（Disadvantage Schools）。[1] 与重点校和一般校相比，薄弱校在资源配置、师资、生源等方面存在巨大差距，尤其是在工作环境方面。为了改善薄弱校的设施环境，2014 年，教育部办公厅、国家发展与改革委员会办公厅、财政部办公厅发布《关于制定全面改善贫困地区义务教育薄弱学校基本办学条件实施方案的通知》，明确全面改善贫困地区义务教育薄弱学校基本办学条件（以下简称"全面改薄"）的实施范围。针对贫困地区义务教育薄弱学校基本办学条件的经费缺口，由中央财政、省级财政给予支持，主要是农村义务教育经费保障机制基金、初中改造工程和薄弱学校改造计划资金。

调查涉及的三个省份均重视"全面改薄"工作，对薄弱学校硬件设施建设进行了大量的投入。2014 年，G 省政府办公厅印发了《G 省全面改善贫困地区义务教育薄弱学校基本办学条件工作方案》，"全面改薄"项目正式启动，就校舍、饮用水、食堂、厕所、取暖、教学设备等基本条件改善做了详细部署。仅 2014 年，G 省共投入 34.92 亿元用于改善薄弱学校基本办学条件，其中中央"全面改薄"专项资金 13.4 亿元，省级财政投入 15.5 亿元，农村初中校舍改造和义务教育长效机制经费投入 6.02 亿元。2014—2016 年，G 省三年累计落实各级"全面改薄"资金 145.8 亿元（其中 2016 年 41.66 亿

---

[1] 于冰、于海波：《薄弱学校师资问题研究——来自 OECD 国家的经验与启示》，《比较教育研究》2015 年第 4 期。

元)。已实施项目惠及 1.13 万所义务教育薄弱学校,253 万名学生,基本消除了 D 级危房和"大通铺"现象。M 省在《M 省 2014 年全面改善贫困地区义务教育薄弱学校基本办学条件工作总结》中提到,2014—2018 年项目规划总资金 83.89 亿元,其中中央资金 43.82 亿元,地方资金 40.07 亿元,用于薄弱学校校舍改扩建、运动场地、食堂、饮水、图书、数字资源、计算机、多媒体远程教学设备、音体美器材等购买。N 省在《关于全面改善贫困地区教育薄弱学校办学条件工作的情况汇报》中提到,2014 年共统筹安排"全面改薄"资金 13.8 亿元,用于改善农村中小学办学条件,其中统筹中央专项资金 8.9 亿元,配套 4.9 亿元。

自"全面改薄"实施以来,西部各省薄弱学校在硬件设施建设上有了大幅度的提升,尤其是在学校信息化建设方面。2015 年,M 省颁布《M 省基础教育学校信息化配备标准》,要求中小学每个教学班都要配备"班班通"并接入校园网。专任教师备课用计算机师机比不低于 2∶1,条件好的学校可每人配备 1 台。2015 年,N 省各市县农村中小学教师实现人均一台计算机和"班班通"的配置标准,即义务教育阶段的中小学教学班内配备计算机、交互式电子白板、投影机、电子讲台、视频展台等多媒体教学设备。2015 年,G 省投入 2.6 亿元,在贫困地区中小学建设班班通教室 1.62 万个,全省 96% 的中小学教师利用基础教育数字资源和公共服务平台开展教育教学活动,参与率全国第一。

值得注意的是,在学校硬件设施逐渐完善的过程中,学校"软实力"的提升成为亟待解决的问题。在实地走访调查中发现,学校已具备了电子白板等现代化设施,可在实际教学过程中,却很少有教师使用。有教师表示:"电子白板在我们学校就是摆设,只有上面来检查的时候才会打开,平时根本不用。"随着中小学教师信息技术应用能力提升工程的逐步推进,教师信息技术应用能力素养也在逐步提升。此外,薄弱校、一般校与重点校在学生生源、学生成绩、家庭背景、学校知名度、校园文化建设和教师专业发展等方面也存在着显著差异，学校"软实力"成为影响教师职业吸引力的重要因素。

　　此外，尽管已有的投入优化了教师的工作环境，可是仍然难以有效缓解农村教师大量流失所带来的压力。2012年国务院在《国务院关于加强教师队伍建设的意见》中明确要求："中小学教师队伍建设要以农村教师为重点，采取倾斜政策，切实增强农村教师职业吸引力，激励更多优秀人才到农村从教。"为落实国务院决策部署，教育部、中编办等5部委随之于同年制定出台了《关于大力推进农村义务教育教师队伍建设的意见》，对以倾斜政策加强农村教师队伍建设做出了具体政策设计。但由于城乡经济社会发展的明显差距、城乡教育发展的显著差距，使得农村教师虽有周转房、生活补贴、交通费补贴等而城镇（市）教师没有的"倾斜政策"与扶持帮助，但农村、农村学校对教师特别是优秀教师的吸引力不强问题依然难以得到有效解决，各地长期存在"下不去""留不住""干不好"的现象，农村教师队伍建设依然面临着巨大的压力与严峻的挑战。下面这篇关于西部某一偏远民族地区农村学校教师"留不住"的新闻报道正反映了上述事实：

　　　　Y区张易镇驼巷小学，坐落在六盘山海拔2198米的山梁上，距市区30多公里。校园里，砖瓦平房结构的教室、教师宿舍、食堂有序排列，后院是一座依山而建的运动场，除了有篮球场、乒乓球台，还安装了一套健身器材。
　　　　……
　　　　硬件的改善，却没能挡住生源的不断流失。10年前的驼巷小学有381名学生，目前已减至6个教学班、1个学前班，共有147名学生……
　　　　与学生一同流失的，还有教师。驼巷小学目前共有11位教师，与不少乡村学校相比，驼巷小学的教师在学历、年龄结构上较为合理。本科学历3人、专科学历3人，其余为中专或者函授专科学历，50岁以上的只有2个人。但这两年，已有4名教师离开驼巷小学，均为30岁左右的骨干教师，对教学工作产生了不小的影响。①

以上是《乡村教师支持计划（2015—2020年）》颁布实施前后，记者深入农村调查后对农村教师的实地调查与形象叙述，具体反映出农村、农村学校难以"留住"教师，特别是优秀教师的历史存在与现实困境。Y区教育局人事干部介绍说，虽然近年来各级政府、教育部门也先后通过落实"农村教师周转房"、大力推进义务教育均衡发展、全力改善农村教师工作与生活环境等多项措施来积极应对农村教师"留不住"的现实挑战，但面对城市与乡村学校的两种选择，许多教师特别是年轻骨干、优秀教师还是想方设法调到城镇（市）中小学去任教。《人民日报》记者也以具体数据统计进行了概括和描述：

> 据了解，Y区农村学校每年大约有70名教师选择离开乡村：一是调到Y区城区学校任教，大约占农村教师流失总数的80%。Y区是M市政府所在地，近年来，随着城市化进程加快，每年有很多农村学生流向城市，城市办学规模不断扩大，需要从农村调入教师；二是调到市、省会任教，大约占农村教师流失总数的10%；三是考取研究生、公务员及其他事业编制的农村教师大约占农村教师流失总数的10%。②

N省M市Y区农村教师队伍建设所面临困境并不是个别现象，在全国农村地区特别是西部民族地区具有普遍性。如此看来，应

---

① 周志忠、朱磊：《什么理由会让我们留在乡村》，《人民日报》2015年6月11日。

② 同上。

优化财政供给结构，继续加大对农村教师专业发展环境的公共财政供给。或者更明确地说，在城乡发展存在差距的现实条件下，从义务教育的根本属性出发，只有建立公平、合理的财政转移支付机制，才能切实缩小城乡教师发展环境的差距，推动城乡师资均衡发展并促进城乡教育一体化发展，实现办人民满意教育的目标。

（二）基于工作环境的差异化投入政策基本建立，农村教师的工作环境投入基础得到加强

教师工作生活条件是指教师所处学校的校内环境及校外环境。社会、学校提供给教师何种教学生活条件，是否能够满足教师生活需求，直接影响教师工作积极性与职业认同感。因此，教师工作生活条件成为衡量教师工作生活质量的重要指标。有研究表明，中小学教师工作生活质量与工作满意、组织承诺和离职倾向有明显关联性，不同的工作生活质量因素对其工作满意和组织承诺有显著的正向预测作用，对离职倾向有显著的负向预测作用。[①] 也就是说，教师工作生活质量越高，其工作满意度和组织承诺越高，离职倾向越低。除工资、绩效、保险、公积金及周转房外，对基于教师工作环境差异的投入主要体现在教师生活补贴，尤其是交通补助方面。与城市相比，农村经济发展水平低，交通不便，缺乏公共服务设施，校外环境及校内环境与城市存在显著差异。

《乡村教师支持计划（2015—2020 年）》明确规定，全面落实集中连片特困地区农村教师生活补助政策，依据学校艰苦边远程度实行差别化的补助标准。N 省对农村教师生活补助主要体现在两方面，一方面是根据教师所在学校的地理位置给予 300—500 元的交通补贴费，其中农村在编教师每人每月补贴 400 元；另一方面是规定农村教师夫妻双方均在同一县域内工作的，在自愿的情况下，

---

① 王黎华、徐长江：《中小学教师工作生活质量与工作态度的关系研究》，《校园心理》2012 年第 8 期。

由县（市、区）负责选调一方到离家就近的学校工作。G省实行差别化班主任津贴和寄宿制学校双岗教师岗位补助，农村教师交通补助，建立农村教师心理健康咨询室，保障教师的身心健康。G省N市结合学校交通状况和艰苦程度，将全市农村学校划分为三类五档，一类一档、二档每人每月分别补助350元、320元，二类一档、二档每人每月分别补助290元、260元，三类一档每人每月补助224元。

农村教师生活补助政策使得农村教师在已有工资的基础上每人每月增加至少500元以上的收入，有些地区甚至多达1000元，生活补助的增加确实降低了农村教师向城镇的单向流动率，提高了教师的工作积极性。在访谈中，有教师表示："与城里同级别老师相比较，我每月多1000块钱收入，上班的地方也不是特别远，自己开车半小时吧，而且还没有城里学校那么大的工作压力，暂时没有调动工作的想法。"

三　城乡教师进修提升财政投入机制

（一）基于编制和职称倾斜的投入政策，有效提升了农村教师职业吸引力

编制通常是指组织机构的设置及其人员数量的定额和职务的分配，由财政拨款，通常分为行政编制、事业编制以及公益性岗位。教师编制是教师身份的象征与标志，是教师依法获取工资等福利待遇的基本保障。长期以来，我国城乡教师编制整体偏紧且呈现城乡倒挂的现象，农村中小学教师缺编严重。例如，N省L县属国家级贫困县，境内山大沟深，沟壑纵横，农村居民居住分散，学校分布也比较分散。农村学校呈现出分布散、数量多、学生少、班额小、教师用量大的现状。有的学校不到10个学生就需1名教师，有的小学1—6年级共有50名学生，至少需要配置6名教师。针对农村中小学教师缺编情况，《国家中长期教育改革和发展规划纲要（2010—2020年）》明确规定，逐步实行城乡统一的中小学编制标准，对农村边远地区实行倾斜政策。《乡村教师支持计划（2015—2020年）》对农村教师编制问题做了进一步阐述，统一城乡编制，通过调剂编制、加强人员配备，解决教师全覆盖问题。

N省《实施办法》规定编制重点向人口稀少的教学点、村小学倾斜，有合格教师来源的前提下"有编即补"。此外，从2011年起，N省建立了教师提前退出机制，对部分知识老化、长期患病的农村教师实行提前退休制度，让编制腾出补充年轻新教师，优化农村教师结构；G省《实施办法》规定逐年合理消化、多渠道解决2003年以前县级政府聘任的代课人员问题，到2020年力争实现无代课人员的目标；M省"特岗计划"政策规定，加大紧缺学科农村教师的招聘力度，落实服务期满经考核合格的特岗教师编制，落实特岗教师工资高出中央财政拨款部分和地方性补贴。实施地方免费师范生定向培养计划，从2017年至2020年实施农村学校"免费定向培养师资计划"，毕业后直接分配到农村学校任教，本地区教育部门负责落实编制，工资纳入财政统发。

N省G市Y区自2015年按照"总量控制、城乡统筹、结构调整、有增有减"的原则，健全中小学教师编制动态管理机制，统筹城乡师资力量，稳步合理调配教师，通过城乡对口帮扶、乡际间教师交流、农村音体美教师共用等方式，促进教师区域内均衡。P县自2012年起，执行教师提前退休制度，截至2017年，共有585名符合条件教师办理提前退休手续，按照"退一补一"的补充机制，根据全县学科所缺教师指数共申报、招录了557名特岗教师，解决了专任学科教师不足的问题。

与编制相比，职称是教师入职后更为关心的问题。教师职称与教师工资、绩效和其他福利待遇密切相关。我国中小学教师职称包括初级职称、中级职称和高级职称。与全国其他地区相比较，西部民族地区中小学高级职称教师的比例偏低，具有初级职称的比例又偏高。城乡教师不仅职称总体结构不合理，而且职称内部之间差距过大，农村教师高级职称比例过低。① 在调查中，N省M市L县有小学校长表示：按岗位设置比例高级、中级、初级为0.5:3.5:6，我校应有高级教师8人，中级教师58人，初级教师97人，但实际情况是我校高级教师0人、中级教师53人，初级教师110人，我校还有教师因为外语成绩不过关或者发论文数量不够，参加工作近20年还评不上中级职称，严重影响了教师工作积极性。不仅是我们学校存在这样的问题，据我了解，我市高级教师名额有限，但够条件的教师比较多，教师职称评审难，"扎堆"现象严重。全市符合评审条件但未评审的高级教师和一级教师分别达4000人和3600人，对调动教师工作积极性带来很大的影响。

2007年，人社部、教育部联合发布的《关于义务教育学校岗位设置管理的指导意见》规定，农村地区学校教师高级、中级岗位结构比例，应与本地城镇同类学校大体平衡。《乡村教师支持计划（2015—2020年）》提出，实行县域内城乡学校教师岗位结构比例总体平衡，切实向农村教师倾斜。降低农村教师评聘职称的难度，外语成绩和发表论文不做刚性要求。同时还规定城市中小学教师晋升高级教师职称（职务），应有在农村学校或薄弱学校任教一年以上的经历。N省自2012年起开展实行中小学教师职称制度改革，在中小学、幼儿园延伸设置高级教师和正高级教师岗位。2013年又将县区教师高级职称比例由原来的5%调整为8%，全省共增设高级教师岗位职数4500个，并首次评定正高级教师10名。② 通过对农村教师降低评职称难度和增加评职称数量，提高农村教师中高级职称的比例，增强农村教师岗位的吸引力。

X老师是N省L县初中的一位历史老师，因为业务能力强，

---

① 高慧斌：《中小学教师职称制度改革特征与现状分析》，《教师教育研究》2016年第11期。

② 《宁夏"十二五"期间乡村教师队伍建设主要举措与成效》，http://www.sohu.com/a/65020846_387134。

教学质量高，成果丰硕，连续多年被评为区级骨干教师，本人也在不到 50 岁评上高级教师职称。X 老师说，自从评上高级教师，工作没有以前有动力了，总感觉自己再努力也没有意义，已经到头了。谁知道中小学教师职称制度改革，我们可以评正高级职称了，这对我们来说是个特别振奋的消息，以前总觉得大学里的教师才有正教授，现在我们中小学教师也可以评正教授，对我们是莫大的鼓励。X 老师凭借自己多年的教学和论文成果，成功地获评正高级职称。X 老师说，自从我评上正高级职称，学校里面的老师看我都不一样，很羡慕，以前很多老师工作没干劲，当一天和尚撞一天钟，现在都比较积极，尤其是中青年骨干教师，大家都憋着一股劲，感觉工作又有了激情和动力。

（二）城乡教师培训投入稳步增长，培训实效有待继续增强

教师培训是一种有效促进教师专业发展的外在方式，通过培训可以激发教师内在学习动机，提高教师的教学效率，增进教师的科研素养，改变教师固有的思维模式，建立教师学习共同体，在行动中促进自身素质不断提高。自 2010 年起，教育部、财政部开始全面实施中小学教师国家级培训计划，简称"国培计划"，目的是提高中小学教师特别是农村教师队伍的整体素质。"国培计划"中专门设置"中西部农村骨干教师培训项目"，旨在提升农村教师的教育教学素养，促进城乡教育一体化和教育公平。

《乡村教师支持计划（2015—2020 年）》中对农村教师培训尤为重视，提出到 2020 年对全体农村教师校长进行 360 学时的培训要求。把农村教师培训纳入基本公共服务体系，保障经费投入，确保农村教师培训时间和质量。同时鼓励农村教师在职学习深造，提高学历层次。G 省《实施办法》规定，从 2016 年起，"省培计划"新增经费倾斜支持农村教师培训。同时，G 省实施"9＋1"精准扶贫教育专项支持计划，重点加强农村教师培训，培训所需经费由"国

培计划"和"省培计划"专项经费列支。仅2015年，G省省级教师培训经费就达到2500万元。2010—2014年，中央财政安排专项经费1.86亿元（2010年1700万元，2011年2200万元，2012年3700万元，2013年4600万元，2014年6400万元），共为G省培训中小学教师31万余人次。[①] "国培计划"投入力度之大，覆盖范围之广，有效提升了西部民族地区，尤其是农村中小学教师的整体素质。但在培训过程中，仍然存在不少问题。

  S老师是M省T市Z县的一名小学老师，在访谈中表示：近几年来在国家和地区的大力支持下，我们外出培训的机会大幅度提升，确实开阔了视野，增长了见识，对我们的教学有很好的帮助。但对培训也有几点感觉不足，第一，目前我们外出培训有时是占用工作时间，比如说有为期三个月的置换研修，出去学习总是好的，但给我们工作的衔接带来麻烦，有时候此类培训学校不派骨干教师出去，只是派一些其他科目或者后勤人员参加；第二，虽然说现在是全员参加培训，但每个人参加培训的类型是不一样的，大部分老师参加的还是校本研修，缺少走出去的机会；第三，在培训内容方面，有时候在外出培训时会遇到同样的专家并授同样的专题，还有就是我们是农村学校，大部分专家都是大学或者城市里的，对农村学校缺乏一定的了解，讲解的理论知识虽然很先进，但我们转化起来比较困难，学习内容的实践对应性不是很强。

S老师的观点代表了部分农村教师的心声，目前，国培、省培等培训轰轰烈烈地进行，确实有效提升了农村教师的整体素质，但在培训的过程中，有关部门还应注意培训对象、培训内容和培训方

[①] 蔡阳宗：《十二五：甘肃省教师队伍素质显著提升》，《甘肃教育》2016年第3期。

式，更贴合农村教师的实际生活和需求，在农村教师"最近发展区"内进行有效提升，否则，理论再高深、方法再先进，如果不能为农村教师所掌握，也不能发挥其有效的作用。

综上所述，随着国家对西部民族地区义务教育的投入不断增加，城乡教师在工资收入、福利待遇、学校硬件、工作生活条件以及专业发展方面都有了显著的提高，尤其是《乡村教师支持计划（2015—2020年）》实施后，国家和西部各省市通过财政投入增加农村教师的工资福利待遇，增加农村教师的交通补贴和误餐费等工作补助，采取编制、职称等向农村教师倾斜的政策，加大对农村教师的支持力度，有效促进了西部民族地区农村教师的发展。但是，在发展过程中也存在诸如工资水平不高、编制分配不均、学校硬件差、教师发展机会不均等问题，不仅影响了城乡教师整体职业吸引力的提升，而且城乡教师的工资福利待遇等教育发展支持条件的差距，还造成了城乡教师职业吸引力的差异，直接影响了城乡教师队伍建设的均衡化发展。

第三节　城乡教师职业吸引力同等化财政保障机制构建

在城乡教育一体化发展的时代背景下，促进西部民族地区城乡义务教育教师职业吸引力同等化有利于吸引外部潜在人员加入教师队伍中，并调动在职在岗教师工作的积极性，打破西部民族地区义务教育质量的弱势积累，推动西部民族地区城乡教育一体化发展，实现办人民满意的教育目标。为提升农村教师职业吸引力，促进城乡义务教育教师职业吸引力同等化，国家近年来颁布了一系列的政策法律文件，重点加强农村教育师资力量的提升，相关政策都体现了"向农性"的特点，即同等条件下，向农村倾斜，增加农村教师编制，加强农村教师生活补贴和交通补贴等差异化的政策倾斜取向，有效提升了农村教师职业吸引力。

调查结果表明，西部民族地区城乡义务教育教师职业吸引力总体水平不高，还有很大的提升空间。教师职业吸引力在省际维度存在显著差异，教师职业吸引力与省际发展水平存在关联性；教师职业吸引力在城乡维度上不存在显著差异，从均值上看，城市教师职业吸引力大于农村教师职业吸引力；在职业认同维度方面，农村教师与城市教师存在显著差异，农村教师职业认同度高于城市教师职业认同度；在社会认可维度方面，农村教师与城市教师不存在显著差异，从均值上看，农村教师社会认可度低于城市教师社会认可度；在工资福利与进修提升维度方面，农村教师与城市教师不存在显著差异，但均处于中等水平以下；在工作环境维度方面，农村教师与城市教师存在显著差异，农村教师对工作环境满意度明显低于城市教师满意度。同时，教师职业吸引力在教师性别、教龄、职称、学历等人类学变量上也存在显著差异，呈现"中间阶段塌陷"的特点，即教龄、职称、学历等处于中间阶段的教师职业吸引力低。

为此，在现有财政的基础上，应当提高教师工资待遇、改善教师工作生活环境，促进教师专业发展，加大对教师的奖励力度，对处于"中间阶段"的教师重点关注。在加大对农村教师职业吸引力提升的同时，也要关注城市教师需求的满足。

一　城乡教师差异化工资稳定增长财政投入机制

在教师职业吸引力五维度中，教师工资福利待遇水平最低，也是影响教师职业吸引力的关键因素之一。人力资本理论假设人们以边际产出的价值大小为标准来获取报酬，而通过对教育、培训或身体健康等形式的人力资本投资，能够提高自己的生产能力，提高边际产出，从而获得更高报酬。[1] 根据人力资本理论，个体是否会选择

---

[1] 姜金秋、杜育红：《提高户小学教师工资水平的方案设计及可行性分析》，《教育研究》2014年第12期。

从事中小学教师职业取决于他们对投资成本收益的比较,如果投资到教师职业的预期收益大于对其他职业的投资,就会选择对教师职业进行投资;反之,如果投资到教师职业的预期收益远远小于对其他职业的投资,就不会选择对教师职业进行投资。为了吸引人才进入教师队伍,调动在职教师工作积极性,努力提高自身专业素质,就必须要保证教师的工资收入。尽管在我国相关政策文件中,一直强调教师工资应"不低于或高于公务员工资",但与公务员相比,教师在基本工资、绩效、津补贴还有其他福利方面确实一直存在差异。因此,必须从以下几个方面提高西部地区城乡义务教育教师工资待遇。

(一)国家财政向西部倾斜,实现城乡教师工资的分区域逐年稳定增长

目前我国中小学教师工资基本由国家财政、省级财政和县级财政发放和补贴。由于经济发展水平、地理位置等的差异,我国存在东、中、西部地区的划分,西部地区大多是以农业为主,财政收入一直靠国家财政支持。教师工资制度的地区差异主要通过绩效工资实现,省级政府统筹下的县级政府绩效工资发放制度基本决定了教师工资的地区差异。著名经济学家 Eric Hanushek 利用跨国数据的研究结果表明,学历、教龄、教师资格证,甚至教师培训等因素对教师质量都没有一致的显著影响,而教师工资不仅决定能否招聘到高质量教师,也影响到在校教师的工作努力程度和满意度。[①] 调查结果表明,城乡教师工资福利待遇均值为 2.59,处于中等以下水平,国家财政应当结合西部地区的经济发展水平,增加对教师工资的补贴力度。例如,英国教育部每年出台一个非常复杂的教师工资等级评估和上涨指导报告,将地区按照生活成本的差异划分为伦敦中心区、伦敦外围地区、边远地区和其他地区四个部分,分别规定不同等级

---

① 唐一鹏、胡咏梅:《我国义务教育阶段教师工资制度框架设计——经济学和管理学的视角》,《教师教育研究》2013 年第 7 期。

教师的年度工资水平，以及通过绩效考核后的工资年度上涨水平。[①] 我国也可以借鉴英国的做法，分区域建立教师工资逐年上涨机制。

（二）结合教师职业生涯周期，实现城乡教师绩效的分类评定

根据拉齐尔（Edward P. Lazear）的竞赛理论，最高与最低等级之间的工资差距越小，教师个人的努力程度越低，晋升带来的工资等级提升对教师激励效果就越小。[②] 中小学教师工资只有评上高级职称后工资才能有较大幅度地提高，而评上高级职称以后，工资的增产空间就变得十分有限。这样实际的两个大类工资等级划分显然无法反映中小学教师职业发展中能力的提升和变化，更无法激励教师不断追求专业发展。应当结合教师职业生涯周期，建立教师绩效分类评定机制。具体可以参照英国的"绩效门槛"（threshold）经验，分类设置绩效评定标准，即对新任教师（0—3年教龄）、发展中教师（3—6年教龄）、成熟教师（6年以上教龄）分类进行绩效评估。对于新任教师的绩效比例建议控制在10%以下，使得他们有时间和经历多向骨干教师学习，而不是盲目地承担教学任务；对处于专业发展关键期的年轻教师（3—6年教龄），要鼓励他们更多地投入教学和教研工作，做出成绩，可以设在15%—25%；对于处于专业发展成熟阶段的中青年教师（6—20年教龄），他们在教学和管理上都已经相对成熟，应该起到带头作用，绩效比例可以设在25%—30%；而对于老教师（20年以上教龄），则应该考虑他们已有的贡献，降低绩效比例，减轻他们的思想负担，设在10%—15%较为合适。[③]

---

① 曾晓东、易文君：《我国中小学教师工资的地区差异问题研究》，《华中师范大学学报》（人文社会科学版）2015年第9期。

② [美] 爱德华·拉齐尔：《人事管理经济学》，刘昕译，生活·读书·新知三联出版社2000年版，转引自姜金秋、杜育红《我国中小学教师工资等级研究》，《教师教育研究》2014年第7期。

③ 唐一鹏、胡咏梅：《我国义务教育阶段教师工资制度框架设计——经济学和管理学的视角》，《教师教育研究》2013年第7期。

教师绩效分类评定机制的建立,有利于激发处于不同专业发展阶段教师工作的积极性,生成职业荣誉感。

二 城乡教师多元教学环境改善财政投入机制

(一) 增加基于教学效能感的城乡教师工作环境投入

与城市教师相比,农村教师对工作环境的满意度更低。可是,结合西部民族地区城乡义务教育整体发展水平相对较低以及已有投入政策对硬件设施投入较多、对软件建设投入相对不足的现实,不但应增加农村教师工作环境投入,而且也应增加城市教师工作环境投入。虽然近年来国家加大对中西部地区薄弱学校的改造,对学校校舍、操场、供暖等硬件条件进行了改善,但大量的财力物力都集中在学校硬件建设上。教师工作生活环境既包括物质环境也包括心理环境,物质环境主要表现为学校硬件、工作负担度和生活条件;心理环境包括人际关系、教学氛围、校园文化和领导支持。其中,在教师招募与稳定教师队伍中应当考虑的最关键因素是学校能够提供吸引教师的教学环节。研究发现,大多数教师的工作动力是源于他们对学生学习上给予的帮助。当他们能够和学生进行有效沟通,能够从学生那里得到教学效能感的话,则更有可能在学校继续留任。如果他们相信自身对学生是有影响的,也有足够的资源保证这种影响发生的话,教师就会得到激励。相反,如果支持性教学条件和环境缺失,教师效能感则会弱化,他们就有可能转到其他学校,或是放弃教师职业。许多 OECD 国家通过对薄弱学校额外补充教师、减少班级规模或者是提供额外的支持来改善教学环境。此外,还可以为薄弱学校教师、偏远地区的教师提供年度奖金或是一次性的奖金。当然,这种奖励要足够多才会起作用。[①] 目前,西部各地区纷纷采用捆绑式或结对式等方式,引导优质学校带动薄弱学校发展,促进区

---

① 于冰、于海波:《薄弱学校师资问题研究——来自 OECD 国家的经验与启示》,《比较教育研究》2015 年第 4 期。

域内义务教育资源均衡。

在 2015 年 N 省发展和改革委员会关于《推动我区城乡义务教育均衡发展有关工作情况的汇报》中提出，实施"全面改善贫困地区义务教育薄弱学校基本办学条件项目规划"，实现各类教育资源在区域、城乡、校际之间的均衡配置，支持优质教育学校实施"扩面提升"工程，采用"优质学校+分校""优质学校+弱校"的方式，不断扩大优质教育资源覆盖面。N 省 D 市充分发挥市区标准化学校在硬件条件、师资水平等优势，推行"1+X"捆绑结对办学模式，建立城乡教育共同体，实行"四统一、一连席、一交流、一共享"的运作方式（统一工作计划、统一管理机制、统一活动安排、统一质量要求；定期召开联校行政联席会议，研究办学共同体重要事项；加大城乡学校中层以上管理干部和一线教师对口交流力度，实现共同体学校各类资源共享交流）。

（二）实施基于农村学校区位的多元化逆差序"利益补偿"

农村教师向城市学校的大量流动、农村优秀教师的流失，除工资福利待遇外，教师流动的原因还包括学校周围环境、子女入学、交通、发展前景等。为了让优秀教师愿意来农村，让优秀的农村教师能够安心教育工作，就应使农村教师体验感受更多的职业与生活归宿感，使他们安居乐业，并优化农村教师的利益补偿结构，为他们创造良好的工作生活环境与便利的交通条件。

除了薪酬以外，同属农村教师，学校区位越偏远、贫困，教师的流动及流失意愿就越强烈。这说明，要稳定农村教师队伍，在普遍提高工资待遇的同时，还必须根据农村教师的实际需求，对不同区位的农村学校教师给予差别化的利益补偿，要根据学校区位实施逆差序多元化"利益补偿"，强化"越往基层、越是艰苦，地位待遇越高"的政策实效。此外，"学校管理与教学风气"也是影响很多教师流动及流失意愿的重要因素。调查结果显示，农村教师流动及流失意愿的影响因素按重要性排序，依次是"子女上学及家庭生活""工资待遇与工作负担""学校位置及交通、住房条件""学校管理与教学风气"和"社会风气与工作环境"。[①] 因此，在《乡村教师支持计划（2015—2020年）》已有的政策基础上，应进一步优化针对偏远、贫困地区农村教师的利益补偿结构，根据学校区位实施多元化的利益补偿，切实提升农村教师的职业吸引力。

在调研过程中，N省M市L县一位具有多年农村教育教学经历的县督导办领导Y谈道："农村教师不愿意在农村学校教学，都想到城市的好学校当老师，其原因是多方面的，工资只是一方面的原因，只提高工资也不一定能够打消农村教师到城市好学校当老师的想法，不同的人有不同的考虑，不同的人往往也是出于不同的原因，总之，要想稳定农村的教师队伍，必须多管齐下，全方面地对农村教师给予政策上的倾斜和照顾。其实，还有一个非常重要的原因，就是城市化的影响。大家都想进城，甚至现在很多教师的家都已安置在县城，工作又在农村，还有很多人现在夫妻双方是两地分居，时间长了肯定会不方便，他们总要想方设法进城。"Y领导谈及的情况在另一位农村教师的访谈中也得到了印证。N省M市L县M乡一位在农村初中工作8年的W老师谈道："其实，《支持计划》对农村教师的支持已经很多了，而且，我们也明显感觉到现在不论是收入待遇，还是社会对我们的重视程度都比以前要好多了，特别是工资收入方面比以前增加了很多，我的收入要比《支持计划》实施之前多了1000元左右。尽管我也想在农村学校工作，可是我无论如何都还是想要调到县城去，因为我的爱人在县城工作。虽然距离并不远，但是我们这里山路不好走，到县城的车又比较少，回趟家很不方便。我一直在申请调到县城去，这样就能团聚了。从孩子的角度说，也是到县城去工作比较好，学校的教学质量、发展环境都要好一些。"

[①] 王艳玲、李慧勤：《乡村教师流动及流失意愿的实证分析——基于云南省的调查》，《华东师范大学学报》（教育科学版）2017年第5期。

虽然 W 老师只是农村教师的一个个案,但是反映了城市化背景下,农村教师或主动或被动向城镇流动的心理及其多元化的发展需求。根据费孝通先生"微型社会学"原理,W 老师至少代表了当前农村教师中部分教师的心理和发展需求实际。因此,各个地区对《乡村教师支持计划(2015—2020 年)》的落实应基于农村教师的多元化需求,除了突出对农村教师因学校区位分布不同而进行的差异化补偿之外,还应强化对农村教师多元化发展需求的关注,实现自我职业认同与社会认同的统一强化。

(三) 实施基于减轻农村教师工作负担的政府购买服务项目

工作环境不但包括以有形资源呈现的设施环境,还包括由制度安排形成的制度软环境。与设施环境的影响相比,制度软环境的影响是综合性的,直接关系到组织成员的工作负担以及由此带来的自我价值实现的体验。比如,学校对教师工作任务类型和任务数量的安排,如果任务类型和任务数量过多,甚至超过教师能够接受的合理范围,就会直接影响到教师进行教学专业活动时间和精力投入,并会影响到教学质量以及带来的工作效能感。诸多研究结论表明,当老师们发现,他们无法摆脱各种无关事物的影响,虽然从事专业教学活动的愿望强烈,但是仍然被学校的整体局面困扰,就会出现负面的情绪,并压抑工作的主动性和积极性,导致教育质量下滑。古德莱得的研究揭示了教师工作任务的复杂性和多样性。教师工作不仅具有机械性的特性,还具有灵活性的特点;教师不但要完成与教学相关的专业活动,还要完成参加会议、报告学生的出勤率等与教学相关的非专业性事务活动。对于教师来说,"他们每周工作的时间很容易达到 50 小时,甚至更多"[①]。西部民族地区大量寄宿制学校的出现,营养早餐、免费午餐等众多惠民政策的实施,切实减轻了

---

① [美] 约翰·I. 古德莱得:《一个被称作学校的地方》(修订版),苏智欣、胡玲、陈建华译,华东师范大学出版社 2013 年版,第 149 页。

西部民族地区农村家庭教育负担,却增加了农村教师的工作负担。尽管政府通过购买服务的方式以减轻学校的安全压力,可是主要侧重于减轻教师非专业事务负担,学生管理仍然使农村教师面临着巨大的心理和工作负担。

服务购买是提高公共服务供给效率和供给质量的改革举措,在西方发达国家有着较长的发展历史。第二次世界大战以后,欧美构建了以国家为主导,强调充分就业、社会权利以及(社会)保险高覆盖率为主要特征的福利国家模式。但随着20世纪70年代爆发的石油战争,发达国家财政收入锐减,该模式难以为继。为降低政府运行成本、提高公共服务供给效率,作为重要政策工具的购买服务得以广泛实施。[①] 20世纪90年代开始,服务购买在我国公共服务领域逐步兴起。在以编制管理为核心的教师配置体制下,服务购买成为化解西部民族地区农村教师等公共服务领域人力资源缺乏问题的有效途径。2016年3月6日,李克强总理在参加十二届全国人大四次会议山东代表团审议时,针对代表提出的农村教师需求问题,就提出通过探索政府购买服务予以解决。围绕西部民族地区农村学校管理的实际需要,应探索实施农村学校学生管理岗位购买项目:第一,将农村学校学生管理岗位的补充纳入地方公共服务购买范围,以县级政府为单位,由县级教育主管部门协调人事、财政等部门,统筹农村中小学校学生管理岗位购买的管理,委托具有资质的人力资源公司完成招聘程序;第二,参考订单式培养的方式,由地方县(区)按照农村学校的管理需要,与具有培养能力的地方师范院校签订培养协议,在加强教师专业基础知识、基本技能的基础上,重点加强师范生对学生思想意识、学生行为养成教育等的实践能力培养,强化师范生学生管理应用与实践能力的培养,签订协议的院校毕业生享有同等条件下优先就业的权利;第三,坚持高标准要求和同工

---

① 韩俊魁:《中国政府实现购买服务战略目标之障碍与对策:基于中外比较视野》,《华南师范大学学报》(社会科学版)2017年第1期。

同酬的原则，参照新进在编人员条件和国家的规定设置招聘条件，由用人学校负责管理和考核，给予从事农村学校学生管理岗位毕业生与在编人员同等的工资福利、职称晋升等待遇，所需经费采用分级负担的方式，根据县（区）的财力，确定各级政府的分担比重，由各级政府按比例共同负担。

三 城乡主体互动式教师培训财政投入机制

根据统计数据的分析，城乡教师对进修提升的满意度不存在显著差异。虽然城市教师的满意度低于农村教师，但是两者之间的差距较小，并且两者的满意度均值都比较低。结合城乡教师对进修提升的满意度差异以及已有投入机制的现状，改进机制的设计应将提升城乡教师培训实效作为目标，建立基于城乡多元主体互动的教师培训投入机制。

（一）增加城乡教师培训的主体联动运行投入保障

城乡教师培训的主体联动包括两个层面：一是组织主体的联动，既包括相关高校，又包括城市和农村的中小学校以及基层的教师培训机构；二是培训个体的联动，不但包括大学专家和研究者，还包括基层的教研人员、城乡教师、城乡中小学校的家长代表等。组织主体的多元参与是主体联动的核心载体，并借助实践载体平台实现培训个体的多元联动。在原有高校与中小学校实施教师培训合作运行方式的基础上，支持地方高校实行"项目承担高校＋N个项目参与校"的改革，建立项目研发与实践发展共同体，将其纳入城乡教师培训项目财政投入的保障范围。改变传统城乡教师培训项目中，城乡中小学校的被动辅助角色，形成项目承担高校与城乡中小学校的平等参与关系，由项目承担高校与城乡中小学校相互协作，根据任务分工共同完成项目的整体设计、共同实施城乡教师培训，实现城乡教师培训的多主体参与、多主体互动。另外，注重高校教师、城乡教师、基层教研人员、家长代表等的多方参与，以保障培训方案的全面性、可行性和科学性，实现与城乡教师发展实际的有效对接。通过项目实施与经费划分、绩效考核的联动运作,明确项目承担高校与参与项目的城乡学校之间的权责关系,在保障各方经费投入的前提下,强化各方的责任主体地位,调动参与主体的工作积极性。

(二) 实施融合城乡社会文化教学资源开发的团队资助投入

城乡教育的差异、城乡教师发展瓶颈的差异,表面上体现于各种有形资源的分布差异,而要从根本上满足城乡教师的差异化专业发展需求,还应在尊重城乡文化差异的基础上,形成有助于城乡文化有机互动融合的教学资源。由于面对着不同的教育对象和教育发展环境,城乡教师只有从自身面对的教学情形出发,才能实现教学目标向教学成果的转化。现代社会是开放的社会,城乡社会的一体化发展已经成为国家战略的重要趋向,只有在尊重城乡社会文化差异的基础上,实现城乡社会文化的互动和交流,才能促进城乡社会的共同发展。而社区文化资源与教学知识的融合是合作培训的主要着力点。[①] 首先,建立覆盖城乡不同发展需求的教学资源开发团队资助制度。针对融合城乡社会文化的教学资源开发,以教学创新团队的方式,设立财政专项支持经费,给予重点扶持。鼓励城市教师、农村教师、具有城乡文化背景的教研人员、高校专家、城乡中小学校家长代表的协同参与,通过具有城乡文化背景的教学实践者、教学研究者、教学培训者、教学接收者等多方主体的共同参与,共同致力于融合城乡社会文化的教学资源开发。另外,建立融合城乡社会文化的教学资源开发成果奖励制度。对积极投身城乡教学资源开发、在融合城乡文化教学资源开发过程中成绩突出、形成代表性成果的团队,进行重点奖励,增强各参与团队及个体的工作主动性。

---

① 戴伟芬:《论跨界互动特性的农村教师合作培训》,《教育研究》2016 年第 10 期。

四 城乡教师人才奖励财政投入机制

教师社会认可主要指社会公众和重要他人对教师职业的看法，是否将教师职业视为专业，是否给予教师较高的社会地位。社会认可度越高，教师职业吸引力越强，从事教师职业的人员对教师职业的认可度就越高。通过调查可知，教师社会认可度均值在 3 以上，属于中等偏上水平，还有很大的提升空间，而且城市教师的社会认可度要高于农村教师，因此，基于城乡师资均衡发展的考虑，应当加大对农村教师的奖励力度，广泛宣传，增强农村教师职业的社会认可度，在全社会形成尊师重教的良好氛围，吸引更多的优秀人才加入农村教师队伍，激励在职在岗农村教师工作的内在动力，并且应继续巩固城市教师的社会地位。

（一）强化重大人才奖励工程对农村教师的政策倾斜

为了吸引人才，就必须重视人才，给予人才必要的奖励。正如《战国策·燕策一》中"千金买骨"的成语故事，就说明了尊重人才、奖励人才能够吸引人才。同理，为了吸引更多的优秀人才加入农村教师队伍中，应该建立教师发展的奖励机制。为增加优质人力资源的供给，西部民族地区各省都根据自身的发展需要实施了多项人才奖励工程。除了国务院及地方政府津贴等人才奖励政策外，各省还制定了各具地方特色的人才奖励政策。G 省对教育、卫生、科技等领域实施的陇原人才计划，M 省实施的杰出人才、草原英才选拔计划，N 省实施的塞上英才选拔奖励计划等，对获得入选资格的人才给予重奖，极大地增强了引才、稳才的力度，取得显著的社会效应。就教师而言，西部民族地区各省都出台了针对教师的人才奖励计划，如 G 省的陇原教师奖励、园丁奖，N 省的塞上名师奖励等。《乡村教师支持计划（2015—2020 年）》实施后，西部民族地区各省的实施方案以及各市县的具体实施方案，大都根据农村任教的年限制定了相应的奖励规定。可是，与综合性的人才奖励相比，专门针对教师的人才奖励计划奖励力度仍相对较小。而且，能够获得综合性人才奖励的农村教师数量也极少。对农村教师的奖励项目，主要是以专业发展项目的形式给予的。以 N 省为例，该省评选的塞上英才项目奖励 50 万元，第二批、第三批分别只有 1 名中学教师获奖，且均为城市的高中教师，没有农村教师获得该奖励。其他的省级人才奖励项目也鲜有农村教师的出现，获奖的教师主要以城市高中教师为主。

为提升农村教师的社会认可度，增强农村教师的职业吸引力，除了以专业发展项目的形式，增加对农村教师的专业支持外，还应强化重大人才奖励工程项目对农村教师支持和倾斜力度。第一，各级重大人才奖励工程项目应进一步明确范围，明确将农村教师纳入评选范围，强化对农村基层教师的支持力度，制定适合农村教师的评选条款，给予农村教师适当的评选指标；第二，应结合工作年限、工作业绩等综合水平，突出育人的实效性，对于长期致力于农村教师事业，坚守农村教育一线，在农村教育领域取得突出效果的给予支持；第三，加强对农村获奖教师的宣传力度，通过广泛的新闻宣传，扩大获奖教师知名度的同时，增强获奖的联动社会效应，强化社会对农村教师的正面认识，以此突出农村教师的社会地位，增强农村教师的职业认同和社会认可度；第四，加强对获奖教师的评价和考核，通过考核任务的完成促进获奖教师的可持续发展，并实现优秀教育教学经验的共享和扩展，进而发挥对其他农村教师的带动和引领作用。

（二）增强社会力量参与城乡教师奖励的财政支持

《乡村教师支持计划（2015—2020 年）》中提出，鼓励和引导社会力量建立专项基金，对长期在农村学校任教的优秀教师给予物质奖励。目前，我国农村教师的社会奖励基金正在逐步建立中。例如，2013 年桂鑫基金会与南怀瑾文教基金会设立"桂鑫·南怀瑾乡村教师奖"，奖励在乡镇及以下地区连续工作 10 年以上的农村教师；2015 年，马云在北京师范大学启动"马云乡村教师计划暨首届马云乡村教师奖"，每年评 100 名农村教师，每人获得 10 万元奖励及专业发展支持。首届马云乡村教师奖评选于 2015 年 9 月启动，评选对象为陕西、甘肃、宁夏、云南、贵州、四川六省、自治区农村中小学（不含镇学校）连续工作 5 年以上的一线农村教师。[①] 马云表示，希望作为农村教师的代言人，唤起社会对农村教师的重视。虽然城市学校社会资源相对丰富，已有社会力量参与城市学校发展的实践经验积累，但是社会力量参与教师奖励的制度建设仍然有待加强。因此，从巩固城市教师社会认同度的角度讲，也应调动社会力量参与城市教师的奖励实践活动。

为推动社会力量更好地参与城乡教师奖励基金的建立，各级政府应参考社会捐赠等相关领域的支持政策。以税收减免等政策支持和鼓励社会知名企业家参与城乡教师奖励基金的建设，主要是吸引和调动当地企业家的参与积极性，以便增强当地社会尊师重教的社会风气，增强对农村教师职业的社会认可度。另外，建立对社会力量参与城乡教师奖励基金的社会表彰制度。通过对积极参与、做出显著成绩的企业家等社会人士进行奖励和宣传，进一步加强对参与者的支持和鼓励，由此提升农村教师的社会认可度，并继续巩固城市教师的社会地位。

五 城乡"中间阶段"教师重点支持财政投入机制

在调查中我们发现，年龄、教龄、职称、学历等处于"中间阶段"教师的职业吸引力水平明显低于其他阶段的教师。"中间阶段"教师年龄大概在 30—40 岁，在学校中一般是骨干教师，承担着大量的教学任务，在家庭中也是中流砥柱，需要照顾老人和孩子。"中间阶段"教师在物质层面承受着高消费时代的经济压力，在心理层面则对工作和家庭充满着焦虑。此外，住房、交通、饮食、服装、休闲娱乐、孩子入学等问题也困扰着"中间阶段"教师，因此，应当

---

① 《马云设立乡村教师奖：每年评 100 名 每人奖励 10 万》，http：//news.163.com/15/0916/11/B3KO9IIV0001124J.html。

对"中间阶段"教师重点关注,建立专项经费机制和实行多样化考核机制。

(一)建立"中间阶段"教师专项经费支持机制

"中间阶段"教师在年龄上处于"黄金阶段",正是干事业、出成果的时候,对于此阶段的教师,应当设立专项经费,在教师进修、待遇方面给予特殊照顾,保持工资的稳定增长,解决生活上的后顾之忧。同时,在目前中小学强调教学和科研的情况下,也应当为"中间阶段"教师设立培养基金,大力支持教师开展教育教学研究,增加对"中间阶段"教师的奖励力度。

除此之外,在住房方面,应给"中间阶段"教师提供周转房或宿舍,提供无息贷款以及给予房租补贴,对于"中间阶段"教师的其他生活问题如交通、子女上学等问题,尽量创造条件去解决。目前,社会中出现了一种新型代课教师,主要是农村骨干教师流动到城市。他们学历高、职称高、教学质量和效果都较高,但却没有编制,是优质高水平代课教师。[1] 新型代课教师的出现,充分说明城乡教师职业吸引力之间存在的差异,对农村"中间阶段"教师更应当给予关注。

(二)建立"中间阶段"教师多样化考核机制

在中小学职称评审、评奖过程中,往往会出现"论资排辈"的现象,年龄大、教龄长的教师相对享受较高的待遇,而承担着教学重任的"中间阶段"教师却"望奖兴叹"。应当设立适度宽松的面向"中间阶段"教师的考评体系,尊重教师专业发展的规律,合理制定符合"中间阶段"教师实际的考评标准,引导"中间阶段"教师潜心教学,不断提高教学水平,提升职业荣誉感,并且还要健全完善职称考评体系,将人才队伍建设的重点转向广大青年教师和"中间阶段"教师,为他们健康成长创造良好的环境。

---

[1] 彭礼、何文彬:《深圳市代课教师生存现状的调查》,《教育探索》2011年第3期。

此外，对城市教师也要多加关注。随着《乡村教师支持计划（2015—2020年）》的实施，农村教师在工资待遇、职称奖励、培训进修方面有了诸多的倾斜性政策，在对农村教师进行重点扶持的同时也要对城市教师多加关注，随着城镇化的进行，大量农村人口涌入城市，导致城市"大班额"现象突出，城市教师压力增大，实现城乡教师职业吸引力同等化的提升。同时，在"引才"和"留才"方面，也要多关注男性教师的实际需求，增强教师职业对男性教师的吸引力，才能满足学生发展的全面需求，切实提高教育质量。

第 三 章

城乡教师专业发展质量均衡财政保障机制

教师专业发展的概念源于教师专业地位提升与教育质量改进双重诉求的历史背景，是教师职业发展与教育质量改进双重因素共同作用的产物。区别于教师专业化，教师专业发展侧重于强调教师个体内在专业水平的可持续提升，而非教师群体外在专业水平的不断提高。尽管教师专业发展的概念尚存争议，可是基于教师专业发展对教师知识、能力等专业素质可持续发展过程的强化与关注，此概念始终是政府、社会、学术界、教学实践群体关注的焦点，成为各级党委政府推动义务教育质量全面发展的重要举措。《国家中长期教育改革和发展规划纲要（2010—2020年）》《乡村教师支持计划（2015—2020年）》等教育发展重大战略政策，都将改善教师专业发展的质量，作为教育改革的重点内容。城乡教师专业发展质量的均衡化，既是城乡教师质量均衡发展的基础与前提条件，又是城乡师资均衡财政保障机制设计的关键支点。

第一节 基于质量均衡的城乡教师专业发展需求

城乡教育均衡发展的关键在于质量的均衡发展，而城乡教育质量均衡的核心在于城乡教师质量均衡,城乡教师专业能力发展的均衡则是城乡教师质量均衡的实质内涵,是《国家中长期教育改革与发展规划纲要(2010—2020)》等城乡教育均衡发展政策的重要内容,也是城乡教育经费分配和财政保障机制改革的重点领域。马克思主义唯物辩证法认为,任何事物的发展都是内因、外因共同作用的结果。城乡教师专业发展质量的均衡主要涉及"专业能力、发展途径、工作激励"三个关键要素。专业发展能力是专业发展质量的直接表现形式,是专业发展的最终目标,也是城乡教师专业发展质量均衡的内在因素;专业发展途径是教师专业能力发展的实践载体,也是教师专业能力提升重要外在支持条件,成为教师专业发展的客观基础;工作激励措施是调动教师专业发展积极性的保障因素,实现城乡教师专业发展质量均衡,除了外在支持条件的改善之外,更为重要的是调动教师内在发展动机。如何激发教师专业发展的内在动机,既是城乡师资均衡发展的重要实施内容,又是城乡师资投入政策变革的关键领域。

一 城乡教师专业能力发展需求

20 世纪 50 年代中期,世界教学专业组织会议召开以来,理论与实践界围绕"教师是否属于专业化的职业"展开了长期的讨论,伴随理论认识的丰富和社会改革实践的深化,教师职业的专业化属性已经得到社会各界的认同与肯定。甚至,有学者从自我发展的角度,提出了教师"专业发展"向教师"专业学习"转化的主张。[①] 教师职业的专业化属性强化了对教师自身素质的要求,凸显出教师培训学习的实践意义与价值。第一,强化对教师综合专业素质的要求。无论从事何种专业背景,只有具备相应的专业知识和专业能力基础的人,才能获得从业资格。教师职业的专业化属性要求教师必须具

---

① 陈向明:《从教师"专业发展"到教师"专业学习"》,《教育发展研究》2013 年第 8 期。

备相应的专业理论、专业能力、专业精神等专业素质。第二，强化对教师可持续发展能力的要求。一方面，社会的激烈变革，引发知识体系、生产要素、社会文化等出现多元化、结构化、复杂化的重组，对人才素质的需求特征呈现多样化变化趋向。另外，中国社会结构的变化和公民社会的兴起，使公民的权利意识逐步增强，对受教育权利的维护意识、对优质教育的需求也在逐步增强。上述社会特征，客观上要求教师应具有可持续的专业发展能力与途径，以应对社会需求的快速变化。另一方面，社会的激烈变革导致受教育者学习特征的巨大变化。受教育者的身心发展特征、学习途径与形式、学习成就的表现方式等都发生了巨大的变化，教师只有通过可持续的专业发展，才能适应受教育者及其学习特征的变化。从专业发展的角度讲，不论是满足综合专业素质的要求，还是可持续发展能力的要求，除了自身主观能动性的充分发挥之外，教师专业能力的增强还离不开以培训为主渠道的外源式发展途径的支持。因此，教师培训成为国家教师经费分配的一项重要内容。

按照国际教师质量评价的经验，教师资格的等级水平通常被用来作为现行教育质量的判断标准。主要有两个指标：第一个是教育工作者教学成就的一般水平；第二个是能够依据国际标准有资格进行教学的教师百分比。第一个指标通常是指教师的学历，第二个指标则关注教师的教育学培训。[1] 结合教师专业能力发展的关联因素，可以从"专业知识能力、学历层次"两个层面，对城乡教师的专业能力发展需求进行分析。学历层次既是教师专业能力的显性标志，又是教师专业能力的重要影响因素。学历层次的高低不仅直接影响着教师专业能力的发展基础，还直接影响着教师专业能力持续发展的潜在空间。因此，学历层次成为教师资格认证、招聘的重要条件，也成为教师专业能力发展需求分析的重要内容。专业知识能力是教

---

[1] 邬志辉、秦玉友主编：《中国农村教育发展报告 2011》，北京师范大学出版社 2012 年版，第 377 页。

师专业能力的实质内涵和直接构成要素，弄清当前城乡教师专业知识能力的已有基础及其实践应用水平，是进行城乡教师专业能力发展需求分析的基础。

（一）城乡教师学历整体水平较低，城乡二元式分布结构特征弱化

入职的学历水平，不仅代表着从业者已有的专业基础，还代表着从业者未来专业发展潜能的释放空间，是衡量人力资源供给质量的显性标志。教师入职的学历要求，既是保障学校聘任合格教师的前提，又是提高教师质量和教学质量的基础。在接受调查的教师中，城乡教师的学历分布呈现以下特征：第一，专科及以下学历的教师所占比重较大。除N省M市的乡镇、农村外，其他两个地区的四个区域层面和M市的城市、县城，专科及以下学历教师的比重大都在60%以上。第二，学历结构的质量水平与传统二元式的城乡发展样态不存在直接的对应性。G省N市的城乡教师学历分布，体现出传统二元式城乡资源配置的特征，与城市化的发展趋势相一致，在"城市、县城、乡镇、村庄"四个城乡区域层面，专科及以下学历教师比重逐步增大，本科学历教师比重逐步降低，表明随着现代城市文明发展程度的依次弱化，学历结构的质量水平依次降低；M省T市城乡教师学历分布则呈现出逆城市化的特征，在城市、县城、乡镇、村庄四个城乡区域层面，专科及以下学历教师比重依次降低，本科学历教师比重逐步增大，与现代城市文明的发展程度相比，呈逆向分布的样态；N省M市的本科学历教师比重分布，甚至出现了乡镇、村庄远远超过城市、县城比重的情况（详见表3-1）。第三，硕士及以上高学历教师比重过低。在3835名调查样本教师中，仅有22名教师的学历为硕士及以上，所占比重仅为0.57%。

为加强城乡教师队伍建设，国家先后实施了特岗教师政策、教师编制标准优化政策等，西部各省联系当地城乡师资队伍发展的实际，也出台了提前退休、分流转岗等旨在进一步优化师资结构的政策。上述数据分析结果说明，国家、西部地方政府各项政策的成效

逐步显现，城乡师资结构得到优化，特别是乡镇、村庄的师资质量水平得到显著提升。面对教师学历"专科及以下比重偏大""硕士及以上比重偏小"的发展现实，应通过积极的财政政策回应，加大对城乡教师学历提升的支持力度，鼓励支持条件允许的教师通过各种途径攻读硕士研究生等高层次的学历学位。在着力提升教师学历层次的同时，还应继续加强对城市低学历教师的支持，推动城乡教师专业发展能力的均衡发展。

表 3-1　　　　城乡教师学历分布调查情况表　　　　单位:%

省份	区域	专科及以下	本科	硕士及以上
N省M市	城市	55.7	43.2	1.1
	县城	65.1	34.8	0
	乡镇	26.9	73.0	0
	村庄	46.2	53.2	0.6
G省N市	城市	63.4	32.7	3.8
	县城	65.3	34.7	0
	乡镇	67.3	32.2	0.5
	村庄	74.3	24.3	1.3
M省T市	城市	70.2	28.2	0.9
	县城	70.0	28.3	1.6
	乡镇	67.0	32.2	0.8
	村庄	63.3	35.9	0.5

（二）城乡教师专业实践能力有待加强，城乡二元分布的结构特征仍然存在

从发展缘起看，传统意义上的教师专业发展，往往被视为基于"达标"思维而进行的专业能力水平的"补差"过程，教师专业发展成为由"非专业化"逐步实现"专业化"的演变过程。伴随教育、社会背景的发展变迁，尽管教师专业发展由"工会主义"和"专业主义"为代表的"组织发展阶段"转向强调提升个体的教学

水平、扩展个体的知识和能力的"专业发展阶段"[1]，可是，对"专业化"特质的关注和强化，依然是教师专业发展的主要关注点和着力点。而且，在某种程度上，对教师专业的特质化发展要求，是一种静态的属性关注，它忽视了教育本身的情境性、复杂性引发的实践动态属性要求，未能对教师内在专业发展实践能力给予足够的重视。诚如国际知名的教师教育专家李·舒尔曼（Lee Shulman）对行动与理解关系的阐述，对于教师专业发展，行动与理解具有同等重要的地位，甚至行动的价值要远远超过理解的价值。[2] 教师专业发展的实质不仅仅在于既定知识与能力体系的获得，更在于教师个体专业实践能力的提升与改善。可以说教师的专业实践能力水平是教师专业化水平的具体反映，是教学质量的直接影响因素，也是城乡教育均衡发展的重要支撑点。

教学意愿是由教师对教学工作的价值追求所引起的行为倾向，是教师教学活动的内在驱动力，是教师教学行为的发动机和助推器。[3] 教师的教学意愿既是教学行为的源动力，又是教师教育价值观念的外在体现，是教师在已有教育理念、价值观念的基础上，表现出的教学行为实践的倾向性，决定着教学行为的决策取向和具体形式，是专业化水平的重要标志。教学方式方法则是教师专业实践能力的重要内容，也是教师教学理念、教学思想、教学实践能力的具体表现形式。所以，教师教学方法应用意愿不仅可以反映教师的教学理念差异，以及教师对教学方式方法的理解，还可以体现教师自身的教学涵养。结合当前教学改革的难点与重点实践问题，我们选取"教学方法多元化应用、教育信息技术应用、教学评价结果应用"三项内容，对城乡教师的教学理念与教学实

---

[1] 崔允漷、王少非：《教师专业发展即专业实践的改善》，《教育研究》2014年第9期。

[2] 同上。

[3] 叶逢福、赖勇强：《高校教师教学意愿影响因素及对策探析》，《现代教育论丛》2014年第5期。

践能力水平进行了调查。

就教学方法应用多样性意愿调查结果而言,在"肯定性、经常性、机会性、否定性"四种意愿的选择中,调查涉及的三省内部,从城市至村庄的城乡四个区域层次分布与教师选择倾向的分布不存在直接的对应关系。现代城市文明的发展程度与教师教学方法多元化应用意愿的强度分布,不存在直接的相关性。N省M市教师的内部选择意愿倾向,传统城乡二元化的特征相对明显,教学方法多元化应用的意愿强度,城市要高于农村;G省N市、M省T市教师的内部选择意愿倾向没有呈现出明显的城乡二元化的分布特征。三省之间的选择意愿倾向存在差异,M省T市教师的教学方法多元化应用意愿强度,要高于其他两个省份;N省M市教师的教学方法多元化应用意愿强度最低,反映出西部不同省份之间、不同地区之间城乡教育整体水平的发展差异。另外,也反映出不同地区之间城乡师资队伍综合素质水平的差距。还需要关注的是,三市均存在一定比例的机会性选择倾向(详见表3-2)。首先,应加强城乡教师教学理念与技能方法培养的投入倾斜力度。另外,应按照城乡教育均衡发展的政策理念,优化经费投入结构,缩小不同区域之间和区域内部城乡教师专业理念与实践能力的发展差距。

表3-2　　　　　教学方法应用多样性意愿情况表　　　　　单位:%

省份	区域	肯定性倾向	经常性倾向	机会性倾向	否定性倾向
N省M市	城市	36	41	23	0
	县城	24	45	29	2
	乡镇	23	41	34	2
	村庄	24	39	34	3
G省N市	城市	34	35	27	4
	县城	36	40	21	3
	乡镇	31	40	27	2
	村庄	37	29	31	3

续表

省份	区域	肯定性倾向	经常性倾向	机会性倾向	否定性倾向
M省T市	城市	45	39	15	1
	县城	45	38	15	2
	乡镇	41	39	18	2
	村庄	46	31	20	3

就教育信息技术应用意愿调查结果而言，针对"肯定性、经常性、机会性、否定性"四种意愿的选择，教师的选择取向呈现以下特征：第一，否定性倾向、机会性倾向的选择比重较低，表明教师对信息化教学的重视程度相对较高，也表明当前信息化教学改革对城乡教师的专业发展产生了显著影响；第二，对于"肯定性倾向"的选择，三省城乡教师的选择均呈现城乡二元分布的特征，从城市至村庄的四个城乡区域层次，教育信息技术的应用意愿逐步弱化；第三，三省之间城乡教师教育信息技术的应用意愿强度存在差距，M省T市的总体水平要高于其他两个地区（详见表3-3）。从财政投入角度看，应加强对农村教师信息化教学的支持力度，并且加强对信息化教学薄弱地区的支持，以推动城乡教师教育信息技术应用水平的均衡发展。

表3-3　　　　教育信息技术应用意愿情况表　　　　单位:%

省份	区域	肯定性倾向	经常性倾向	机会性倾向	否定性倾向
N省M市	城市	32	61	5	2
	县城	22	53	24	1
	乡镇	11	57	29	3
	村庄	11	58	30	1
G省N市	城市	30	49	21	0
	县城	21	56	22	1
	乡镇	16	54	29	1
	村庄	18	47	31	4

续表

省份	区域	肯定性倾向	经常性倾向	机会性倾向	否定性倾向
M省T市	城市	44	49	6	1
	县城	43	47	10	0
	乡镇	33	53	13	1
	村庄	35	45	17	3

就教学评价结果应用意愿的调查而言,在"肯定性、经常性、机会性、否定性"四种意愿的选择中,三省城乡教师均以"肯定性倾向"和"经常性倾向"为主,而且选择意愿的教师比重分布与传统城乡二元社会结构特征不存在直接的对应关系(详见表3-4)。因此,在增加教师专业能力建设投入的基础上,要继续加强对城乡教师教学理念培养的支持力度,强化教学实践能力的培养力度,加强对教师教学改革实践能力提升的投入力度。

表3-4　　　　教学评价结果应用意愿情况表　　　　单位:%

省份	区域	肯定性倾向	经常性倾向	机会性倾向	否定性倾向
N省M市	城市	67	24	5	4
	县城	66	21	13	0
	乡镇	63	27	9	1
	村庄	52	38	10	0
G省N市	城市	58	33	7	2
	县城	57	29	13	1
	乡镇	63	24	10	3
	村庄	63	26	9	2
M省T市	城市	80	17	3	0
	县城	79	18	3	0
	乡镇	78	18	4	0
	村庄	78	17	5	0

二 城乡教师专业发展途径需求

按照教育教学实践的需要和主观能动性的体现程度，教师专业发展途径主要包括基于"外在要求的任务型"和基于"内在需求的主体性"两种途径。基于"外在要求的任务型"发展途径是指依据教师专业化的标准、教育法律法规对教师的任职资格条件要求，以教育管理部门、学校等机构组织的培训为主要形式，旨在促进教师专业发展的一系列实践活动；基于"内在需求的主体性"发展途径是指依据教师个体的内在专业发展需求，以教师自身的专业实践能力提升为目标，以教师为参与主体的专业实践活动。

对于教师的专业发展，以上两种方式都具有重要的作用，对于任何教师的专业发展都是必不可缺的渠道。传统的教师专业发展途径，主要侧重于基于"外在要求的任务型"方式，教师处于被动接受的地位，扮演着知识转运者、传递者的角色，将既定的知识技能作为专业发展的主要内容。虽然基于"外在要求的任务型"方式对增强教师的专业能力产生了促进作用，但是弱化了教师的主体性价值，导致教师的发展动力不足、教师专业发展缺乏可持续性的内在保障。作为专业发展的实践主体，教师对专业发展途径的评价，不但能够反映专业发展途径的实践运行质量，而且还能反映教师对专业发展实践形式的需求。

从城乡教师专业发展途径满意度看，调查涉及的三个省份城乡教师满意度比重呈现"两头小，中间大"的分布特征。虽然城乡四个区域层面教师的满意度存在差异，但是差异相对较小，而且不满意的教师仍然存在较大的比重（详见表3-5）。针对城乡义务教育发展不均衡的实际问题，《国家中长期教育改革与发展规划纲要（2010—2020）》明确提出"实现城乡基本公共教育服务均等化"和"率先在县（区）域内实现城乡均衡发展"的发展目标。教育部还启动了县域义务教育均衡发展评估与验收工作。N省、G省、M省先后实施县域义务教育均衡发展的推进工作,从硬件设施、师资队伍建设等方面采取多项措施,切实提升了县域义务教育发展的均衡水平,也缩小了城乡义务教育的发展差距。城乡教师专业发展途径满意度比重的不明显差异,正体现了西部民族地区县域义务教育均衡发展政策的实施效果。

表3-5　　　　城乡教师专业发展途径满意度情况表　　　　单位:%

区域	很满意	比较满意	一般	比较不满意	很不满意
城市	1.1	11.6	44.5	32.9	9.8
县城	1.8	13.3	39.8	34.2	10.9
乡镇	1.8	14.6	44.9	31.3	7.7
农村	2.9	13.6	46.2	29.5	7.8
总体情况	1.9	13.5	43.8	32.0	8.9

从调查涉及的三个省份教师对专业发展途径整体满意度看,不论是满意度教师比重,还是不满意度教师比重,都呈现出明显的差异。N省M市教师的满意度水平相对较高,G省N市教师的满意度水平居中,M省T市教师满意度水平最低(详见表3-6)。围绕西部民族地区的教育发展,国家先后出台了《国务院关于加快发展民族教育的决定》《国务院办公厅关于加快中西部教育发展的指导意见》等政策,农村教师特岗计划、农村义务教育经费保障机制改革等各项改革举措的持续推进,有效地提升了城乡义务教育的发展质量和教师质量。

表3-6　　　　教师整体专业发展途径满意度情况表

省份	很满意	比较满意	一般	比较不满意	很不满意
N省M市	5.7	33.4	48.8	12.1	0
G省N市	1.6	12.5	45.7	32.3	7.9

续表

省份	很满意	比较满意	一般	比较不满意	很不满意
M省T市	7.0	6.7	40.8	39.1	12.7
总体情况	1.9	13.5	43.8	32.0	8.9

可是，受到特殊的自然地理环境、资源禀赋特征、经济发展基础、区域文化理念等各种因素的综合影响，西部与东部之间、西部区域之间的教育发展仍然存在着差距、失衡现象。甚至，诚如有学者所评论道，"西部地区教育似乎已经成为我国教育整体发展的'老大难'问题"[①]。M省T市、N省M市、G省N市教师专业发展途径满意度的差异正体现了西部M省、N省、G省之间义务教育发展总体水平及其质量的差距。

就接受调查的教师对有效专业发展途径的选择而言，在"脱产进修""团队发展""校际交流""校本研修"四种专业发展途径中，城乡四个区域层面的教师选择比重由高到低分别为"脱产进修""团队发展""校际交流""校本研修"或者"团队发展""脱产进修""校际交流""校本研修"。"脱产进修"或者"团队发展"被认为是最有效的专业发展渠道，"校本研修"被认为是实效性最低的专业发展渠道（详见表3-7）。为推动中小学教师专业素质能力的可持续发展，国家先后已经出台《国务院关于加强教师队伍建设的意见》《教育部关于大力加强中小学教师培训工作的意见》《教育部关于深化中小学教师培训模式改革全面提升培训质量的指导意见》和《教育部关于大力推行中小学教师培训学分管理的指导意见》等政策文件，逐步形成分层次、多类型的中小学教师专业发展体系。随着专业发展途径数量和种类的增加，教师对专业发展的质量要求也逐步提高。传统的培训方式已难以调动

[①] 王嘉毅：《西部教育何时不再"老大难"》，《人民日报》2016年12月1日第18版。

教师的参与积极性。

表3-7 城乡教师对有效专业发展途径选择情况表 单位:%

省份	区域	A	B	C	D
N省M市	城市	4	48	21	27
	县城	10	57	18	15
	乡镇	5	36	32	27
	村庄	8	33	27	32
G省N市	城市	6	54	8	31
	县城	18	46	10	26
	乡镇	8	40	13	39
	村庄	10	32	20	38
M省T市	城市	12	20	17	51
	县城	14	28	18	40
	乡镇	12	22	19	47
	村庄	13	19	19	49

说明：A代表"校本研修"；B代表"脱产进修"；C代表"校际交流"；D代表"团队发展"。

在实地调研的过程中，N省教育厅一位从事教师管理工作的教育部门领导也谈到当前教师对培训层次与质量的高要求：近年来，各级各类中小学教师培训数量不断增加，国家、省级、市级、县级都有相应的培训，还有学校自主开展的培训，尤其是国培计划的实施，不仅扩大了教师的视野，还使教师对培训的要求逐步提高。传统的灌输式培训，已很难吸引教师的参与兴趣，亟须补充高层次的精品化培训项目，主要是各种短期、长期的外出培训项目。因此，已有的培训经历和专业发展的需求，共同引发了城乡教师对专业发展途径的选择差异，进而呈现出对脱产式、团队式专业发展途径的需求选择。一项针对西部三省（自治区）农村教师的调查显示，农村教师对实地考察、观摩实录型培训的需求比重比较高，在已有的培训形式中，对短期集中培训的需求比重比较高。[1] 此项调查结果也反映了农村教师对专业发展途径选择取向的变化。M 省 T 市、N 省 M 市、G 省 N 市城乡教师对专业发展形式的选择倾向，不仅反映了城乡教师对培训形式的需求倾向，还体现了城乡教师对专业发展多元化途径的实践需求。

就实际参与的专业发展途径而言，在"脱产进修""团队发展""校际交流""校本研修"四种专业发展途径中，城乡四个区域层面接受调查的教师，均选择"校本研修"作为主要的参与形式，其次是团队发展形式（详见表 3 - 8）。通过对比分析，可以发现教师实际参加的专业发展形式与教师需要的专业发展形式之间存在显著差异。一方面，体现出城乡教师对高层次、高质量培训项目和专业发展途径的需求；另一方面，反映出已有的教师专业发展途径与教师发展需求不对应，现有的专业发展渠道难以满足城乡教师的发展需求。另外，也反映出城乡教师专业发展途径的单一化和教师教育改革的滞后，缺乏对教师需求的回应和教师发展主体性价值的凸显。现有的教师专业发展形式，仍然以传统的培训形式为主。特别是基层教师培训机构实施的培训活动质量亟待提升，在培训的"内容、主体、场所、方式"上，还存在着"以培训教材、专业理论为中心""以理论专家（培训者）为中心""以培训机构或宾馆报告厅为中心""以讲座式、授—受式为中心"的特征[2]，既缺乏对教师专业发展情境性的关注，又缺乏对教师专业发展内在生成性的关注，不仅降低了培训的实效性，还压抑了教师专业发展的主动性。

---

[1] 高慧斌：《农村教师培训成效喜忧参半》，《中国教育报》2017 年 1 月 5 日第 12 版。

[2] 李更生：《教师到底喜欢什么样的培训？》，http://mt.sohu.com/20160728/n461543727.shtml。

表3－8　　　　教师实际参加的专业发展途径情况调查表　　　　单位:%

省份	区域	A	B	C	D
N省M市	城市	71	2	8	19
	县城	70	6	10	14
	乡镇	57	8	10	25
	村庄	54	5	6	35
G省N市	城市	73	7	4	16
	县城	67	12	4	17
	乡镇	73	6	2	19
	村庄	53	9	4	34
M省T市	城市	62	2	10	26
	县城	77	1	6	16
	乡镇	72	3	6	19
	村庄	61	3	4	32

说明：A代表"校本研修"；B代表"脱产进修"；C代表"校际交流"；D代表"团队发展"。

三　城乡教师专业发展评价激励需求

马斯洛的需求层次理论指出，人的需求是多样的，而且是具有层次性的。尽管关于人类需求发展是否存在严格的等级层次尚存争议，可是物质需求对人需求发展的基础地位却是无法质疑的。所谓物质需求的基础地位具有两层含义：一层含义是生理层面的，是指物质需求的满足是人类安身立命的基础，缺少了物质满足人类生命就无法维系；另一层含义是心理层面的，直接关系人类决策行为的选择，物质需求与其他需求通常以"共时态"的形式出现，换句话说，人类其他需求包括自我实现的需求往往并不是以"个体"形式出现的，必须要以一定的物质需求为前提，否则就很难产生相应的行为动机，即使出现也难以持久。作为特定的职业群体，教师不仅具有自身独特的职业精神追求，还具有与其他职业群体共同的普遍性基本需求。在传统的观念中，教师往往被喻为"超人"和"完人"的神圣化身,通常被视为脱离了基本物质需求,不求索取、只求奉献的精神师者。这种片面夸大教师的精神要求却忽视教师的普遍性基本需求的观念,不但否定了分配正义的价值观,而且也是对人理性精神的漠视。只有尊重教师的合理利益需求,正视教师的物质利益诉求,并采取对应的物质激励措施,才能切实调动教师的工作积极性,为教师专业能力水平的持续提升奠定前提基础。

薪酬激励是教师的主要物质激励途径,始终是世界各国教育改革的核心问题,具有久远的历史。基于学生评价的教师薪酬激励可以追溯到亚当·斯密和中世纪博洛尼亚大学的学生学费。[①] 美国等发达国家是世界上较早实施教师薪酬改革的国家,经过长期的实践探索,已经形成成熟的理论分析模型和技术分析路线,深刻影响着当前教师薪酬改革实践发展。2009年,我国开始实施以中小学教师绩效工资制为核心的教师薪酬改革。尽管城乡教师薪酬保障水平得到提高,《乡村教师支持计划2015—2020年》的实施也使农村教师的薪酬结构更加多元化,可是教育的复杂性以及经济水平等的综合影响,导致绩效工资的激励功能难以有效发挥。那么,弄清城乡教师的评价激励需求就成为城乡教师激励机制改革的基础。结合专业发展积极性的影响因素,可以从"内在主观倾向"和"外在支持程度"两个层面,对城乡教师的激励需求进行分析。

从"内在主观倾向"看,对于生活和工作中最在意的事项,在"工资水平、考核与评奖、住房条件"等11项物质精神需求中,接受调查的教师都将"工资水平"作为首要选择,所占比重最大,而且在"城市、县城、乡镇、村庄"四个区域层面,调查的三省内部都不存在差异,"工资水平"均是教师的首要选择;对于影响专业发展的主要因素,在"工资待遇、职务晋升、住房状况"等11项物质精神需求中,接受调查的教师都将"工资待遇"作为首要选择,所

---

① [美] 罗伯特·W. 麦克米金:《教育发展的激励理论》,武向荣译,北京师范大学出版社2007年版,第47页。

占比重最大，而且在"城市、县城、乡镇、村庄"四个区域层面，调查的三省内部同样不存在差异，"工资待遇"均是教师的首要选择。以上分析结果说明，城乡教师对生活和工作、专业发展的主观需求倾向存在一致性，工资待遇是影响调查对象积极性的主要因素。

2005 年以来，我国在中西部地区实施农村义务教育经费保障机制改革，农村教师的工资待遇保障水平得到显著提高。可是，受到区域整体经济发展水平的影响，城乡教师的消费观念、家庭富裕总体水平仍然亟待改善。统计部门公布的数据显示，2015 年，全国城镇居民人均可支配收入 31195 元，农村居民人均可支配收入中位数为 10291 元；T 市、M 市、N 市城镇、农村居民可支配收入分别为 25195 元与 8812 元、21604 元与 8002 元、19656 元与 5928 元，都低于全国总体水平。就恩格尔系数而言，整体上也处于较高水平。以 G 省 N 市为例，2015 年，G 省 N 市的城乡居民恩格尔系数分别为 38.9%、46.3%，均高于全国城乡居民 34.8%、37.1% 的水平。[①]城乡居民家庭富裕程度相对较低，城乡居民收入水平低于全国总体水平，也说明西部民族地区居民物质生活水平总体相对较低，居民的消费仍然以基础生活物品消费为主，反映了西部民族地区经济发展水平滞后的现实。故此，针对生活、工作、专业发展，接受调查的教师都将工资待遇作为首要影响因素。弗雷德里克·赫茨伯格（Frederick Herzberg）的双因素理论认为，人的工作受到保健因素和激励因素两种因素的影响。虽然保健因素并不是直接影响工作积极性的因素，只能消除从业者的不满意，并不能带来从业者的满意态度，但是保健因素的缺失却会直接导致从业者对工作的不满情绪，进而对工作成效产生负面影响。如果城乡教师对工资待遇的需求不能得到有效满足，必将对该地区教育质量的均衡发展产生阻滞作用。

[①] 以上数据源于《中华人民共和国 2015 年国民经济和社会发展统计公报》《M 市 2015 年国民经济和社会发展统计公报》《N 市 2015 年国民经济和社会发展统计公报》《T 市 2015 年国民经济和社会发展统计公报》。

从"外在支持程度"看,可以通过"工作压力感"和"付出与收入对应感"两个方面进行分析。"工作压力感"和"付出与收入的对应感"体现了城乡教师对工作本身的整体认同,是教师内在工作认同形成的心理基础,也是教师进行教学行为决策的直接影响因素。不论是"工作压力感"较强,还是"付出与收入"失衡,都会引发教师内在心理的失衡,进而导致工作动力被削弱,甚至成为教师择业和工作地点选择的关键条件。"工作压力感"和"付出与收入的对应感"是城乡教师职业获得感的体现,成为激发城乡教师工作动力的重要影响因素。针对"工作压力感",在接受调查的教师中,有33%的教师表示"压力很大",有58%的教师表示"有压力",只有9%的教师表示"没有压力",调查对象的整体压力感较强。从三省之间的对比分析看,三省教师都将"压力很大"和"有压力"作为主要选择,N省M市、G省N市、M省T市选择"压力很大"和"有压力"的教师比重分别达到89.8%、92.0%和91.1%,可见三省教师的工作压力感都比较强,而且差异不明显,体现了城乡教师整体压力感较大的现实(详见表3-9)。

表3-9 三省教师整体压力情况表

省份	压力很大	有压力	没有压力
N省M市	29.0	60.8	10.2
G省N市	29.5	62.5	8.0
M省T市	37.0	54.1	8.9
总体情况	33.2	57.8	8.9

从三省内部城乡教师压力感分布看,在"城市、县城、乡镇、村庄"四个城乡区域层面,"压力很大"和"有压力"是城乡教师的主要选择,表示"有压力"的教师比重最大,表示"压力很大"的教师比重居中,表示"没有压力"的教师比重最低。表示"压力很大"和"有压力"的教师比重之和,城市教师比重最大,县城教

师其次，乡镇和村庄教师比重相对较低，但是城乡教师在城乡区域四个层面的教师比重差距相对较小（详见表3-10）。经过中小学布局调整，农村办学资源得到了进一步优化。可是，教学点、小规模学校数量较多，再加上寄宿制学生的数量较多，引发农村教师实际需求数量的增加。受到编制数量的限制，农村教师数量的实际需求并不能得到充分满足，导致农村教师工作负担的加重。尽管城市教师面对着更为激烈的竞争和更为严格的要求，可是与农村教师相比并不存在明显的压力感差异。

表3-10　　　　　　　　三省城乡教师工作压力情况表

区域	压力很大	有压力	没有压力
城市	38.8	54.5	6.7
县城	33.8	58.9	7.3
乡镇	27.0	61.9	11.1
村庄	37.2	53.3	9.5
总体情况	33.2	57.8	9.0

就"付出与收入的对应感"而言，针对付出与收入的比较，接受调查的教师大都将"收入低于付出"作为首要选择。在"城市、县城、乡镇、村庄"四个区域层面，选择"收入低于付出"的教师比重最大，均在60%以上，选择"收入与付出相当"的教师比重较低，选择"收入高于付出"的教师比重最低。研究证明，除了国家政策外，地方经济发展水平对工资收入具有显著的影响。发展经济，扩大GDP规模，是促进工资增长的有效途径。[1] 尽管国家、地方各级政府都采取了多项措施，乡村教师支持计划的影响尤为显著，可是西部民族地区经济发展总体水平滞后的现实始终是制约教师收入

---

[1] 张旭光、张南、吉孟振、王晓志：《基于多元回归模型的内蒙古地区平均工资影响因素分析》，《内蒙古农业大学学报》（自然科学版）2012年第2期。

增长的主要因素。

根据《中华人民共和国 2015 年国民经济和社会发展统计公报》和 M 市、N 市、T 市《2015 年国民经济和社会发展统计公报》所公布的数据，2015 年，全国城乡人均可支配收入分别为 31195 元、11422 元；M 市分别为 19656 元、5928 元；N 市分别为 19656 元、5928 元；T 市分别为 25195 元、8812 元。通过对比分析，M 市、N 市、T 市的城乡人均可支配收入都低于全国平均水平，能够反映出西部民族地区经济发展水平对当地居民收入的影响。在某种意义上，人均可支配收入水平的低下也能够反映出当地经济发展水平对教师收入的影响，能够成为教师"付出与收入对应感"低的解释原因。美国心理学家亚当斯（J. S. Adams）于 20 世纪 60 年代提出了社会比较理论，主要探讨报酬的公平性对人们工作积极性的影响。该理论认为，人们往往会从横向和纵向两个维度对报酬的公平性进行评价。横向维度主要是将自己的付出和收入与他人的付出和收入进行比较；纵向维度主要是将自己目前的付出和收入与过去的付出和收入进行比较，只有当对比的结果为收入大于付出或者付出小于收入时，人们才能对报酬产生公平感，进而形成工作的积极性。[1] 面对城乡教师较低的"付出与收入对应感"，只有实施积极的教育财政政策改革，才能有力地增强"付出与收入对应感"，进而调动城乡教师的工作积极性。

第二节 城乡教师专业发展财政投入实践运行机制

2005 年以来，针对西部教育发展的实际困难，国家先后实施了

---

[1] 周三多、陈传明、鲁明泓编著：《管理学——原理与方法》，复旦大学出版社 2003 年版，第 521—522 页。

农村义务教育经费保障机制改革、中小学基础设施建设等一系列教育民生工程，极大改善了城乡教师的专业发展环境，有效推动了城乡教师专业发展质量的均衡发展。然而，受到西部民族地区整体经济社会发展水平、教育发展的已有基础以及现行财政管理体制的影响，城乡教师专业发展仍然面临着各种各样的问题和挑战，成为城乡教师专业发展质量均衡的障碍和阻力。

一 城乡教师专业能力建设财政投入机制

按照培训层次体系搭建的要求，当前城乡教师培训已经形成包括国家、省（区）、市县、学校多层级全方位的培训体系。而且，针对每个层面的培训，特别是国家层面的培训，教育及相关部门不仅详细规定了培训的内容、方法和具体要求，还对相应的经费保障要求进行了明确规定，为推动城乡教师专业实践活动的可持续开展创造了前提条件。

（一）培训经费列入同级预算的规定有效落实，教师培训获得稳定的经费来源

为加强农村中小学教师培训，2006年，财政部、教育部出台了《农村中小学公用经费支出管理暂行办法》，规定"教师培训费按照学校年度公用经费预算总额的5%安排"。此后，国家先后出台了《教育部关于大力加强中小学教师培训工作的意见》等政策文件，具体规定了各级教育行政部门实施中小学教师培训工作的要求，对"中小学教师培训经费列入各级政府预算""落实政府的专项培训经费支持""落实培训经费的督导"等中小学教师培训工作的关键问题进行了明确。2013年，教育部出台《关于深化中小学教师培训模式改革全面提升培训质量的指导意见》，再次强调了"5%"的教师培训投入要求。2015年，国务院办公厅、西部各省先后下发《乡村教师支持计划（2015—2020年）》，西部民族地区的各级政府也相继出台了具体的落实办法。针对农村教师专业发展，部分市级政府既增加了自有财力的投入，又对"5%"的投入要求进行了细化。《M

市乡村教师支持计划实施细则（2015—2020）》规定，市县财政按照每名教师每年 1000 元的标准安排专项经费用于教师培训，并列入财政预算予以保障。而且，M 市还对"5%"的经费内部结构进行了优化。其中，3%交由县（区）教师发展中心统筹用于教师培训，2%由学校自行支配，以便提高教师培训经费的使用效率。

从政策的实际执行效果看，上述中小学教师培训投入政策对推动城乡教师专业发展产生了深远的影响。国际 21 世纪教育委员会在《教育——财富蕴藏其中》一书中评论道："今天，世界整体上的演变如此迅速，以致教师和大部分其他职业的成员从此不得不接受这一事实，即他们的入门培训对他们的余生来说是不够用的：他们必须在整个生存期间更新和改进自己的知识和技术。"[①] 面对社会转型激变的历史背景，只有通过持续地推动教师的专业发展，才能使教师具备社会需求的知识、情感、能力的素质特质，进而使他们能够培养出具备同样素质特质的受教育者。在西部民族地区，各项中小学教师培训政策得到了有效的落实，不但使教师培训具有了稳定的经费来源，而且也有力地调动了学校的发展积极性，为教师专业发展的可持续推进奠定了基础。实地调查获得的资料显示，自 2010 年项目实施以来，仅 N 省就获得中央财政转移支付资金 13800 万元，共有 20 余万人（次）中小学幼儿园教师参加了培训，实现了中小学幼儿园教师培训的递进式全覆盖，极大地缓解了中小学幼儿园教师，特别是农村地区、民族地区教师参与培训难的问题，为师资队伍的可持续发展奠定了坚实的基础。在调研过程中，N 省 M 市 L 县一位多年从事农村教育管理的教育督导部门领导表示："只要能够如数划拨，5%的经费比例对学校发展的影响非常显著，而且对教师专业发展的作用非常大。所以，当前中小学如何才能用好这笔经费，发挥好这笔经费的作用是非常关键的。"

[①] 联合国教科文组织编：《教育——财富蕴藏其中》，联合国教科文组织总部中文科译，教育科学出版社 2015 年版，第 143 页。

（二）教师专业能力发展获得有力的财力支持，教师学历提升缺乏相应的经费投入

新中国成立后，面对教师质量不高的现实，"提升学历"成为教师培训的核心内容。20世纪末到21世纪初，逐步形成了制度性的教师培训，专业发展成为中小学教师培训的重点，甚至如同有学者所说，教师培训进入"后学历"时代。[①] 例如，2010年以来，我国开始实施的国家中小学教师培训计划，主要是针对教师专业能力的提升，仅2010—2012年，据统计，中央财政每年就投入5.5亿元支持国培计划的实施。我国高等教育办学层次和办学水平的不断提高，社会对优质教育需求的逐步增强，以及农村地区、偏远贫困地区、民族地区教育发展的滞后性，使学历层次提升的需求凸显出来。针对特岗教师、农村教师实施的在职攻读教育硕士等政策，正是学历提升要求的具体体现。从已有的教师培训政策看，尽管对学历提升要求进行了规定，可是对经费支出和经费负担的具体规定却较少。在N省M市的实地调查过程中，财政部门已经出台关于城乡教师攻读高层次学历学位的规定，"攻读学历硕士按照80%的比例进行报销，攻读本科学历学位按照70%的比例进行报销""经费由教师所在单位从公用经费中支出"。然而，受到学校经费数量的影响，很多学校无法兑现。此外，不同中小学校长的观念也成为政策兑现的重要影响因素，极大地影响了教师进行学历提升的积极性。一位正在攻读教育硕士的教师谈道："报名的时候，我们班上好多同学都说学校可以给报销经费。后来我去找我们的校长，他却说攻读硕士学位是自己的事情，不是学校的事，费用要由自己承担，学校不给报销。早知道就不读了，这些费用也是一笔不小的开支呢，而且毕业后也没有其他的奖励措施。"另外，近五年来，N省N大学逐步萎缩的教育硕士招生规

[①] 李瑾瑜、史俊龙：《我国中小学教师培训政策演进及创新趋势》，《西北师大学报》（社会科学版）2012年第5期。

模，也能够反映出中小学教师攻读高学历学位的积极性和经费政策效应不显著的实际情况。

（三）教师专业能力发展地方配套经费短缺，造成教师专业能力建设实效弱化

受到人口、地理等因素的综合影响，再加上经济下行压力的制约，西部地区经济发展的总体水平较低，导致省级层面的配套经费难以有效落实，直接影响了国培计划的实施效果。从理论上讲，经济发展水平对地方教育发展具有显著的影响，直接决定着教育的发展规模与质量水平。虽然国内生产总值无法体现经济发展的内在结构与质量，但是能在总体上反映经济发展的整体规模，是衡量地区经济发展总体水平的重要指标。根据国家统计局公布的年度统计数据，2015 年，在全国 31 个省（区）中，有 6 个省（区）的 GDP 总量在 1 万亿元以下，主要以西部省（区）为主，包括 N 省和 G 省。而且，M 市、N 市在 N 省、G 省的内部 GDP 排序均处于较低水平。虽然 M 省的 GDP 超过 1 万亿元，但是受到 M 省内部东西发展差距的影响，T 市在 M 省的内部 GDP 排序均也处于较低水平。[①] 经济发展的差距不仅带来地区之间物质生活水平的差距，还造成了地区之间公共产品供给水平的差距，引发了地区之间教育投入水平的差距。

按照国家中小学教师培训计划的实施要求，省级政府应给予经费配套支持。但是，经济发展的滞后，导致西部少数民族聚居特征显著的省级政府难以完成经费配套任务。比如，国培计划包括网络研修、脱产置换研修等五类项目，参加培训的教师以网络研修培训为主。以 N 省为例，2016 年，国培计划共培训教师 38231 人，参加网络研修的人数就达到 28117 人。根据国培计划的实施要求，针对网络研修还应辅助线下实践研修，因为缺乏配套经费，使得线下实

---

① 数据来源于国家统计局网站。

践研修无法完成，从而弱化了国培计划的实施效果。再者，国培计划经费管理办法规定，省内培训标准为人均 280 元/天，省外培训标准为 350 元/天，受到物价上涨等因素的影响，实际需要的培训标准要高于规定的标准，因为地方配套经费缺乏，培训质量难以有效保障。

由于实施主体、培训标准等的差异，在西部民族地区中小学教师培训实践过程中，培训层级往往与培训质量存在着显著的关联性。或者说，随着培训层级的提高，培训质量随之提高，反之亦然。调查发现，受到经费规模的限制，西部民族地区中小学教师参加的培训以校级、县级等低层级的培训为主，高端化、精品化的培训参与数量较少，广大教师对高层次优质培训的需求难以得到满足。G 省 N 市 H 区 Q 初中多年从事教师培训管理工作的 J 老师谈道："相对校级、县级等低层次的培训，省级、国家级的培训要好得多，不论是培训的组织安排，还是培训内容的选择，总体上都要好一些。但是，每年能够参加省级、国家级等高层次培训的人数还是太少。"通过对 Q 初中 2014—2016 年教师培训数量和经费的比较分析，我们发现 Q 初中教师参加的培训主要以校级、县级为主，教师的参训频次随着培训层次的提高逐步降低，参加国家级等高层次培训的教师数量较少。2014—2016 年，该校教师共计参加各级各类培训 1758 人次，其中省级培训 137 人次，占 7.8%；国家级培训 39 人次，仅占 2.2%；省级、国家级培训共计 176 人次，仅占 10%（详见表 3-11）。虽然学校也可以根据需要，自行组织少量的外出培训，但是受到财务管理制度和基层教育行政部门管理制度的限制，数量也极少。尽管 Q 初中的教师培训仅仅是西部民族地区的个案，可是 Q 初中不仅是当前西部民族地区中小学校教师培训实践的一个类型缩影，还反映了西部民族地区基层中小学教师培训运行实践。

表 3-11　　　　　　　　H 初中教师培训情况表　　　　　　经费单位：元

年份	校级 培训人次	校级 培训经费	县级 培训人次	县级 培训经费	市级 培训人次	市级 培训经费	省级 培训人次	省级 培训经费	国家级 培训人次	国家级 培训经费
2014	170	0	151	0	52	6240	47	29635	6	5395
2015	479	65320	109	8354	51	29448	42	26308	8	8550
2016	365	45383.5	121	0	84	16130	48	45097	25	38861.5

表中的资料信息由 H 初中提供的数据整理得出。

（四）以生均为标准的经费分配方式，导致教师专业发展投入的校际差距

经济学的研究表明，生产规模是影响生产效率的重要因素。在生产过程中，企业存在适度规模的临界点，只有当企业规模超过临界点，才能形成规模经济效应，即收益增加的比例超过投入增加的比例，单位产品的平均成本随生产规模的扩大而降低。作为公共性的社会组织，尽管学校的教学活动过程与企业的生产过程存在巨大差异，可是受到定员定额拨款模式的影响，规模会对学校经费利用效率产生显著影响。生均定额的拨款方式，对不同规模的学校会产生不同的管理效应。规模较大的学校，由于学生基数大，教师数量多，获得的公用经费多，能够实现经济利用的"规模效益"，教师培训经费相对充裕；规模较小的学校，由于学生基数小，未能超过适度规模的临界点，造成公用经费总量较小，导致学校的总体运行水平低，甚至入不敷出，进而使小规模学校的教师培训经费会出现两种后果——或者是因为公用经费紧张，教师培训经费被挤占；或者是因为公用经费整体规模较小，教师培训经费的支出挤占其他项目的经费支出。由于西部民族地区大都属于贫困山区，山大沟深，地理地形复杂多样，基于对受教育权益的维护，政府保留了大量小规模学校，由此引发的教师培训经费短缺问题尤为突出。

L中学是N省M市L县一所公立初级中学，位于城乡接合部，受到城市化进程快速推进的影响，在校生数量急剧下降。2010—2015年，L中学在校生数量由956人下降为203人，专任教师数量为32人。依据2016年生均800元的公用经费标准进行计算，学校公用经费总量为162400元。再依据公用经费5%的比例进行计算，教师培训经费为8120元，人均只有253.75元。从教师培训经费支出的实际情况看，市县级的培训不存在培训费和交通费用支出。如果外出到省会参加培训或者到外省参加培训，8120元的费用与实际需求差距较大，真可谓杯水车薪。从N省M市到北京参加培训，仅往返的交通费和食宿费，一位教师就需要2000—3000元。显然按照公用经费5%的比例进行教师培训经费的核定，难以满足L中学教师培训的实际需求。按照L中学J校长的说法，5%的规定使学校处于两难困境。"要么是按照规定核定培训经费，支持老师参加各种类型的培训，就会挤压学校其他的经费支出，甚至会影响正常教学活动的开展；要么是从实际出发，先保障正常活动的顺利开展，就会挤压教师培训经费支出，影响教师的专业发展。真是令人左右为难！"

为节约经费开销，该校只能有选择性的选派个别骨干教师外出参加培训，而且数量极为有限，无形中又造成培训机会的不平等，甚至引起了教师的不满。L中学一位在该校从事9年工作的G老师谈道："现在的培训已经很多了，县级的各种培训尤其多，每年都要参加很多次。其实，更好的还是要派我们这些老师到外地参加高水平的培训，到外面既可以开拓视野，又能够聆听一些更高层次的专家的讲授，肯定会产生更好的效果。我的同学在Y市X区教育局工作，听他说他们几乎每年都有外出培训的机会，而且外出培训的类型特别多，主要是市里的经济实力强，对教育投入的也多，每年都有好几百万的教师培训经费。只是我们这里外出培训的机会太少了，每年就那么一两个人,我们大部分人根本就没有机会。虽然我们都觉得有些不公平,但是也没有办法,都是校领导安排的。"

那么,面对农村学校的两难境地,如何才能在不违背当前财务管理规定的前提下,通过经费管理方式和经费配置方式的改革,满足农村学校的发展需求,以应对西部民族地区大量小规模学校存在的实际,就成为农村教师发展经费投入改革的关键内容。

二 城乡教师专业发展途径财政投入机制

从教师专业发展的界定看,尽管呈现多元化理解的特征,可是众多的理解和界定主要围绕两条主线来定义:一是从教师个人心理的角度来解释教师的专业成长过程;二是从教师受教育的角度来解释促进教师的专业成长过程。结合专业发展的实践途径,通过实地调查发现,城乡教师的专业发展途径主要包括以下四种类型,即"基于个体参与的培训途径、基于专业互动的团队发展途径、基于组织整体的校本研修途径、基于引领带动的校际交流途径"。尽管以上四种专业发展途径存在不同的侧重点和针对性,可是都对教师的专业成长具有不可替代的作用。只有坚持多管齐下和全面兼顾,将以上四种方式有效的融合推进,才能有效地增强教师的专业能力。作为教育实践中最为普遍的专业发展形式,基于个体参与的培训途径得到了广泛的关注,已经在上文中进行了单独阐述,下面将主要从其他三种途径的角度,对城乡教师专业发展的多元化途径及其经费保障机制进行论述。

(一)基于专业互动的团队发展途径成为制度性的专业实践活动,健全的经费保障运行机制尚未形成

20世纪90年代,基于教师专业成长的发展诉求,西方发达国家发起教师专业学习共同体模式。"教师专业共同体"一般是指以学校为基地,以教育教学实践为载体,以教师间的共同学习、研讨、探索为形式,在团体情境中通过沟通、合作、交流最终实现教师整体

成长的提高性组织。① 教师专业共同体在国内外发展迅速，得到了一线教师的认可和效仿。教师专业共同体的逐渐成熟在促进教师自身发展和学生学业进步、健康成长的同时，也促动着学校自身的改进和发展。为更好地促进教师的专业发展，在借鉴教师专业共同体模式的基础上，21世纪初期，我国逐步形成以"名师工作室"等形式为载体的团队式教师专业发展路径。并且，在全国各地大行其道，演化成各地推动教师专业成长的重要途径和手段。在西部民族地区，以"名师工作室"为载体的团队式发展途径，也得到了各级地方政府的支持和推广，已经成为教育管理实践过程中的一项常态化内容。

首先，以"名师工作室"为载体的团队式专业发展途径，已经成为城乡教师专业发展的重要实践平台。调查涉及的N省、G省、M省均出台了"名师工作室"的评选和运行管理办法，"名师工作室"都已纳入教师管理的常规性管理范围，形成了评选与实施的具体方法举措，均已多次实施"名师工作室"的评选与推进工作。N省形成了省级、市级、县（区）级的名师工作室建设体系。"乡村名师工作室"还被N省M市纳入"乡村教师支持计划"。《M市乡村教师支持计划（2015—2020年）实施细则》规定，充分发挥名师和骨干教师的带动作用，各县（区）要建立10个"乡村名师工作室"。虽然G省和M省均有名师工作室的评选与建设支持政策，但是G省N市和M省T市也并未将名师工作室建设纳入乡村教师支持计划。然而，作为教师专业发展的有效途径，上述两地都已出台促进教师专业团队建设的支持政策，并形成具体的实践运行体系。

其次，"名师工作室"的支持经费数量少，制约了"名师工作室"带动作用的有效发挥。从名师工作室的申报及运行规定看，西部民族地区各地的名师工作室都是以"名师+团队"的形式进行。建设期间，名师要通过教学指导、课题研究等多种措施，对工作室

---

① 牛利华：《教师专业共同体教师发展的新模式》，《教育发展研究》2007年第12期。

成员进行"一对一"的带动引领。为保障工作室的运转，各地政府大都给予一定的经费支持。比如，N省Y市对"凤城名师"给予每年每人2400元的政府津贴，对"名师、名校长"工作室给予每年每人10000—30000元的经费资助，对"乡村名师"工作室给予每年10000元的经费支持。而且，对工作室成员还会按照每月200—400元/人不等的标准进行补贴。虽然已有的资助政策能够对工作室成员产生激励作用，但是对实质性专业实践活动的支持不够。N省M市L县一位名师工作室负责人谈道："这些钱看起来很多，数字很大，要么2万、要么3万，花起来其实并没有那么多。去年我搞的'室刊'一次就要5000元左右，花费很大。再比如，我们工作室成员想到国内其他教育发达省份去学习交流，去一次的花费也很大。如果要扎扎实实地搞一些专业性的活动，这些钱根本就不够。"

再次，"名师工作坊"的经费管理程序繁杂，抑制了工作坊成员的主动性和积极性。调查过程中发现，为保障经费的利用效率，政府部门都对经费的支出范围进行了规定。针对"名师工作坊"的经费支出，负责人通常需要履行复杂的程序和手续。而且，针对工作坊运行过程中出现的"交通费"等一系列规定，往往导致工作坊的活动无法正常开展。在调查过程中，M省T市G县一位坊主坦言："工作坊成员之间利用休息时间开展专业活动，因为都是在县城居住，按照现在的规定，是不能在工作经费中报销的。另外，我们外出还必须要有政府部门的文件才可以，否则不能给报销。很多时候，我们想花钱，却没有办法支出，去年划拨的经费到现在一分钱都没有花。"甚至，有的地方由于经费支出管理的人为限制，造成坊主退出的问题，极大地打击了参与者的积极性。

最后，由于"名师工作室"等专业学习共同体受制于各种现实情况，出现了诸如形式大于内容等问题。例如，少数积极分子单方面地奉献自己的教育思考和教学思想的过程，其他的成员则充当着"沉默的大多数"，只是单方面领受同事的教学智慧，而自身缺乏对共同体实践的参与。此外，由于西部民族地区很多学校相对偏僻，难以组织有效的学习共同体活动等，这些都直接导致了有的专业学习共同体流于形式，难以成为有效果的教师专业发展途径。

（二）基于组织整体的校本研修途径实践运行常态化，农村学校校本研修未能形成健全的投入机制

围绕基础教育课程改革过程中出现的实际问题，2001年我国开始实施校本研修制度。当前校本研修已经成为参与人数最多、影响最为广泛的一项教学实践活动，成为中小学开展教师专业能力建设的主要途径。从调查结果看，城乡中小学校均已建立相对成熟的校本研修制度体系。可是，受到城乡教育综合发展水平、教师素质差异、资源分布特征等原因的影响，城乡中小学校开展校本研修的实效性存在显著的差距。即使农村学校能够得到当地教研机构的辅助和指导，可是自身发展条件的薄弱导致农村学校校本研修的质量较低，并且难以获得可持续性的改进。

由于城市学校之间的竞争相对较强、社会对教育的要求相对较高，城市学校具有开展校本研修的主动性和积极性，而且具有更为规范的制度规定和形式要求，实施校本研修的经费保障条件相对充裕。在西部民族地区的广大农村，由于特殊的地理地形环境和教育发展实践样态，受到经费数量的限制，导致校本研修仍然存在很多问题，主要表现在：首先，研修条件不理想。农村教师主要分布在乡村地区，地处偏僻的学校比较多，特别是交通不便，难以组织有效的校本研修活动。农村教师面临着人少任务重的局面，难以有时间和精力进行校本研修，他们更多倾向于完成教学任务即可。其次，教师校本研修动力和主动性不强。由于农村地区的一些教师教学思想陈旧，缺乏研修和提升的动力，忽视自身专业能力发展即使参与校本研修，也缺乏反思批判精神，因而不能真正融入其中。再次，研修方式难以更新，农村地区的校本研修活动主要还停留于教师之间的同伴交流与分享，学校外部新的教育理念、教育思想、教学方法等的引入难以实现，造成教育改革的要求与农村学校发展实际之间的融合障碍，不仅降低了农村学校校本研修的实效性，还强化了

农村学校发展的弱势地位，使农村学校的内生力难以展现。最后，农村教师研修方向不明确，许多农村教师由于身兼多个科目的教学，既要教授语文、数学等主科科目，也要教授信息技术、体育等副科科目，造成专业归属不强，校本研修方向不明确，难以有专业发展动力，自然也不会有专业主体感。

设计是实施的基础，校本研修的顺利开展离不开事先的系统思考、整体设计，与集中性培训相比，校本研修相关经费保障极其薄弱。行政部门更多认为是农村学校自身的工作职责，但是单靠农村学校现有的经费状况，难以组织起有效的校本研修活动，也难以解决围绕校本研修的相关问题，农村学校校本研修的经费支持机制尚未健全，直接制约了教师专业发展。因此，必须加强城乡教师校本研修经费保障支持力度，需要单独增列校本研修经费预算等，保障和引领农村地区教师校本研修的常态化、正规化和有效性。

（三）基于引领带动的校际交流途径日趋成熟，已有的经费保障机制难以支撑城乡教师的专业实践互动

不同的人员构成、社会环境、文化氛围等因素的共同作用，形成了不同地域、不同组织独有的文化风格与文化特征，成为不同区域社会群体、不同社会组织群体相互区别的本质性差异，对成员的发展具有强大的精神导向与行为导向功能。正是基于文化的实践价值，组织文化才会成为学术界探讨的热点论题和实践界关注的核心主题。通过组织之间的交流互动克服组织文化的保守性，成为实现组织整体性变革的关键。因此，城乡教师之间的交流互动才成为推动城乡教师质量均衡发展的有力措施。校际之间的交流互动则是城乡教师交流互动的基本形式。《国家中长期教育改革与发展规划纲要（2010—2020年）》等国家重大教育发展政策，都将"教师流动"作为推动城乡教师队伍建设的重要措施。《乡村教师支持计划（2015—2020年）》明确规定："推动城镇优秀教师向乡村学校流动。全面推进义务教育教师队伍'县管校聘'管理体制改革，为组织城市教师到乡村学校任教提供制度保障。各地要采取定期交流、跨校竞聘、

学区一体化管理、学校联盟、对口支援、乡镇中心学校教师走教等多种途径和方式，重点引导优秀校长和骨干教师向乡村学校流动。县域内重点推动县城学校教师到乡村学校交流轮岗，乡镇范围内重点推动中心学校教师到村小学、教学点交流轮岗。采取有效措施，保持乡村优秀教师相对稳定。"从调查涉及的三个省来看，都出台了城乡教师校际交流的政策。

一方面，校际教师流动具有明确的激励措施。调查涉及的西部三个省及三个市都针对城乡、校际之间的流动做出了具体要求和规定。不仅对城区教师职称评聘提出农村学校任教的经历要求，还对城乡学校之间的教师流动给予了明确的政策要求。结合省级政府的政策要求，地方政府还制定了城乡学校教师流动的激励措施。比如，N 省 M 市将到农村支教的城市教师纳入乡村教师支持计划的保障范围。针对城市教师到农村学校任教，M 市 G 区还根据教师的职称等综合情况给予不等的津贴补助。然而，已有的政策以鼓励城市教师向农村学校的单向流动为主，缺乏对农村学校教师到城市学校挂职学习等的有力资助和支持，城乡学校之间的互动性体现不够充分。

另一方面，校际教师专业交流互动缺乏明确的经费保障举措。虽然已有的政策规定了城市教师到农村学校任教的激励措施，但是对城乡教师之间的专业互动交流缺乏相应的规定。流动教师与流入学校教师之间专业互动支持的缺乏，也弱化了教师交流带来的带动和引领效应。针对学校发展共同体、校际发展合作体等校际联动发展模式的实施，《Y 市优质教育扩面提升工程实施方案》规定，每年安排 5000 万元作为全市提升教育教学质量考核奖励资金，用于办学条件、校园文化建设等支出，但是校际之间的教师专业互动交流并未给予明确的经费支持规定。

三 城乡教师专业发展评价激励财政投入机制

当前城乡教师专业发展的评价激励经费主要来源于教师工资和

专项奖励性经费。具体的类型主要包括"基于工作评价的绩效激励、基于工作成就的荣誉激励、基于工作差异的补偿激励"三种激励形式。所谓基于工作评价的绩效激励是按照教师专业实践活动效果的考核结果，对教师的薪酬进行分配的激励形式；所谓基于工作成就的荣誉激励是依据教师长期的专业业绩，为鼓励教师扎根教育事业而授予相应的荣誉称号和资金奖励的激励形式；所谓基于工作差异的补偿激励是考虑到不同地区、不同学校的工作生活环境差距，针对薄弱地区、偏远地区实施差异化补偿的激励形式。

（一）基于工作评价的绩效激励作用实效有限，对教师专业发展的激励作用不显著

《国务院办公厅转发人力资源社会保障部财政部教育部关于义务教育学校实施绩效工资指导意见的通知》规定，绩效工资分为基础性绩效工资和奖励性绩效工资两部分，基础性绩效工资体现经济发展水平、物价水平、岗位职责等因素，奖励性绩效工资体现工作量和实际贡献由学校确定分配方式和方法，逐步实现同一县级行政区域义务教育学校绩效工资水平大体平衡。在政策实施过程中，尽管不同学校之间的分配方式存在差异，可是城乡之间教师绩效工资已基本实现平衡。在实地调研过程中，N省M市L县专门从事绩效工资核算的T老师谈道："初中和小学教师的绩效工资是有差距的，初中教师的绩效工资要比小学教师的多，但是市里的学校和县里的学校以及乡镇的学校标准是一样的，没有差异。"问及城乡教师绩效工资的差异，一位教育厅人事部门从事工资管理的领导也谈道："现在省内城乡教师的绩效工资基本是平衡的，包括乡村教师计划涉及的各种补贴，并没有占用绩效工资的经费，我们都是单独增加的。城市和农村教师的绩效工资基本是相同的。"

由于奖励性绩效的工资总量较少，很难对教师的工作积极性起到调动作用。笔者在调研中发现，M市初中教师的奖励性绩效只有540元，假期仅为480元。绩效工资的"挖补式"管理方式，使很多教师会误认为，绩效工资本来就是自己的钱，再加上钱数较少，

很多教师对绩效工资持有无所谓的态度，甚至表现出消极的抵制行为。绩效考核的主要依据是工作量和出勤情况，教师专业发展的业绩无法得到体现，绩效工资对教师的激励作用难以实现。《国务院办公厅转发人力资源社会保障部财政部教育部关于义务教育学校实施绩效工资指导意见的通知》规定的奖励性绩效工资用于教育教学成果奖励等项目，由于经费管理规定的要求，也难以在学校发放的奖励性绩效中进行兑现。问及绩效工资的效果，T老师无奈地谈道："现在的绩效工资很难达到预期的效果，根本就无法产生对教师的激励作用。甚至在有的县（区），这部分钱是直接发放，根本就不进行考核。"

（二）基于工作成就的荣誉激励作用实效显著，向农村教师倾斜的政策区域差距明显

为突出教师的社会地位、调动教师专心从事教育事业的积极性，西部省（区）在各级各类人才项目工作的推选过程中，都将教师纳入其中，有很多教师成为"国务院特殊津贴"等荣誉称号的获得者。可是，由于发展环境、自身条件的客观差距，与城市教师相比，农村教师仍处于弱势地位。面对现代社会文明的城乡差距，为有力地凸显教师的社会地位，进一步激发教师投身农村教育事业的热情和信心，《乡村教师支持计划（2015—2020年）》对实行农村教师荣誉制度的具体规定进行了明确要求。结合实地调查获得信息，西部民族地区在《乡村教师支持计划（2015—2020年）》的地方实施细则中，都对农村教师荣誉制度的落实细则进行了规定。

一方面，直接对长期致力于农村教育的优秀教师进行薪酬奖励。以工作年限为主要参考标准，对长期扎根农村的教师直接给予薪酬奖励。例如，N省M市X区规定，"分别对连续在乡村学校从教20年、15年、10年以上的教师给予每年3000元、2000元和1500元的奖励"。因为西部民族地区的省级政府大都规定农村教师的荣誉奖励由所在市、县实行，所以不同省（区）之间、相同的省（区）内部不同的市县之间差异较大。

另一方面，对长期致力于农村教育的优秀教师进行间接性的薪酬奖励。主要是通过给予住房、医疗、子女入学等方面的优惠照顾，对长期在农村任教的优秀教师进行间接性的薪酬奖励。有的省（区）和市县还结合自身的财力水平等因素，对农村教师荣誉制度进行了创造性的改革尝试。例如，《N 省乡村教师支持计划实施办法》规定，建立乡村教师疗养制度，省级财政安排资金，每年组织 100 名在乡村学校从教 20 年以上的优秀教师到区外疗养。在此基础上，N 省 M 市 X 区规定，建立乡村教师疗养制度，X 区财政安排资金，由教育局组织在乡村学校从教 10 年以上的优秀教师到区外疗养。上述政策的实施，在当地均产生了巨大的社会效应，有效增强了教师职业的社会影响力。

（三）基于工作差异的补偿激励作用逐步显现，基于薪酬差异的补偿机制逐步建立

现代社会是包容的社会，价值取向的多元化是社会包容性的重要体现。价值取向的多元化既意味着多元价值的共存，又意味着多元价值的矛盾冲突。因此，教育财政政策的设计就应坚持多元化价值取向，将多元价值的兼容作为政策制定与执行的价值基点。在过去的很长时间里，西部民族地区农村优秀教师的大面积流失，正是割裂多元价值的相互关联性，忽视教育的局部利益、教师群体与个体利益的结果。《乡村教师支持计划（2015—2020 年）》的制订与实施，正是对"教育整体利益与教师群体利益""教师集体利益与教师个体利益"等多元利益的体现与政策回应。针对不同地区、不同的工作生活环境，西部民族地区的地方政府大都采取了差异化的薪酬激励措施，能够体现"越是贫困地区、偏远地区，薪酬补偿越高"的弱势补偿取向。

在《乡村教师支持计划（2015—2020 年）》的实施细则中，N 省 M 市、G 省 N 市、M 省 T 市都对改善农村教师的生活待遇进行了强调，对政策落实的责任主体进行了明确。N 省 M 市、G 省 N 市根据经济发展水平和地理偏远程度，对农村教师的交通补贴、生活补

贴等进行分类，还对薪酬激励的金额进行具体规定，较好地体现了弱势补偿的政策理念。虽然 M 省 T 市对改善农村教师的生活待遇进行了强调，但是并没有明确的薪酬激励规定。在调查过程中笔者了解到，T 市是 M 省的基础教育大市，而且也是经济相对落后的市。T 市教育局一位领导提道："关于农村教师队伍建设，已经出台 2 个文件，包括《乡村教师支持计划（2015—2020 年）》。由于地方财力有限，再加上'校安工程'等大型教育工程实施，市级政府和各县（区）面临巨额的欠账，造成巨大的财力负担，欠债达 53 个亿，已经出台的文件根本无法推动，执行不下去。"以上原因也造成《乡村教师支持计划（2015—2020 年）》难以充分落实，反映出西部民族地区经济发展滞后对城乡教师质量均衡发展的负面影响。

第三节　城乡教师专业发展质量均衡财政保障机制构建

基于城乡教师专业发展质量均衡投入实践运行机制的问题，应从城乡教师专业能力整体提升财政投入机制、城乡教师专业发展途径均衡财政投入机制、城乡教师综合评价激励改革财政投入机制三个层面，对城乡教师专业发展质量均衡的财政保障机制进行建构，并对实施途径的具体政策进行设计。

一　城乡教师专业能力整体提升财政投入机制

（一）加强城乡教师学历提升财政投入力度，实施城乡教师学历提升专项支持计划

作为传道、授业的社会职业，教师必须具备相应的知识能力基础。教师学历始终是各级政府、教育行政部门关注和着力解决的问题。而且，随着经济社会和教育整体发展水平的不断提高，政府、社会对教师学历水平的要求也持续提升。提升学历层次也是切实改

善城乡教师质量的有效途径。《国务院关于加强教师队伍建设的意见》(国发〔2012〕41号)规定，"修订《教师资格条例》，提高教师任职学历标准、品行和教育教学能力要求"。据报道，梅州市教师招聘将严格执行教师学历新要求，幼儿园教师专科学历不少于75%，小学和初中教师本科学历达到100%[①]，远远高于《中华人民共和国教师法》的教师学历规定。

首先，在学历达标的前提下，修订城乡教师准入资格的学历标准，适度提高教师准入资格的学历要求，建立城乡教师学历提升的专项投入制度，免除学校、教师个人的经费负担，对于有条件攻读硕士研究生学位等高层次学历学位的教师给予重点资助，调动教师提升学历、增强专业发展的积极性。其次，基于当前城乡教师的学历结构水平，制订《城乡教师学历精准提升工程实施方案》，将学历提升资金纳入各级政府预算，实施各级政府按比例负担的经费保障制度。最后，加强教师教育改革的投入力度，改革在职教师攻读教育硕士等高学历学位的培养方式，支持师范院校围绕在职高学历人才培养主动进行改革探索，丰富在职教师高学历教育的内涵价值，实现高学历教育与教学实践需求的有效对接、教师个体发展需求与教育整体发展需求的有效对接，持续提升城乡教师的学习能力、发展能力、教学能力。

(二)加强城乡教师专业实践能力发展投入力度，实施城乡教师专业实践能力提升专项财政支持

教师专业发展不仅仅在于理论知识的提升，更重要的是情境化教师专业实践能力的增强。因为教师的专业实践能力需要在一定的实践情境中通过实践才会获得。当前，我国教师教育也日渐聚焦于教师专业实践能力，并不断创新模式，力求通过有效平衡教师的理论和实践知识、优化教师的知识和能力结构，以弥补过于

---

① 郑炜梅：《我市启动教师学历提升工程》，《梅州日报》2016年3月7日第001版。

强调理论知识,尤其是学科知识教学而忽视实践能力的明显不足。[①] 增强专业实践能力,不仅已经成为师范教育改革的关键内容,还成为教师在职进修的重要取向。可是,笔者的调查结果显示,虽然师范教育改革和教师在职进修模式改革都已经取得了显著的成果,但是专业实践能力仍然是制约城乡教师专业能力提升的焦点问题。根据实地调查的结果,应从以下三个方面加强城乡教师专业实践能力培养投入。

首先,加强城乡教师信息技术应用能力培训投入。技术接受模型理论认为,个体对技术的接受主要受到感知有用性和感知易用性两种因素的影响。[②] 在整合已有信息技术教育培训资金的基础上,实施以项目研究为支撑的体验式培训实践活动,增强城乡教师对信息技术教育的感性、理性认识与认同感;强化信息技术教学的需求导向,结合城乡教师的教学实践运行需求,充分挖掘地方信息化教学的内涵特色,将信息化教学的理念、技术与城乡教育的课程进行有效的融合,根据城乡教师信息技术能力基础,进行分层化的培养,打造精品化的地方教师信息技术能力教学品牌。还应积极利用远程教学、数字化课程等信息技术手段,破解乡村优质教学资源不足的难题,持续投入精品教育资源的共建共享,激发广大教师的教育智慧,不断生成和共享优质资源。要通过购买服务和立项建设等方式建立面向城乡教师的优质教学资源,例如建设教师教育 MOOC 等,还要通过多种方式大力培育数字教育资源服务市场,积极探索在生均公用经费中列支购买资源服务费用的机制,将数字教育资源的选择权真正交给广大教师。增加城乡教师教育资源库建设投入,利用现代信息技术手段和大数据分析原理,建立城乡教师专业发展需求数据分析系统,加强优质信

---

① 戚万学、王夫艳:《教师专业实践能力:内涵与特征》,《教育研究》2012 年第 2 期。

② 万力勇、赵呈领:《基于 UTAUT 模型的民族地区中小学教师信息技术采纳与使用影响因素研究》,《现代远程教育》2016 年第 2 期。

息技术教师教育课程的开发与管理，探索教师培养与教学实践应用资源共享、有机互动的协同发展道路。

其次，加强城乡教师情境体验式培训改革投入。教师培训是一种外在的有效促进教师专业发展的方式，但基于灌输机制的外在培训无法完全体现教师作为学习者的主体性和建构性。受到传统集权式管理体制造成的思维惯性影响，不论是培训项目实施单位还是参加培训的个体，往往都对被动灌输式的培训模式带有一定的依赖心理。由于情境体验式培训需要多方参与、强调体验式与情境式的教学互动，需要花费的时间、成本相对较大，某种程度上也弱化了项目实施单位的积极性。英国的校本研修特别重视培训课程设计过程中的实践性和实用性，并注重在实践过程中对课程进行适当的调整。[①] 借鉴其他国家的成功经验，我国教师在培训过程中应该由"静"到"动"，通过建立"实践共同体"和"仿真场景"，促进教师边学习、边讨论、边实践。有效习得知识很重要的途径之一是创建"实习场"和设计情境化内容。[②] 例如，在"小学教育活动设计与实施"工作坊项目中，对"小学语文阅读教学"主题感兴趣的被培训者结成"实践共同体'，通过模拟在现实生活中小学语文阅读活动的开展，相互交流讨论，提出"小学语文阅读教学"的原则和策略。应通过培训经费管理的制度性改革，支持项目实施单位实施情景体验式培训改革，应在培训项目的管理制度明确参与式培训的具体要求，并根据情景体验式培训的实际支出需求，给予相应的经费支持。同时，将项目实施单位开展情景体验式培训的效果纳入经费绩效考核范围，使其成为项目完成质量和经费使用效率的评价标准，激发项目实施单位和参加培训教师的参与主动性。

最后，加强城乡教师教学实践能力培训载体的投入力度。为深

---

① 关松林：《发达国家中小学教师培训的经验与启示——以美国、英国、日本为例》，《教育研究》2015年第12期。

② 余新：《有效教师培训的七个关键环节——以"国培计划——培训者研修项目"培训管理者研修班为例》，《教育研究》2010年第2期。

化我国教师培训体系的改革，全面提升中小学教师培训质量。《教育部关于大力加强中小学教师培训工作的意见》提出："充分发挥区县教师培训机构的服务与支撑作用。积极推进区县级教师培训机构改革建设，促进县级教师进修学校与相关机构的整合和联合，加强县级教师培训机构基础能力建设，促进资源整合，形成上联高校、下联中小学的区域性教师学习与资源中心，在集中培训、远程培训和校本研修的组织协调、服务支持等方面发挥重要作用。"结合《教育部关于大力加强中小学教师培训工作的意见》的工作要求和基层教师培训的实际需求，各省（区）大都实施了县（区）培训机构的整合。通过对西部民族地区的实地调查发现，很多县（区）教师培训机构仍未完成机构的整合，并且主要停留于配合完成国家和省级培训项目，自主开展的培训项目较少且质量较低，难以有效发挥县（区）培训中心的资源整合功能。围绕西部民族地区县（区）教师培训机构的改革，应整合现有的培训资金和培训资源，加快推动县（区）教师培训机构改革，强化对县（区）教师培训机构改革和支持力度，制定县（区）教师发展中心建设标准，推动县（区）教师发展中心标准化建设。以地方县（区）教师发展中心建设为载体，继续加强对地方教师培训人员、教学骨干的培养，提升地方教师教育专家团队的层次和水平，打造符合民族地区发展实际、具有民族地区发展特色的高质量教师专业能力发展承载平台。

（三）提高城乡教师专业发展经费投入标准，提升城乡教师专业发展经费保障水平

无论培训是否能够达到理想状态，在职培训仍是目前提升教师专业能力的最有效途径。围绕城乡教师的专业成长，立足校本、构建平台，继续完善有关城乡教师的国家培养工程已然成为西部民族地区城乡中小学校教学质量的重要保障及其可持续性发展的关键要素。继续做好教师培训工作至关重要，应加强中央财政对城乡教师培训经费保障水平。第一，修订城乡教师培训的经费补助标准。结合培训支出项目的实际价格水平，对现有的国拨培训经费标准进行

修订，主要是提高省外培训经费标准，调动国内知名高校、科研院所的参与积极性，保障城乡教师的培训质量。第二，增加城乡教师高层次培训的经费数量。参照精准扶贫攻坚的方式，精准定位、分类实施，增加对西部民族地区国培计划等高层次培训的投入力度，扩大国家级等高层次培训的规模，集中优质培训资源向西部民族地区进行倾斜，增加城乡教师参与高层次培训的数量和频次，增强优质培训资源的供给能力和水平。第三，修改城乡教师培训经费相关规定。许多培训经费在做预算时，全部要由参培教师所在单位承担交通费等费用，由于西部民族地区学校的总体经费和教师培训经费相对缺乏，导致教师有培训机会也难以成行。要针对西部民族地区实际情况全面考量教师培训实际困难，给教师提供相关配套经费支持，继续增加教师培训的有效投入。

（四）实施以"师均"为标准的投入模式改革，优化城乡校际教师培训经费配置

在教育经费管理实践中，在校生数量是确定学校规模和经费需求数量的主要参考依据。这种按照学生数量划拨经费的定员定额方式，虽然能够体现学校经费划拨的绩效取向，但是却无法体现校际公平发展的政策要求，成为小规模学校有效运转的障碍。正是基于上述原因，在经费划拨的过程中，地方政府采取了在校生"不满100人的学校，按照100人划拨"的原则。由于中小学教师经费的划拨并未独立进行，而是按照公用经费的比例进行二次分配，中小学在校生规模与教师培训经费实际需求的关系未能得到充分地考虑，导致农村小规模学校的教师培训经费需求难以得到满足。

基于中小学教师培训经费的差异需求，应将参考标准由"在校生数"变为"专任教师数"，将教师培训经费的划拨由"生均"标准转变为"师均"标准，按照学校专任教师数量确定教师培训经费总量。突出教师培训经费划拨的实际需求导向，结合城乡教师培训类别的划分，按照校级培训、县市级培训、省级培训、国家级培训的层次要求和省内培训、省外培训的不同经费支出需求，核定不同

层次、不同类型培训的师均经费划拨标准，根据省域年度中小学教师培训计划和中小学专任教师数量，对学校进行经费划拨，进而实现教师培训经费配置的校际均衡，有效改善中小学教师培训经费的供给水平。

二　城乡教师专业发展途径均衡建设财政投入机制

（一）强化财政投入供给的主体需求导向，增加教师多元化专业发展途径的投入

教育发展的整体利益与教育个体的发展需求关系是教育政策实践所要应对的核心问题。面对国家教育发展整体滞后的现实，增加教育供给规模始终是我国教育展的战略基点。联合国《1996 年人类发展报告》对"有增长而无发展"的评论表明，"增长不完全等同于发展，甚至在一定条件下会背离发展"[1]。对教育发展总量的片面关注，导致对教育利益相关者需求、教师职业群体利益需求的重视不够。教育服务供给对利益相关者的回应不够，人文意蕴体现得不够。当前《农村教师支持计划（2015—2020 年）》等众多教师政策的实施正是对教师职业群体利益需求的政策回应，也是对"发展"观念的回归。满足教师职业群体的利益需求，也应成为教师多元化专业发展途径投入政策的设计依据。

结合城乡教师多元化专业发展途径的需求，以及教育财政供给机制运行的现状，应从"结构需求"的角度，增加教师多元化专业发展途径的投入。既要保障"基于个体发展的培训途径、基于专业互动的团队发展途径、基于组织整体的校本研修途径、基于引领带动的校际交流途径"四种专业发展途径的均衡发展，又要尊重教师专业发展的主观意愿，满足教师对专业发展途径类型的需求。就"结构需求"的投入而言，在增加"脱产进修"投入的基础上，重

---

[1] 陈新夏：《人的发展视阈中的经济增长与社会发展》，《学习与探索》2012 年第 9 期。

点在于明确校本研修经费的师均标准，建立校本研修的专项支持经费制度，支持教师针对教学实践问题开展持续性的专业研修活动。另外，增加基于校际交流的教师专业互动发展经费，明确投入来源，实现稳定的经费投入保障，支持教师在校际交流的过程中实施实质性的专业互动。而且，还应对"团队发展"途径进行分类细化，针对"团队"的不同类型和不同要求，建立不同的经费支持标准，分类进行经费的投入与管理。

（二）强化城乡教师多元专业发展途径投入均衡理念，增加薄弱地区、农村地区的投入供给规模

作为特定的制度形态，财政均衡制度最早可追溯到1886年英国的高森公式，基于分权体制、财力的纵向不均衡和财力的横向不均衡而产生。[1] 伴随现代财政制度的演变，财政均衡制度的形式不断得到优化，成为平衡不同区域、政府间财力的有效方式和途径，也成为现代财政制度设计的重要理念。从教育财政均衡的角度看，首先，增加对农村校本研修的投入力度。在已有经费投入的基础上，优化公用经费利用的内部结构，突出经费投入的弱势补偿原则，增加对农村教师，特别是农村小规模学校教师的支持力度。另外，增加农村教师到城市进行专业互动实践的投入。进一步细化《乡村教师支持计划（2015—2020年）》的配套政策，针对农村教师的专业发展，明确到城市交流学习的专业实践能力锻炼经费，以课题研究的方式，支持农村教师到城市学校有针对性地开展"研、学、练"兼顾的专业能力互动实践活动。再者，增加对薄弱地区教师多元化专业发展途径的投入。虽然国家对民族地区的教育发展给予了整体性的支持和关注，但是民族地区的不同省份之间还存在着发展的差距。应按照国家对民族地区城乡教师专业发展的整体要求，加强对薄弱省（区）的倾斜力度，实施差异化教师专业发展多元化途径的投入

---

[1] 王军等：《国外政府间财政均衡制度的考察与借鉴》，《财政研究》2006年第12期。

供给。

（三）强化教育财政投入管理参与主体改革，实施教师专业发展经费项目制管理

公共财政的决策主体本质上是公众，政府是形式上的决策者，代表公众履行财政决策管理职责。① 传统意义上的"守夜人"角色规定了政府代表公共意愿和公共利益，执行公共服务的职能。可是，利益主体人的主观倾向，不但容易形成公众意愿与政府行为的不对称，而且也会诱发委托代理的角色利益冲突，弱化公共服务产品的供给能力和供给质量，降低财政资金的利用效率。解决财政管理的委托代理角色利益冲突，增强公共服务产品供给能力，其根本途径在于财政的分权化改革。教育是直接关系民生的公共服务产品，具有利益牵涉范围广、社会影响范围大等特征。只有保障教育利益相关者的决策参与权，充分地推行教育财政民主改革，才能最大限度地提升教育财政投入的利用效率。教师是教师专业发展的主体，是专业发展经费的直接受益者和使用者。保障教师的经费管理参与权，是有效提高经费利用效率和教师专业发展质量的前提条件。

首先，实行教师专业发展经费管理的项目主持人责任制。项目制作为一种自上而下的资源配置形式，自 20 世纪 90 年代中期分税制以来就日渐凸显，并溢出财政领域成为国家治理和贯彻政策任务的一个重要机制。② 项目制是当前教育经费管理过程中普遍应用的管理方式，也是教育财政分权和民主管理的重要形式。应根据教师专业发展的途径类型，在"基于团队的专业发展途径、基于组织整体的校本研修途径、基于引领带动的校际交流途径"的实施过程中，试行教师专业经费划拨的项目制改革，以项目经费目标考核制为抓手，明确项目主持人的责任范围。

其次，赋予教师专业发展经费的项目主持人以支配权。在遵守

---

① 井明：《解读民主财政》，《中国财经报》2002 年 8 月 2 日第 004 版。
② 周雪光：《项目制：一个"控制权"理论视角》，《开放时代》2015 年第 2 期。

已有经费管理基本规范和基本原则的基础上，按照项目主持人责任制的规定和要求，赋予项目主持人对应的经费管理权，实现责任与权力的对等。在不违反基本财经纪律原则的前提下，赋予项目主持人预算编制权和适度的预算调配权，支持和鼓励项目主持人围绕教育教学改革的实际问题，展开实践问题联合攻关，针对实践需求支配项目经费，最大限度地发挥项目主持人的主观能动性，使项目主持人在承受"责任与压力"的同时体验"成就感与获得感"，调动项目主持人和参与人参与项目实施的主动性和积极性。

三 城乡教师综合评价激励改革财政投入机制

（一）强化教师专业发展评价的团队取向，实施教师多维评价激励投入改革

"激励、动机、需求"是相互关联的三个概念。激励效应的形成是基于动机的存在，动机的形成是基于需求的存在。只有正确认识三者的关联性，正确处理三者的联动关系，才能有效发挥激励的正向功能，形成对组织成员工作主动性和积极性的促进和调动。结合城乡教师评价激励需求调查结果，物质激励的需求仍然是影响城乡教师工作稳定性的主要因素，所以，增强城乡教师专业发展的物质激励仍然应该成为城乡教师评价激励改革的主要途径。自20世纪20年代以来，西方不同学科的学者从不同的角度提出了大量的激励理论，但是，实践应用结果表明，根据具体情况综合运用各种激励方法是产生有效正向激励的基本经验。

联系当前城乡教师评价激励的主要做法，可以将实践中的评价激励归结为"物质激励与精神激励""主观激励与客观激励""独立激励与合作激励"三种激励类型划分。从"物质激励与精神激励"的角度看，笔者实地调查结果显示出的城乡教师队伍稳定的物质需求影响，正体现了当前物质激励弱化，难以满足城乡教师需求的现实。从"主观激励与客观激励"的角度看，主观激励是组织管理者主要凭借自身的主观立场判断被管理者的业绩和努力结果，客观激

励是组织管理者利用既定的标准对被管理者的业绩和努力程度进行判断。[①] 尽管当前城乡教师评价已经出现了由主观评价向客观评价转变的趋向，可是客观评价的不规范性，以及主观因素的过度干预等原因，甚至在一些城乡中小学校仍然存在以个别领导的主观评价为主的倾向，导致城乡教师评价与城乡教师整体激励需求的不对应。从"独立激励与合作激励"的角度看，虽然也出现了以集体为单位的评价奖励机制，但是城乡教师评价仍然以个体性的评价为主。比如，每年教师节期间，N省M市N区都会以教学质量奖的形式，以奖金的形式对教学成绩突出的学校和个人进行奖励表彰。可是，受到财务管理制度的影响，集体奖励并不能对相关的个人产生正向的激励影响。以学校整体为单位的奖励形式模糊了内部不同教师群体贡献的差异性，再加上财务管理制度带来的难以体现付出差异的影响，导致正向激励的作用缺乏持续性显现效应。以上教育实践中应用的三种激励方法，不仅具有相互关联性，还是教育管理实践中有效的激励形式。因此，结合教育教学实践活动的特殊性，围绕城乡教师正向激励的有效实现应实施团队取向的综合评价激励改革。

第一，在现有评价激励的基础上，增加针对学校内部的团队评价激励，并纳入评价激励考核方案，列入教师评价激励预算。与其他组织相比，教育实践活动的复杂性引发教育关联的多维性，教育成果的形成往往是学校多方面因素共同作用的结果。一是教育者与受教育者之间的关联性。教育过程能否收到最好的教育效果，取决于能否充分发挥教育者和受教育者两个方面的能动作用，能否把这两个能动性很好地结合起来。教育者和受教育者在教育过程中的两个能动性，是教育过程存在、发展和取得应有效果的保证。[②] 二是教育者与教育者之间的关联性。学校是开展育人工作的组织单位，教学活动是学校的中心工作，学校内部不同的个体与组织都是教学活

[①] 张魏：《激励为什么会失效》，《财政科学》2006年第6期。
[②] 王逢贤：《优教与忧思》，人民教育出版社2004年版，第102—103页。

动的直接承担者或者间接影响者，都会对学生的发展产生影响，尤其是直接承担教学工作的团队。基于以上分析，教师的评价激励应体现结构性的特征，既应包括对教师个体的评价激励，又应包括对团队的评价激励，并将团队成果体现于物质奖励之中，以增加团队成员对教育对象的工作能动性，增强教育实践活动的实效。

第二，优化城乡教师评价激励的工作范围，增强客观评价标准的科学性，依据客观评价标准，确定教师评价激励投入预算。客观评价是一种事前评价，是根据工作开展前就已经确定的标准进行评价。从客观评价的激励实效看，由于是一种事先确定的标准，那么，在评价实施的过程中，就会与个体、团队努力的实际情况出现偏差，因为客观评价关注的是结果、是预先设定的目标，着重关注绝对性的结果，忽视对个体、团队相对努力程度的关注，容易形成主观努力程度与评价激励目标的偏离。再者，面对相同的评价激励目标，教育对象的差异会引发教育者劳动付出的差异，甚至强化教育者劳动付出与学生发展之间的不对等性。尽管教育者付出大量的劳动，可是学生的发展成就却可能是不显著的。可与主观评价相比，由于是事先评价，通过精心设计，就能形成更具公开性，也更能体现全面性和公平性的评价方案。主观评价受到管理者个人因素的影响较大，不但不利于管理活动的连续开展，而且也容易引发评价的公平性问题，更具风险性。应在已有评价激励经验的基础上，针对不同的学生群体，设置不同的评价标准，将客观评价作为主要参考依据，通过完善客观评价的标准体系，并将评价结果作为物质奖励分配的主要依据，进一步增强城乡教师评价激励的有效正向功能，实现教育者与受教育者之间、教育者与教育者之间、教育者与教育团队之间能动性的有机结合。

（二）强化教师专业发展的激励导向，实施"增量"物质激励分配改革

首先，应强化以教师专业成长性评价为主体的物质激励分配导向。根据城乡教师专业成长的渠道与要求，建立专业成长性评价的

指导原则，作为物质激励分配的主要参考依据，将专业发展成绩显著、专业能力提升明显的教师作为重点倾斜对象。强化评价考核与教师专业成长及专业实践成果的关联性，消除将物质奖励发放与普通涨工资相对等的误区，切实发挥物质激励的绩效激励功能。在评价维度的设计上，应突出教师专业维度的发展性取向。对教师评价的视野应是开阔的，评价的指标也应是多维度的。参考教师的职业性质和专业化要求，在建立教师评价的指标体系时，至少应当包括三个维度。第一是学习维度，即从学习者的角度，考察教师的终身学习意识、终身学习能力、不断自我完善的表现和成绩；第二个是教育维度，即从教育者的角度，考察教师的素质、表现和成就，主要侧重于教师专业能力的实践与应用，重点突出对专业能力转化及效果的考察；第三个是创造维度，即从创造者的角度，考察教师的创新精神、创造才能、革新成就，主要侧重于教师对专业发展的领悟和创新能力，重点考察教师对教学方式、方法的改革和创新。[1] 与以往教师评价的区别在于，重点考察专业发展的实践成果，而不是仅仅关注对考勤的基本工作要求考察；既关注从教育者的角度，对教师的日常教学行为及效果的评价，又注重从学习者和创造者的角度，对教师可持续专业发展能力的考察；不仅关注对教师工作绝对数量和结果的考察，还关注对教师成绩的提升度和工作过程的考察。围绕以上三个维度，改革绩效评价的内容体系，强化对教师专业发展实绩增量的关注，通过绩效工资分配改革，引导教师逐步树立科学的专业发展绩效意识，将专业发展由外在的压力任务转变为内在的动力需求，进而为城乡教师专业发展的均衡奠定前提基础。

其次，实施物质奖励分配的"增量"改革。增量改革是俞可平先生在其"增量民主"理论基础上扩展和引申出来的一种具有普适性的改革理论。增量改革具有"帕累托改进"（Pareto improvement）

---

[1] 吴志宏、冯大鸣、周嘉方主编：《新编教育管理学》，华东师范大学出版社2000年版，第205页。

的性质，尽可能地不去破坏原有利益格局，而是"增加原来所没有的利益"，通过扩大可供分配资源的总量或新增的利益，让包括原来的既得利益者在内的尽可能多的人分享到改革的红利，从而减少改革进程中的人为阻力和改革成本。借鉴增量改革理念，改革的资源配置主要存在"存量"和"增量"[①]两种取向。所谓"存量"型改革是指将已有的资源总量作为资源配置的基础，主要通过内部结构的调整和优化，完成改革的任务和实现改革的目标，容易激发利益相关主体的矛盾冲突；所谓"增量"型改革是指将增加资源数量作为改革的主要思路，通过在既定资源总量的基础上进一步扩充资源的数量，调动利益相关者的参与积极性，从而达成改革目标，有利于避免矛盾冲突的产生。受到地方经济发展水平的制约，针对城乡教师的评价激励，西部民族地区已有的中小学绩效工资改革往往是一种"挖补式"的改革，是在资源总量稳定的基础上进行结构调整与优化。也正是基于资源总量的限制，以及基层单位基于人际关系维护的短期利益考虑，才使物质奖励分配难以体现"绩效"的评价倾向，并演变为简单的涨工资式的平均分配。而且，在存量式改革方式的背景下，一旦启动真正的绩效考评模式，不但会诱发利益相关者的矛盾冲突，而且还会造成绩效激励功能的弱化。在原有物质奖励分配原则和总量的基础上，根据绩效改革的需要适当扩充总量，增加部分奖励性资金，用于"增量"型绩效考核的发放。参照教育经费三个增长的要求，结合地方经济发展和财政收入水平的变动，根据教师人数和教师工作量的基数，确定经费总量逐年增长的目标，并制定相应的考核方法，确保逐年增长目标的实现。由此，可以在不触动教师已有利益的基础上，通过扩充存量的方式，完成物质奖励改革，促进形成增量改革的效应，不但能够更好地体现"多劳多

[①] 存量改革与增量改革是改革领域进场出现的两种改革的取向，代表不同的改革理念与改革方式。在分析绩效工资改革的过程中，本书借鉴两种改革的思想，从资源数量的角度对绩效工资改革的路径进行分析，并不完全等同于学术界经常提到的"存量改革"和"增量改革"概念。

得"的分配原则，而且有助于实现绩效目标并避免矛盾冲突。

（三）强化农村教师荣誉制度的物质激励，制定农村教师荣誉制度的物质奖励标准

在市场经济体制逐步健全的背景下，不但公正、平等的价值理念深入人心，而且以货币为载体的物质利益需求对人的导向作用也愈发强烈。特定职业群体的薪酬工资不仅直接影响着对应职业群体的生活质量，还成为衡量对应职业群体社会地位的显性标志。有研究指出，教师的工作任务与经济社会地位并不对等。尽管随着国家对教育重视程度的加强，教师的收入待遇得到持续改善，经济社会地位大幅提高。但是，与体制内的其他行业相比，教师仍是"体制内"的弱势群体，是"体制内"的弱者。[①] 所以，为激励西部民族地区农村教师扎根农村教育，就应继续强化对农村教师荣誉制度的物质激励，满足农村教师的物质需求，突出农村教师荣誉制度的社会价值，增强农村教师荣誉制度的社会认同度。

首先，省级政府应制定省域范围内的物质奖励标准。依据制度经济学的制度设计理论，从制度设计的系统性原理看，要保障制度设计的可行性和科学性，就应实现制度体系与制度设计目标的一致性和制度体系内部不同制度功能的互补性。就农村教师荣誉制度而言，要体现农村教师荣誉制度的激励作用，就应尊重农村教师的物质利益需求，制定能够体现农村教师劳动价值的物质奖励举措，实现奖励措施与荣誉价值的相互对等。否则，不仅难以使荣誉制度的激励功能可持续发挥，还会由于奖励措施与农村教师因劳动付出所形成的心理预期之间的不平衡，造成农村教师的心理失衡，形成奖励举措的负向激励，压抑农村教师的积极性。自《乡村教师支持计划（2015—2020年）》实施以来，地方各级政府都明确提出实施农村教师荣誉制度。但是，就具体的实施而言，从西部民族地区县

[①] 谢丽丽：《教师"逃离"：农村教育的困境》，《教师教育研究》2016年第4期。

（区）政府对《乡村教师支持计划（2015—2020年）》的具体规定看，很多县（区）并没有对相应的物质奖励举措进行详细的规定，作出规定的县（区）奖励力度也相对较小，难以与农村教师坚守农村教育事业的付出相对等。因此，发挥农村教师荣誉制度的激励作用，应有实实在在的物质激励作基础。省级政府应依据在农村的从教年限、教学业绩、贡献大小以及任教工作环境的差异，制定差异化的荣誉奖励指导性标准，强化以实际贡献为主要依据的评价导向，鼓励市县政府结合自身的实际情况，出台更具针对性的物质奖励措施，在省级标准的基础上增加物质激励的额度。另外，根据工作年限和贡献大小，制定不同层级的奖励制度。比如，具有连续10年工作经历的教师由所在县（区）奖励，具有连续20年工作经历的教师由所在县（区）和市分别进行奖励，具有连续30年工作经历的教师由县（区）、市、省级政府分别进行奖励，形成工作年限越长、付出越多、贡献越大、奖励越多、层级越高的荣誉奖励制度。不但能够保障省域范围内荣誉激励制度的规范化，而且能够维持省域范围内不同地区之间物质激励标准的均衡化，进而实现不同区域之间、城乡之间师资队伍平稳发展。

其次，建立农村教师荣誉物质激励的常态化投入管理制度。自经济人假设提出以来，学术界为弥补经济人假设的理论缺陷，先后提出了社会人假设、文化人假设等多种理论假设，尽管关于何为理性、何为人性尚存争议，可是人的自主性、私利性的存在却是难以反驳的。因此，制度的建设才显得尤为关键。实现农村教师荣誉制度效应的可持续展现，需要以常态化的投入管理制度作为保障。《乡村教师支持计划（2015—2020年）》出台以来，虽然各地政府都出台了相应的实施细则，并且对农村教师荣誉制度的要求进行了明确，但是缺乏与之对应的投入管理措施，使农村教师荣誉制度的持续实施缺乏坚实的制度保障。从农村教师荣誉制度持续实施的角度讲，第一，应坚持制度设计的系统性原则，在已有规定的基础上，对关涉农村教师荣誉制度投入的各项环节进行全面的制度设计，形成相关的配套政策，对评选的周期、评选的条件、资金的来源、指标的分配等关键要素，以及责任主体和评价措施进行具体的规定，构建常态化的管理与运行机制；第二，应坚持制度设计的相互兼容性原则，结合当地经济发展水平的实际和农村教师结构的发展特征，对农村教师荣誉制度的投入保障制度进行设计，并根据统一的制度设计目标，对不同的制度规定内容进行互补性的设计，形成整体性的农村教师荣誉制度财政投入制度体系。通过投入管理制度的健全和规范化的运行管理，为农村教师物质激励制度的有效实行，为促进农村教师专业发展动力的不断增强，以及推动农村教师经济社会地位的可持续提升奠定基础。

第四章

城乡教师专业施展机会均衡财政保障机制

高质量教师专业发展与高质量教师专业素质的关联性是推行教师政策改革的主要依据。可是，在教育运行的实践过程中，高质量教师专业发展与高质量教师专业素质之间并不存在必然的相关性。也就是说，高质量的教师专业发展并不必然带来高质量教师专业素质的实践体现。作为高质量教师专业发展与高质量教师专业素质的实践桥梁，教师专业施展机会的均衡程度，决定城乡教师专业发展质量向专业发展素质的转化程度。教师专业施展机会不仅为教师专业能力的巩固提供了拓展空间，还为教师专业能力的提升创造了实践载体。在专业发展能力得到有效训练、专业发展动机得到有效激励的基础上，专业施展的支持条件就成为保障教师专业施展机会，进而提升教师专业素质的有力支撑。

第一节 基于机会均衡的城乡教师专业施展保障需求

如果说专业能力的训练和专业发展动机的激励是直接关系教师

专业综合素质提升的个体性和内在性因素的话,那么,专业施展机会均衡则是关系教师专业综合素质提升的整体性和外在性因素。联系西部民族地区,尤其是农村地区经济社会发展相对滞后和教育发展弱势积累历史的实际,当前实现城乡教师专业施展机会均衡的主要举措在于专业施展条件的保障。不仅包括社会发展环境等宏观支持条件的改善,还包括以学校场域为核心的教育教学环境等微观支持条件的完善;既包括社会环境、学校环境等硬件支持条件的改善,也包括地方人口文化素质、学校文化、专业发展的教学氛围等软件支持条件的改善。

一 社会支持环境需求

从理论上讲,教育发展与社会发展之间存在着相互制约、相互影响的关联作用。教育发展的终极目标在于为社会发展提供人力资源基础的保障,社会发展的不断加快又为教育发展提供物质、精神等的支持与支撑。不论是作为个体人的教育者,抑或是作为组织的教育机构和社会构成部分的教育系统,都离不开所处社会环境的制约和影响。"教育本身就是一个世界,同时也是整个世界的反映。""比较一般地说,教育一方面服从于环境条件,同时另一方面即使仅仅通过教育所产生的关于环境的知识,它也必然会影响这些环境条件。"[1] 故此,西部民族地区教育发展的社会支持环境就成为城乡教师实现有效专业施展的基础条件。面对传统城乡二元结构的历史模式所带来的影响,以及城乡社会发展差距逐步缩小和城乡社会发展差距依然存在的现实,农村社会的快速发展仍然是当前城乡社会均衡发展的主要着力点。那么,在当前的社会背景下,城乡社会环境是否得到了持续有效改善?是否能够满足城乡教师的需求?弄清上述问题并制定针对性的措施就显得尤为重要。我们以城乡教师为调

---

[1] 联合国教科文组织国际教育发展委员会编著:《学会生存——教育世界的今天和明天》,华东师范大学比较教育研究所译,教育科学出版社2005年版,第83页。

查对象，以认同度分析为切入点，从社会环境安全状况、网络等信息渠道的畅通情况、公共服务设施的供给情况、社会人口文化程度四个维度，对城乡教师专业施展机会的社会支持环境需求进行调查与分析。

1. 城乡教师对社会环境安全[①]的整体认同度存在极为显著的差异，各省内部城乡教师的认同度存在区域性的差异，不同省份教师之间的社会环境认同度也存在极为显著的差异。从总体城乡教师的认同度看，单因素方差分析法的统计结果显示，总体城乡教师的认同度存在显著差异，且差异极为显著（$P<0.01$，详见表 4-1）。从认同度的均值分布看，按照"城市、县城、村庄、乡镇"的区域分布顺序，均值依次降低，城市与县城教师的认同度均值高于总体城乡教师认同度均值，乡镇与村庄教师的认同度均值低于总体城乡教师认同度均值，呈现城乡二元式的分布特征，不但反映了总体城乡教师的认同度均值差异，而且也体现了城乡社会安全环境的差异。

经济发展与社会发展是一个国家或者地区最为基本的发展层面。经济发展与社会发展的相互协调是构建和谐社会的关键。城乡教师对社会环境安全的认同度差异，从表面来看是城乡社会安全管理综合水平差距带来的城乡教师心理认同差异，实质上是经济发展与社会发展不协调而引发的城乡教师对社会环境安全的认同性心理失衡。改革开放以来，我国经济获得跨越式发展，在经济结构变化的同时，社会结构出现了相应的变化。可是，与经济体制、经济结构的调整相比，社会体制、社会结构并未获得及时、充分的调整与优化，进而形成了经济发展与社会发展的不协调，并带来了城乡经济社会发

---

① 从社会安全观念的演变看，当前社会对安全的理解是相对较为宽泛的概念，除了包括传统意义上的社会秩序安定等内涵外，还包括饮水安全、生态环境安全等多种安全形式，本书中的安全概念主要是指社会秩序的安定。

展的不协调。① 西部民族地区是我国经济社会发展的薄弱地区,既面临着社会现代化的挑战,又面临着现代城市文明对传统文化的冲击和融合,还面临着脱贫致富的现实困境与发展瓶颈。农村教师对社会环境安全较低的认同度正是经济发展与社会发展的不协调而引发的社会心理扭曲。

一方面,城市化进程的加快,强化了现代城市文化对传统农村社会文化的冲击,现代城市文化的强势地位更加显著,农村社会文化的弱势地位更为凸显,再加上大量农村社会人口的外流,导致农村整体社会环境的弱化;另一方面,农村整体社会环境的弱化加速了农村传统文化的解构,使农村社会环境对良好人际关系的凝聚优势弱化,人际关系的趋利性特征突出,人与人之间的关系变得疏远、冷漠,农村传统文化对农村社会环境的约束力变弱,农村社会人口的安全感降低。随着物质生活的不断丰富,安全作为社会个体基本需要的地位得到强化,安全稳定的社会环境甚至成为社会个体择业和选择居住地的首要条件。农村教师是农村社会的知识阶层,较高的文化素养使其对生活质量有着更高的要求,特别是在物质生活水平不断提高的背景下,农村教师对社会发展环境的要求也越来越高。尤其是对于西部民族地区的农村教师而言,面对相对宽广的知识视野与社会发展水平低下的落差,改变社会环境的愿望更为强烈。农村经济与社会发展的不协调和农村社会环境发展的整体滞后,必然会强化农村教师向城性的发展取向,要么,会通过到城市购置房产的方式实现农村原住居民向城市居民的身份转化;要么,会通过进城择业的方式完成城市居民身份的转化。农村教师的流失又会对农村教师队伍建设和城乡师资均衡发展产生负面影响,成为城乡教育质量均衡的障碍。

---

① 陆学艺:《当代中国社会结构与社会建设》,《学习时报》2010 年 8 月 30 日第 004 版。

表4-1　　　　　　　城乡教师对社会环境安全认同情况表

区域	均值	标准差	F	P
城市	3.59	1.053	8.249	.000
县城	3.48	1.081		
乡镇	3.34	1.079		
村庄	3.35	1.050		
总体情况	3.43	1.072		

从三省内部"城乡四维区域差异"看，在"城市、县城、乡镇、村庄"四个区域层面，三个省份城乡教师对社会环境安全的认同度存在区域性差异。单因素方差分析法的统计结果表明，N省M市、M省T市的P值小于0.01，说明以上两地城乡教师对农村社会环境安全的认同度存在极为显著的差异；G省N市的P值大于0.05，说明该地城乡教师对社会环境安全的认同度不存在显著差异（详见表4-2）。就三个地区内部城乡教师的认同度均值而言，N省M市按照"城市、县城、村庄、乡镇"的顺序依次降低，具有城乡二元式分布特征，而且城乡教师认同度均值的差距较大；G省N市按照"城市、乡镇、县城、村庄"的顺序依次降低，仍然具有城乡二元分布的特征，但是城乡教师认同度均值的差距较小；M省T市按照"城市、县城、乡镇、村庄"的顺序逐步降低，城乡二元式的分布特征较为显著，而且城乡教师认同度均值的差异相对较小。

诚如上文所述，城乡教师对社会环境安全认同度的差异实质上是经济与社会发展不协调诱发的城乡教师心理失衡。党的十一届三中全会以来，为恢复和加快经济的发展，我国逐步确立了以经济建设为中心的发展战略，并形成了以"经济分权"和"政治集权"为框架的国家治理体制。中央政府为调动地方政府发展经济的积极性，实施了以GDP为核心的考核评价机制。其结果是，首先，实现了中国经济的高速发展，经济发展成就被誉为中国经济奇迹；其次，也造成了社会发展的负面效应，导致经济发展与社会发展的错位。为保持经济的稳步高速增长，地方政府过度强化了城市化的资源配置取向，造成了经济领域与社会领域、城市与农村的资源配置失衡，农村社会、农业部门配置了过多的人力资源和过少的资金投入，城市社会、非农部门配置了过少的人力资源和过多的资金投入[①]，带来了城乡资源配置的错位与失衡，并造成城乡社会整体发展水平的差距。

西部民族地区是我国社会发展整体的薄弱环节，不仅直接体现为社会整体水平的低下，还体现为城乡社会发展水平的差距。城乡教师对社会环境安全的认同度差异，也反映了城乡社会发展的差距。N省M市、M省T市城乡教师对社会环境安全的认同度均值差异较大，反映了两个地区城乡社会发展综合水平的差距较大；G省N市城乡教师对社会环境认同度均值较低且差距较小，也反映了整体社会发展水平较低和城乡差距较小的发展实际。以M省T市为例，按照《2016年T市国民经济和社会发展统计公报》公布的数据，该地区城镇居民人均可支配收入为21327元，农村居民人均可支配收入8626元，城乡居民可支配收入的差距在某种程度上也反映了城乡社会发展水平的差距，这种差距也引发城乡教师对社会环境安全的认同差异。虽然G省N市城乡居民的可支配收入比与其他两个地区相近，但是仍然无法改变其总体发展滞后的现状。G省N市是少数民族聚居区，少数民族人口比重超过50%，由于地处偏远、交通条件不便利，形成了社会整体发展落后的局面。再加上民族文化多元的文化特征所带来的社会环境复杂性，城乡教师对社会环境安全的认同度由此呈现出总体较低的特点。

[①] 王颂吉、白永秀：《城乡要素错配与中国二元经济结构转化滞后：理论与实证研究》，《中国工业经济》2013年第7期。

表4-2　　　　　三省内部城乡教师对社会环境安全认同情况表

	区域	均值	标准差	F	P
N省M市	城市	3.91	.972	8.879	.000
	县城	3.57	1.081		
	乡镇	3.25	1.112		
	村庄	3.35	1.067		
	区域	均值	标准差	F	P
G省N市	城市	3.21	1.082	.742	.527
	县城	3.10	.999		
	乡镇	3.19	1.051		
	村庄	3.04	1.086		
	区域	均值	标准差	F	P
M省T市	城市	3.69	1.010	5.327	.001
	县城	3.67	1.074		
	乡镇	3.54	1.059		
	村庄	3.42	1.025		

从不同省份之间教师的整体认同差异看，单因素方差分析法的统计结果显示，三个地区教师对社会环境安全的认同度存在极为显著的差异（P<0.01，详见表4-3）。从认同度的均值分布看，M省T市、N省M市、G省N市依次降低，M省T市、N省M市的均值高于教师认同度总体情况均值，G省N市的均值低于教师认同度总体情况均值，不但反映出三个地区教师对社会环境认同度的差异，而且体现了三个地区社会综合发展水平的差距。

根据已有的经验，一个地区的国内生产总值既是该地区经济发展的标志，更是该地区社会整体发展的标志。根据三个地区《2016年国民经济和社会发展统计公报》所公布的数据，M省T市、N省M市、G省N市的国内生产总值分别为1933.28亿元、339.01亿元和135.95亿元，三者之间国内生产总值的差距也体现了三个地区之间的社会发展水平的差距。关于经济发展与社会环境安全稳定的关系,早在我国古代就有"饥寒起盗心"和"饥年出盗贼"的说法,国外犯罪社会学派的发展初期也提出了"经济贫困论"的主张。① 有研究结果证明,从 1980 年到 2004 年的 20 多年里,纽约市城市犯罪率起伏和经济状况的变化相一致:在 80 年代经济衰退时,城市犯罪率就节节攀升;而当 90 年代以后经济逐渐恢复并繁荣时,犯罪率就呈迅速下降趋势。② 尽管经济发展与社会环境安全的关系尚存争议,可是以上经验在一定程度上也能够反映出经济发展对社会安全稳定的影响。调查所涉及的三个地区教师对社会环境安全的认同度差异,也能够体现三个地区经济社会发展总体水平的差异。

表 4－3　　　　　三省教师对社会环境安全认同情况表

省份	均值	标准差	F	P
N 省 M 市	3.45	1.094	41.871	.000
G 省 N 市	3.15	1.046		
M 省 T 市	3.58	1.048		
总体情况	3.43	1.072		

2. 城乡教师对各自社会网络等信息渠道畅通的整体认同度较低且差异不显著,各省内部城乡教师的认同度差异不显著,不同省之间的教师认同度差异显著。从总体城乡教师认同度的比较看,采用单因素方差分析法,进行数据分析的结果显示,城乡教师的认同度不存在显著差异($P > 0.05$)。从均值上看,城乡教师的认同水平与传统城乡二元结构的资源分布特征存在对应性,呈现从

---

① 谢灵获、贾文:《经济因素对犯罪率影响的实证研究》,《中国人民公安大学学报》(社会科学版) 2006 年第 1 期。

② 林广:《论经济因素对纽约市犯罪率起伏的影响 (1980—2004)》,《求是学刊》2013 年第 1 期。

"城市"到"村庄"依次减弱的趋势，农村教师的认同水平低于城市教师（详见表4-4）。《2006—2020年国家信息化发展战略》《信息产业科技发展"十一五"规划和2020年中长期规划纲要》等信息化政策，都将"三农"领域纳入信息化建设的范围。然而，受到信息化观念、信息化基础等的影响，再加上城市信息技术普及与应用速度的加快，以及西部民族地区农村"山大沟深"等复杂的地理地形特征影响，虽然国家对农村信息化投入不断增加，农村信息化基础设施得到迅速普及，但是西部民族地区城乡信息化发展落差始终无法得到根本解决。

表4-4　　　　城乡教师对信息渠道畅通情况总体认同情况表

区域	均值	标准差	F	P
城市	3.32	1.086		
县城	3.27	1.020		
乡镇	3.26	1.024	1.097	.349
村庄	3.19	1.093		
总体情况	3.26	1.050		

从各省内部"城乡四维区域差异"看，城乡教师对各自社会信息渠道畅通程度的认同度不存在显著差异（P>0.05），城乡教师都对各自社会网络等信息渠道的畅通程度认同度不高。就均值分布而言，N省M市最高，M省T市居中，G省N市最低。在城乡四个区域层面，N省M市、G省N市、M省T市的城乡教师认同度分布呈现显著的城乡二元分布特征，均按照"城市""县城""乡镇""村庄"的顺序依次减弱（详见表4-5）。上述调查结果反映出西部民族地区城乡社会信息化发展的差距，以及始终无法得到根本解决的现实。

表4-5　　三省内部城乡教师对信息渠道畅通情况认同情况表

	区域	均值	标准差	F	P
N省M市	城市	3.59	1.190	.378	.769
	县城	3.45	1.031		
	乡镇	3.49	1.069		
	村庄	3.44	1.117		

	区域	均值	标准差	F	P
G省N市	城市	3.12	.918	.834	.475
	县城	3.11	.956		
	乡镇	3.00	1.003		
	村庄	2.99	1.026		

	区域	均值	标准差	F	P
M省T市	城市	3.35	1.074	1.610	.185
	县城	3.29	1.013		
	乡镇	3.27	1.049		
	村庄	3.17	1.085		

从不同省之间教师的整体认同水平差异看，调查涉及的三个省份之间存在显著的差异。采用单因素方差分析法进行统计分析的结果显示，教师关于信息渠道畅通的认同度在不同省份之间存在极其显著的差异（P＜0.01，详见表4-6），N省M市教师认同度均值最高，G省N市教师认同度均值最低，M省T市教师认同度均值居中，反映出西部民族区域不同省份信息化发展水平的差距。不论是"东、中、西"三大区域，还是西部的不同省份，在经济发展等各方面都存在差异，使得信息化建设在地区间呈现失衡。①

---

① 胡扬名：《城乡统筹发展背景下农村信息化建设问题研究》，《江西社会科学》2016年第2期。

表4-6　　三省教师对社会网络等信息渠道畅通情况认同情况表

省份	均值	标准差	F	P
N省M市	3.48	1.088	25.528	.000
G省N市	3.08	.981		
M省T市	3.27	1.055		
总体情况	3.26	1.050		

信息技术的发展改变了我们的生产方式、工作方式和学习方式，引发生活方式的重新建构。不论是生活时空观念，还是生活的具体实践层面都产生了巨大的变化。维系我们的不是共同的学术背景，而是一致的信念，无所不在的计算机将不仅会改变科学发展的面貌，而且会大大影响我们生活的每一个层面。① 以信息化为核心的现代信息技术手段带来的影响已经远远超越其本身的"工具"性价值，不但成为现代社会居民进行交往、工作等的一种便利途径，而且也是现代社会居民生活不可或缺的一部分，甚至可以说已经成为一种生活方式，改变着现代社会居民的生活思维方式。正如马云在第三届世界互联网大会评论的，"未来30年是'用好互联网技术'的公司，是'用好互联网技术'的国家的天下，是'用好互联网技术'的年轻人的天下。我们必须把互联网技术，互联网资源能够普惠化，才能成为造福人类的巨大的福祉"②。面对现代信息技术社会，无论身处繁华的都市还是身处偏远的乡村，都无法置身于信息技术社会之外，都将面对信息技术应用的挑战与机遇。

3. 城乡教师对公共服务设施供给的整体认同度较低且差异显著，各省内部城乡教师的认同度差异不显著，不同省之间的教师认

---

① 李俊文：《信息化时代生活世界的变革》，《哈尔滨工业大学学报》（社会科学版）2003年第1期。

② 马云：《未来三十年属于"用好互联网技术"的人》，http://it.sohu.com/20161116/n473323582.shtml。

同度差异显著。从总体城乡教师的认同度比较看,单因素方差分析结果显示,城乡教师关于公共服务设施供给的认同水平存在显著差异($P<0.05$)。城乡教师的认同水平分布与传统的城乡社会二元发展结构存在对应性,在"城市、县城、乡镇、村庄"四个区域层面,教师认同水平呈现依次增强的分布特征(详见表4-7)。尽管国家不断加大农村公共服务基础设施的投入,并将其作为社会主义新农村建设、新型城镇化建设的实践措施,可是农村公共服务设施的供给水平仍然与社会发展的实际需求存在差距。2016年,一项涉及12个省(区)、24个县(市)、50多个村屯的调查显示,当前城乡公共服务设施的供给仍然存在不小的差距,农村的居住环境、文化建设、医疗卫生等亟待加强。[①] 西部民族地区农村既存在着普遍意义上的公共服务供给问题,又存在着经济、历史、地理等综合社会发展特征所带来的弱势积累特征。在实地调查中,我们发现越是到偏远地区,基础公共服务设施水平越低。

表4-7　　　城乡教师对公共服务设施供给认同情况表

区域	均值	标准差	F	P
城市	3.45	1.041		
县城	3.45	.983		
乡镇	3.51	.996	3.622	.013
村庄	3.62	1.029		
总体情况	3.51	1.010		

从各省内部"城乡四维区域差异"看,单因素方差分析法结果显示,城乡教师对公共服务设施供给情况的认同水平,G省N市存在显著差异,N省M市和M省T市不存在显著的差异(详见表4-

---

① 《2016中国农村公共服务现状调查报告》,http://www.zgxcfx.com/sannongzixun/91120.html。

8)。就均值而言，从"城市"到"村庄"四个区域层面，G省N市教师认同度均值逐步变小，呈现传统城乡二元结构的分布特征；N省M市教师认同度均值按照"乡镇""县城""城市""村庄"的顺序，依次逐步降低，村庄教师低于城市教师；M省T市教师认同度均值按照"村庄""城市""乡镇""县城"的顺序，依次逐步降低，村庄最高，县城最低，乡镇和城市居中。另外，三个地区城乡教师认同度均值整体处于较低水平。上述调查结果，既体现出三地公共服务设施供给的差异，也体现出三地城乡教师对公共服务设施需求的差异，表明了三个地区城乡公共服务设施供给水平都亟待提升与改善。

表4-8　　三省内部城乡教师对公共服务设施供给认同情况表

	区域	均值	标准差	F	P
N省M市	城市	2.25	1.043	1.073	.360
	县城	2.36	.994		
	乡镇	2.42	1.120		
	村庄	2.24	1.016		
	区域	均值	标准差	F	P
G省N市	城市	2.74	1.054	4.082	.007
	县城	2.64	.973		
	乡镇	2.46	.977		
	村庄	2.40	1.121		
	区域	均值	标准差	F	P
M省T市	城市	2.47	1.019	1.353	.256
	县城	2.42	.977		
	乡镇	2.45	.942		
	村庄	2.56	1.010		

从不同省之间教师的整体认同水平差异看，调查涉及的三个省之间存在显著差异。采用单因素方差分析法，进行数据统计分析的

结果显示，三省教师关于公共服务设施供给水平认同度存在显著差异，且差异极显著（P<0.01，详见表4-9）。就认同度均值而言，G省N市最高、M省T市居中、N省M市最低，反映出三省公共服务设施供给整体水平的差异。除了教师价值观念差异的影响，不同的社会发展经验、不同的社会发展认知也会对教师的认同水平差异产生影响，但是不同地方政府的执政理念与施政举措的差异却是公共服务设施供给水平差异的直接影响因素。例如，2014年1月，M省启动建省以来规模最大的"十个全覆盖"民生工程，力图在短期内推动农村社会发展水平的快速提升。在三年内，投入800亿元用于实施农村饮水、医疗等公共服务设施的改善，这种超常规的发展方式在短期内取得了重大成效，因此，才会获得当地教师较高的认同水平。

表4-9　　　　三省教师对公共服务设施供给认同情况表

区域	均值	标准差	F	P
N省M市	2.34	1.052	9.355	.000
G省N市	2.55	1.011		
M省T市	2.52	.987		
总体情况	2.49	1.010		

公共服务设施的供给水平不但直接影响着居民的生活水平，是居民服务需求偏好和政府履行公共职能的关键领域，也成为居民对政府履行公共服务职能的重要评价依据。西方公共选择理论"以足投票"的经典模型，就是居民对政府公共服务供给进行评价的有利途径。城乡公共服务设施不仅为城乡教师提供基本的生活保障，还为城乡学校教学活动的顺利开展提供基础的保障条件，直接影响着教学实践改革的有效实施。只有当公共服务设施能够有效满足城乡学校的教学需求时，城乡教师的专业能力才能转化为对应的教学成果。比如，便捷的交通服务、各种网络设施等都会为学校教学活动

的创新发展提供支持条件。正是出于公共服务设施对城乡教师的价值和意义，公共服务设施的供给质量才成为城乡教师选择工作地点的关键影响因素。在西部民族地区，农村教师流失现象和农村教师流动的"向城性"特征，在很大程度上也是农村教师通过"以足投票"的方式对农村公共服务设施供给不足的回应，体现了公共服务设施供给质量对农村教师队伍的影响。

4. 城乡教师对各自社会人口文化程度的整体认同度较低且差异显著，各省内部城乡教师的认同度存在区域性差异，不同省之间的教师认同度差异极其显著。从总体城乡教师的认同度比较看，采用单因素方差分析法，进行数据统计分析的结果显示，城乡教师对各自社会人口文化程度的认同差异显著，且差异极为显著（$P<0.01$，详见表4-10）。就城乡教师认同度均值而言，按照"城市""县城""村庄""乡镇"的顺序依次降低，城市教师认同度均值最高，乡镇教师认同度均值最低，县城与村庄教师认同度均值居中，城乡教师认同度均值差异较大，城乡二元分布特征较为明显。城乡教师对各自社会人口整体文化程度的认同水平，体现了城乡社会人口整体文化程度差异的社会现实，也反映了城乡社会整体发展水平存在差距的实际。城乡社会人口的整体文化程度，反映了城乡学校家长的文化素质层次和社区对城乡学校教学活动的文化支持水平。

表4-10　　　　城乡教师对社会人口文化程度认同情况表

区域	均值	标准差	F	P
城市	3.81	1.041	3.985	.008
县城	3.55	1.007		
乡镇	3.44	.996		
村庄	3.47	1.018		
总体情况	3.52	1.015		

从各省内部"城乡四维区域差异"看，G 省 N 市存在显著的差异，N 省 M 市和 M 省 T 市不存在显著的差异。就认同度均值而言，N 省 M 市教师认同度均值按照"城市""县城""村庄""乡镇"的顺序逐步降低；G 省 N 市教师认同度均值按照"城市""县城""乡镇""村庄"的顺序逐步降低；M 省 T 市教师认同度均值按照"城市""县城""村庄""乡镇"的顺序逐步降低（详见表 4-11）。以上分析结果表明三个地区城乡教师认同度呈现明显的二元分布特征。通过对比分析发现，城乡教师对各自社会人口整体文化程度认同度分布与地方经济发展水平并不存在直接的对应关系。依据《2016 年国民经济和社会发展统计公报》公布的数据，N 省 M 市、G 省 N 市和 M 省 T 市人均生产总值分别为 29538 元、19213 元和 44936 元，M 省 T 市的人均生产总值最高，城乡教师对各自社会人口整体文化程度认同度水平却最低，在某种程度上，体现了城乡社会发展的复杂性和城乡教师需求的多样性。

表 4-11　　三省内部城乡教师对社会人口文化程度认同情况表

	区域	均值	标准差	F	P
N 省 M 市	城市	3.86	1.070	.952	.415
	县城	3.83	.997		
	乡镇	3.68	1.002		
	村庄	3.78	1.025		
	区域	均值	标准差	F	P
G 省 N 市	城市	3.69	1.097	3.721	.011
	县城	3.56	1.001		
	乡镇	3.40	.963		
	村庄	3.32	1.066		

续表

	区域	均值	标准差	F	P
M省T市	城市	3.49	.999	1.322	.266
	县城	3.40	.988		
	乡镇	3.36	1.002		
	村庄	3.47	.979		

从不同省之间教师的整体认同水平差异看，调查涉及的三个省之间存在显著的差异。采用单因素方差分析法，进行统计分析的结果显示，城乡教师关于各自社会人口整体文化程度的认同度水平存在极显著的"省际"差异（$P<0.01$，详见表4-12）。N省M市、G省N市、M省T市的认同度均值依次降低，表明三地教师对各自社会人口整体文化程度的认同度逐步降低。据《中国统计年鉴2016》公布的数据显示，文盲人口占15岁及以上人口比重，全国总体水平为5.42%，N省为9.17%、G省为11.31%、M省为5.47%[①]，调查涉及的三个省都高于全国总体水平，体现了西部不同省份之间以及西部省份与全国整体人口素质水平的差距，也反映了西部民族地区社会人口素质整体水平相对较低的社会现实。

表4-12　　　　　三省教师对农村人口文化程度认同情况表

省份	均值	标准差	F	P
N省M市	3.79	1.022	27.770	.000
G省N市	3.48	1.018		
M省T市	3.43	.992		
总体情况	3.52	1.015		

---

① 中华人民共和国国家统计局：《中国统计年鉴2016》，http://www.stats.gov.cn/tjsj/ndsj/2016/indexch.htm。

二 专业设施支持环境需求

专业设施环境是指为教师专业活动的顺利开展所提供的硬件保障，既是教师从事专业实践活动的物质基础，又是教师开展专业实践活动的客观依据，是教师有效进行专业施展的前提条件。教育对象的生命性和不同教育主体之间的多维关联性，以及教育活动的情感性和情景性，使教育教学活动成为高度复杂的专业实践活动。学校整体校园设施环境是教师施展专业才能的实践载体，不仅为教师开展专业实践活动提供场所和空间，还为教师创造性的实施教育教学改革奠定外在环境依托。可以说，任何创新性的学校教学活动都不能离开整体校园设施环境的支撑。教育教学基础设施是教师从事专业活动的应用物质对象，是教学活动的构成部分，直接决定着教学实践活动的实施质量。因此，我们从"学校整体性校园环境、教育教学基础设施"两个维度，围绕城乡教师对专业设施环境的认同度进行调查与分析。

1. 城乡教师对所在学校整体校园设施环境认同度较高，存在显著差异，各省内部城乡教师的认同度存在区域性的差异，不同省份之间的教师认同度差异极为显著。从三省总体城乡教师的认同度比较看，采用单因素方差分析法，进行数据统计分析的结果显示，P值小于0.05且小于0.01，表明三省城乡教师对所在学校整体校园设施环境认同度存在显著差异，并且极为显著（详见表4-13）。在城乡四个区域层面，城市教师的认同度最高，县城教师的认同度略低于城市，村庄和乡镇教师的认同度最低。随着西部民族地区城镇化进程的不断加快，以学生、教师为主的人力资源和以教学设施等为主的物力资源迅速向城镇集聚。西部民族地区政府通过农村学校布局调整，大量的农村薄弱学校被撤并，优质资源向县城、乡镇集中，所以，县镇的办学条件得到明显改善。保留下的农村学校办学规模和硬件设施也得到加强。但是，受到城乡发展差距的影响，教育资源总体分布的二元化特征仍然存在,城乡教师认同度的差异,正反映了城乡教育资源分布的质量差距。

表4-13　　　　城乡教师对学校整体校园设施环境认同情况表

区域	均值	标准差	F	P
城市	3.88	.953	10.648	.000
县城	3.80	.976		
乡镇	3.74	.923		
村庄	3.75	1.044		
总体情况	3.75	1.236		

从各省内部城乡差异看,城乡教师关于校园整体设施环境的认同度存在区域性的差异。单因素方差分析结果显示,N省M市和M省T市的P值小于0.01,表明差异极显著;G省N市的P值大于0.05,表明不存在显著差异(详见表4-14)。N省M市城乡教师的认同度分布呈现显著的城乡二元式特征,按"城市""县城""村庄""乡镇"的顺序,教师的认同度依次降低。M省T市在县域范围内呈现二元结构式的分布特征,城市教师的认同度低于县城教师,但高于乡镇教师和村庄教师。G省N市城乡教师的认同度不存在显著的差异,按照"乡镇""城市""县城""村庄"的顺序,教师的认同度逐步降低。尽管G省N市、M省T市的城市教师认同度均值都不是最高的,可是在四个区域层面,城市教师认同度仍处于第二位置,也体现了城市学校校园整体设施环境相对较优的特征。上述认同度的差异分析结果反映了当前西部少数民族聚居特征显著的省内部城乡校园整体设施环境的差距,也表明农村校园整体设施环境不断得到优化,进而形成不同的认同度分布格局。

表4-14　　三省内部城乡教师对校园整体设施环境认同情况表

	区域	均值	标准差	F	P
N省M市	城市	4.41	.600	12.163	.000
	县城	3.87	.958		
	乡镇	3.73	.986		
	村庄	3.74	1.012		
	区域	均值	标准差	F	P
G省N市	城市	3.55	.999	2.174	.090
	县城	3.45	.991		
	乡镇	3.60	.933		
	村庄	3.33	.989		
	区域	均值	标准差	F	P
M省T市	城市	3.90	.944	14.013	.000
	县城	3.99	.918		
	乡镇	3.87	.861		
	村庄	3.56	1.060		

从不同省份之间教师的整体认同水平差异看，调查涉及的三个省份之间存在显著的差异。采用单因素方差分析法，进行数据统计分析的结果显示，P值小于0.01，表明三省教师对所在学校整体校园设施环境认同度存在显著差异，且差异极显著。N省M市的教师认同度均值最高，M省T市的教师认同度均值居中，G省N市的教师认同度均值最低（详见表4-15）。在一定程度上，三者之间的差距，反映了三者之间教育发展水平的差距。尽管N省M市的经济发展水平处于中间位置，可是采取了多项操作性强、落实有力的措施，有效地推动了当地教育均衡发展，有多个县顺利通过教育均衡发展验收。在N省官方媒体的报道中，经常会发现"狠抓""牙缝抠钱"等描述M市努力推动教育发展的词汇。不同的地方政策促成了不同的教育发展水平，进而形成了教师对校园整体设施环境的认同度差异。

表 4-15　　　　三省教师对学校整体校园设施环境认同度情况表

省份	均值	标准差	F	P
N 省 M 市	3.87	.965	31.987	.000
G 省 N 市	3.52	.969		
M 省 T 市	3.83	.961		
总体情况	3.75	.974		

2. 城乡教师对所在学校教育教学基础设施认同度存在显著差异，各省内部城乡教师的认同度存在区域性差异，不同省之间的教师认同度差异极为显著。从总体城乡教师的认同度比较看，城乡教师的认同度差异显著。采用单因素方差分析法，进行数据统计分析的结果显示，P 值小于 0.01，表明城乡教师对学校教育教学基础设施认同度存在极显著的差异（详见表 4-16）。城市教师的满意度最高，村庄教师的满意度最低，城乡二元式的分布特征显著，但均值都在 3 以上，处于中等偏上水平。以上调查分析说明，随着国家和地方各级政府对西部民族地区教育发展的支持力度不断加大，当地教育教学设施不断得到改善，但农村学校的承载压力不断加强，短期内教育教学资源又难以得到快速的补充，从而造成现有的教育教学资源难以满足实际需求的发展状况。农村教师对学校教育教学设施较低的认同度正是教育教学设施无法满足教育发展需求的表现，也反映出城乡教育教学设施条件的发展差距。

表 4-16　　　　城乡教师对学校教育教学基础设施认同情况表

区域	均值	标准差	F	P
城市	3.87	.948	19.086	.000
县城	3.75	.983		
乡镇	3.62	.981		
村庄	3.46	1.065		
总体情况	3.67	1.003		

从各省内部"城乡四维区域差异"看,采用单因素方差分析法进行数据统计分析的结果显示,N 省 M 市、M 省 T 市的 P 值小于 0.01,表明二者城乡教师的认同度存在极显著的差异;G 省 N 市的 P 值大于 0.05,表明 N 市城乡教师的认同度不存在显著差异(详见表 4-17)。N 省 M 市的城市教师认同度均值高于村庄教师,城乡二元分布特征显著。M 省 T 市城市教师认同度均值略低于县城教师,但高于乡镇和村庄教师,仍然存在一定的城乡二元分布特征。对于 G 省 N 市,按照"乡镇""城市""县城""村庄"的顺序,教师认同度依次减弱。以上统计分析结果体现出,在城市化进程不断加快的背景下,面对城乡教育发展差距,经过国家和地方各级政府的努力,城市教育发展的压力、农村教育的快速发展、城乡教育发展差距等,共同形成了西部民族地区不同的城乡教育发展新样态。

表 4-17　三省内部城乡教师对学校教育教学设施认同情况表

	区域	均值	标准差	F	P
N 省 M 市	城市	4.26	.652	10.993	.000
	县城	3.68	1.077		
	乡镇	3.52	1.073		
	村庄	3.68	1.049		
	区域	均值	标准差	F	P
G 省 N 市	城市	3.50	1.019	.706	.549
	县城	3.47	.954		
	乡镇	3.55	.951		
	村庄	3.40	.917		
	区域	均值	标准差	F	P
M 省 T 市	城市	3.94	.923	27.191	.000
	县城	3.95	.914		
	乡镇	3.74	.949		
	村庄	3.38	1.091		

从不同省之间教师的整体认同水平差异看,调查涉及的三个省之间存在显著差异。采用单因素方差分析法,进行数据统计分析的

结果显示，P 值小于 0.01，表明三省之间教师对学校教育教学基础设施认同度存在极显著的差异。G 省 N 市的教师认同度最低，N 省 M 市的教师认同度居中，M 省 T 市的认同度最高（详见表 4-18）。正如上文所论述到的，三者之间的教师认同度差异，体现了三者教育发展速度和层次的差异，进而造成三者之间的教师对教育教学设施的认同度差异。

表 4-18　　　　三省教师对学校教育教学设施认同情况表

省份	均值	标准差	F	P
N 省 M 市	3.71	1.042	16.081	.000
G 省 N 市	3.50	.961		
M 省 T 市	3.75	.999		
总体情况	3.67	1.003		

三　专业文化管理支持环境需求

教师是社会生活实践的参与者、构成者和生成者，其专业能力的施展受到外在客观物质条件的制约，又受到学校内在组织文化因素的影响。组织文化是指某一特定组织所独有的、为所有组织成员共同持有的价值、信念、规范、基本假设与行为形态的综合体系。[①]既依赖于人的行为而体现，代表着组织人群共同的价值信念，又弥散于组织整体的各部分，影响着每一个组织成员的行为表现和发展成长。学校的管理方式是学校组织文化的具体表现，也是教师专业实践活动的直接决定因素。通过教师对学校管理方式和专业发展氛围的认同度，可以反映学校组织文化对教师专业施展的支持程度。基于上述考虑，我们围绕城乡教师对"学校教学改革氛围、学校管理的公平性、学校管理制度"三个方面的认同度进行分析，以明确

---

① 范国睿：《学校管理的理论与实务》，华东师范大学出版社 2003 年版，第 309 页。

城乡教师专业施展的专业文化支持环境需求。

1. 城乡教师对学校教学改革氛围认同度存在显著差异，各省内部城乡教师的认同度存在区域性的差异，不同省份之间的教师认同度存在极显著的差异。从总体城乡教师的认同度比较看，采用单因素方差分析法，进行数据统计分析的结果显示，城乡教师对学校教学改革氛围的认同度存在显著差异（P<0.01，详见表4－19）。从认同度均值分布情况看，城乡教师对学校教学改革氛围的整体认同度中等偏上，城市教师认同度均值最高，县城和村庄教师认同度均值居中，乡镇教师的认同度均值最低，城乡二元分布特征明显，体现出城乡教师的认同度差异，也体现出城乡学校教学文化软环境发展层次的分布差异，以及城乡教育发展软环境的差异化需求。

表4－19　　　　城乡教师对学校教学改革氛围认同情况表

区域	均值	标准差	F	P
城市	3.53	1.077	10.107	.000
县城	3.52	1.056		
乡镇	3.28	1.085		
村庄	3.36	1.088		
总体情况	3.41	1.082		

从各省内部"城乡四维区域差异"看，城乡教师关于学校教学改革氛围的认同度存在区域性的差异。采用单因素方差分析法，进行数据统计分析的结果显示，N省M市、M省T市城乡教师对教学改革氛围的认同度存在极显著差异（P<0.01），G省N市城乡教师对教学改革氛围的认同度不存在显著差异（P>0.05）（详见表4－20）。就城乡教师认同度均值而言，N省M市城乡教师认同度均值，按照"城市""县城""村庄""乡镇"的顺序依次减弱，城市教师认同度均值高于其他三个区域层次教师认同度，城

乡二元分布特征明显；G 省 N 市城乡教师认同度均值，按照"县城""乡镇""城市""村庄"的顺序依次减弱，城市教师认同度低于县城和乡镇教师，但是高于村庄教师认同度；M 省 T 市的城乡教师认同度，按照"县城""城市""乡镇""村庄"的顺序依次减弱，城市教师认同度低于县城教师，但是高于乡镇和村庄教师，仍存在一定的城乡二元分布特征。城乡教育发展水平的差异和教育发展社会环境的差异，引发城乡教师对学校发展需求及其教学改革要求的差异，进而带来城乡教师对学校教学改革氛围的认同差异。另外，城乡教学改革的持续推进，打破了已有的城乡割裂和城乡二元发展格局，从而形成了城乡教学改革的多样化发展，进而引发城乡教师对学校教学改革氛围的认同差异。

表 4-20　　三省内部城乡教师对学校教学改革氛围认同情况表

	区域	均值	标准差	F	P
N 省 M 市	城市	3.80	1.074	5.695	.001
	县城	3.50	1.071		
	乡镇	3.26	1.106		
	村庄	3.31	1.128		
	区域	均值	标准差	F	P
G 省 N 市	城市	2.98	1.110	2.069	.103
	县城	3.07	1.040		
	乡镇	3.02	1.066		
	村庄	2.73	1.040		
	区域	均值	标准差	F	P
M 省 T 市	城市	3.73	.965	7.120	.000
	县城	3.79	.964		
	乡镇	3.54	1.034		
	村庄	3.51	1.033		

从不同省之间教师的整体认同差异看，采用单因素方差分析法，

进行数据统计分析的结果显示，调查涉及的三个省份之间存在极显著差异（P<0.01，详见表4-21）。在实地调查的对象区域中，G省N市的教师对学校教学改革氛围认同度最低，N省M市居中，M省T市最高。基于西部民族地区不同省份的经济、文化差异，在不断增加投入、缩小不同省之间硬件设施差距基础上，还应引导学校加强教学文化软实力的建设，缩小不同区域教学文化软实力的发展差距。

表4-21　　三省教师对学校教学改革氛围认同差异情况表

省份	均值	标准差	F	P
N省M市	3.41	1.111	97.1641	.000
G省N市	3.00	1.067		
M省T市	3.64	1.008		
总体情况	3.41	1.082		

2. 城乡教师对学校管理公平性认同度存在显著差异，各省内部城乡教师的认同度存在区域性的差异，不同省之间的教师认同度存在极显著差异。从总体城乡教师的认同度比较看，单因素方差分析法的结果显示，城乡教师的认同度存在差异（P<0.05，详见表4-22）。就均值而言，城市教师认同度均值高于县城和乡镇教师，并且与村庄教师认同度均值相同。城乡学校之间管理软实力的发展差距，造成城乡学校管理水平的差距，直接体现为管理的实效性、规范性等的差距，特别是管理制度的健全性差异，再加上城乡教师自我发展意识的差异，导致城乡学校管理公平性实践样态的差异。在"城市、县城、乡镇"三个区域层面，城乡教师对学校管理公平性的认同度呈现传统城乡二元式的分布特征。由于西部民族地区农村学校的规模相对较小，实践工作的实际要求相对较低，教师工作的环境相对宽松，农村教师对学校管理的公平性也表现出较强的认同度。

表 4-22　城乡教师对学校管理公平性认同差异情况表

区域	均值	标准差	F	P
城市	3.68	.983		
县城	3.66	.978		
乡镇	3.59	.973	1.640	.003
村庄	3.68	.954		
总体情况	3.64	.973		

从各省内部"城乡四维区域差异"看，城乡教师关于学校管理公平性的认同存在区域性的差异。单因素方差分析的结果显示，N省M市、M省T市城乡教师对学校管理公平性的认同度存在显著差异，G省N市城乡教师对学校管理公平性的认同度不存在显著差异（详见表4-23）。就均值差异而言，N省M市的城市教师认同度高于其他三个区域层次教师的认同度，城乡二元分布特征显著；G省N市的城市教师认同度低于其他三个区域层次教师的认同度；M省T市城乡教师的认同度呈现显著的城乡二元式分布特征，在"城市、县城、乡镇、村庄"四个区域层面，教师的认同度依次减弱。以上分析结果表明，在不同省份内部，城乡教师对学校管理公平性认同度呈现不同的分布特征，不仅体现了不同省份内部城乡学校管理水平的差异，还体现了不同省份内部城乡教师观念的差异。

表 4-23　三省内部城乡教师对学校管理公平性认同差异情况表

	区域	均值	标准差	F	P
N省M市	城市	4.11	.836		
	县城	3.77	.874	6.252	.000
	乡镇	3.60	.994		
	村庄	3.65	1.082		

续表

	区域	均值	标准差	F	P
G省N市	城市	3.18	1.092	.653	.581
	县城	3.30	.972		
	乡镇	3.30	1.049		
	村庄	3.21	1.011		

	区域	均值	标准差	F	P
M省T市	城市	3.79	.974	3.538	.014
	县城	3.71	1.073		
	乡镇	3.59	1.041		
	村庄	3.57	1.028		

从不同省份之间教师的整体认同度差异看，调查涉及的三个省份之间存在显著差异。单因素方差分析法的结果显示，三个地区教师对学校管理公平性的认同度存在极显著的差异（$P<0.01$，详见表4-24）。就均值差异而言，在上述三个区域对象中，N省M市的认同度最高，M省T市的认同度居中，G省N市的认同度最低，既反映出不同省份、不同区域之间的教师认同度差异，又反映出不同省份、不同区域之间学校管理公正水平以及学校管理对教师专业能力施展支持度的差异。

表4-24　　三省教师对学校管理公平性认同度差异情况表

省份	均值	标准差	F	P
N省M市	3.73	.980	49.229	.000
G省N市	3.27	1.033		
M省T市	3.66	1.034		
总体情况	3.56	1.040		

3. 城乡教师对学校管理制度的认同度不存在显著差异，各省内部城乡教师的认同度存在区域性的差异，不同省份之间的教师认同

度存在显著差异。从总体城乡教师的认同度比较看，单因素方差分析的结果显示，P 值大于 0.05，表明城乡教师的认同度不存在显著差异（详见表 4-25）。就城乡教师的认同度均值而言，城市教师的认同度与村庄教师的相同，而且是最高水平，县城教师的认同度处于中间位置，乡镇教师的认同度最低。另外，从各区域层面教师的认同度均值与认同度总体情况比较看，乡镇教师均值不仅是最低均值，还低于城乡教师均值的总体水平；城市教师、县城教师、村庄教师的认同度均值较高，并高于城乡教师认同度均值的总体水平。既体现了城乡学校之间管理制度建设质量与水平的差距，又体现了城乡学校专业文化氛围与环境的发展差距，以及城乡整体管理层次的差异。

表 4-25　　城乡教师对学校管理制度认同差异情况表

区域	均值	标准差	F	P
城市	3.68	.983	1.640	.178
县城	3.66	.978		
乡镇	3.59	.973		
村庄	3.68	.954		
总体情况	3.64	.973		

从各省内部"城乡四维区域差异"看，在"城市、县城、乡镇、村庄"四个区域层面，单因素方差分析法的统计分析结果显示，G 省 N 市、M 省 T 市的 P 值大于 0.05，N 省 M 市的 P 值小于 0.01，表明 G 省 N 市、M 省 T 市城乡教师对学校管理制度的认同度不存在显著差异，N 省 M 市城乡教师对学校管理制度的认同度存在极显著差异。就城乡教师认同度均值而言，N 省 M 市的城乡教师呈现出显著的城乡二元式分布特征。在"城市、县城、乡镇、村庄"四个区域层面，教师的认同度逐步减弱，城市教师的认同度高于其他三个区域层面教师的认同度，且差异较大；G 省 N 市的城乡教师认同度

呈现传统城乡二元式的逆向分布特征,在"城市、县城、乡镇、村庄"四个区域层面,教师的认同度逐步增强,城市教师的认同度最低,村庄教师的认同度最高,且差异较大;M 省 T 市的城乡教师认同度按照"城市""县城""村庄""乡镇"的顺序逐步减弱,城市教师的认同度高于其他三个区域层面教师的认同度,且差异相对较小(详见表 4-26)。

表 4-26　　三省内部城乡教师对学校管理制度认同差异情况表

	区域	均值	标准差	F	P
N 省 M 市	城市	4.08	.805	4.483	.004
	县城	3.83	.746		
	乡镇	3.79	.894		
	村庄	3.72	.985		
	区域	均值	标准差	F	P
G 省 N 市	城市	3.24	1.037	2.113	.097
	县城	3.36	.996		
	乡镇	3.46	.960		
	村庄	3.47	.864		
	区域	均值	标准差	F	P
M 省 T 市	城市	3.79	.926	1.488	.216
	县城	3.77	1.016		
	乡镇	3.65	1.014		
	村庄	3.70	.956		

从不同省份之间教师的整体认同度差异看,调查涉及的三个省份之间存在显著差异。单因素方差分析的结果显示,以上三个地区教师对学校管理制度认同度存在极显著的差异($P<0.01$,详见表 4-27)。就认同度的均值差异而言,在实地调查的三个区域对象中,N 省 M 市的认同度最高,M 省 T 市的认同度居中,G 省 N 市的认同度最低,反映出不同省份、不同区域之间学校管理制度对教师专业能力施展支持度的差异,也反映出学校管理软实力对教师专业

施展支持的差异化。

表4-27　城乡教师对学校管理制度认同度省际差异情况表

省份	均值	标准差	F	P
N省M市	3.79	.879	39.962	.000
G省N市	3.39	.978		
M省T市	3.72	.981		
总体情况	3.64	1.124		

第二节　城乡教师专业施展财政投入实践运行机制

就城乡教师"社会支持环境、专业设施支持环境、专业文化支持环境"需求而言，尽管各级政府不断加大对农村社会及教育的投入，农村教师专业施展的硬件设施和软件环境得到不断优化，可是农村教师专业施展的环境基础仍然有待加强，尤其是需要从制度建设的角度，加强财政投入机制建设，以促进城乡教师专业施展机会的均衡。

一　社会支持环境财政投入机制

城乡社会二元发展带来的资源分布失衡，导致城乡社会教育发展的整体性失衡。农村教师不仅面对着社会支持环境的差异，还面临着专业设施环境和专业文化支持环境的城乡发展差异，从城乡教师公平发展的角度，加强对农村教师专业施展硬件设施与软件环境的建设，仍然是当前城乡教师专业施展环境建设的重点。

（一）城乡网络设施建设快速推进，城乡发展差距仍然存在

有研究指出，2015年我国信息社会指数为0.4351，在全球排名

第 88 位。预计 2020 年前后将达到 0.6，我国整体上进入信息社会初级阶段。[①] 信息技术的迅速普及和应用，不仅推动了社会生产方式的整体变革，还深刻地影响着每个社会个体的生活方式。信息技术增强了社会服务的可获得性，突破社会服务因时空差异所带来的差距。并且改变了人际沟通互动的渠道，不论是生活工作的方式，还是生活工作的内容和载体，都呈现出数字化、虚拟化的特征。作为我国经济社会发展的薄弱环节，"三农"问题始终是国家和地方各级党委政府关注的核心领域，以互联网为中心的信息网络设施建设成为推动农业现代化和提升农村社会发展水平的有力途径。《中华人民共和国国民经济和社会发展第十三个五年规划纲要》等国家战略政策以及《"宽带中国"战略及实施方案》等信息化发展政策，都将"农业、农村、农民"当作重要的关注对象，给予明确的政策支持，促进了网络信息技术在农村的快速普及和应用。

据《2015 年农村互联网发展状况研究报告》公布的数据显示，截至 2015 年 12 月，中国农村网民规模达 1.95 亿，年增长率为 9.5%。网民中农村网民占比 28.4%，较上年提升了 0.9 个百分点。[②] 而且，3G 网络已经实现对乡镇的全覆盖，行政村的宽带接入率达到 91%，每百户农村居民移动电话的拥有量达到 200 部，市县级农业部门建立局域网的比重分别达到 80% 和 40%，全国乡镇农村信息服务站拥有计算机并可以上网的比重达到 41%。[③] 互联网在农村的广泛推广快速提升了农村的信息化水平，增强了农村信息流通的畅通程度。然而，受经济发展水平的影响，区域之间、城

[①] 国家信息中心"信息社会发展研究"课题组：《从工业社会加速向信息社会转型》，《光明日报》2015 年 7 月 8 日第 16 版。

[②] 中国互联网信息中心：《2015 年农村互联网发展状况研究报告》，2016 年。

[③] 李强：《廖仁斌代表：以"互联网+"助推新农村 建议加大基础设施建设投入》，http://news.xinhuanet.com/politics/2016lh/2016-03/04/c_135156126.htm?plg_nld=1&plg_uin=1&plg_auth=1&plg_nld=1&plg_usr=1&plg_vkey=1&plg_dev=1&from=groupmessage&isappinstalled=0，2016-03-04。

乡之间的互联网和信息化发展失衡，存在着显著的差距。研究表明，北京、上海、广东、浙江、江苏、福建、山东和天津等东部省市始终居于我国信息化发展的领先位置，其次是中部地区，西部地区相对落后。从中国东部沿海地区向西北、西南、东北三个方向，信息化发展水平基本呈现出逐步递减的态势。绝大多数人均 GDP 水平高的省份，信息化发展程度高于人均 GDP 水平低的省份。① 地域环境的影响等原因，造成很多偏远农村未能实现宽带的有效接入。面向三农的网站、平台等信息化载体比较少，导致城乡"信息化鸿沟"仍然存在。② 另外，除了技能、观念等主观因素的影响，城乡非网民的数量分布特征也证明了城乡互联网等信息化水平的发展差距。截至 2015 年 12 月，62.3% 的非网民为农村人口，占我国农村人口总数的 68.4%，而城镇地区非网民比例为 34.2%，城乡之间存在着显著的差异。③

西部民族地区的农村信息化发展不但存在着与东中部地区的数字发展鸿沟，而且还存在着城乡发展的巨大差距。因为特殊的地理环境影响，西部民族地区通常经济发展滞后，再加上山大沟深、人烟稀少等因素的共同影响，农村区域的信息化水平相对较低，并低于城市的发展水平。调查涉及的 N 省 M 市、G 省 N 市、M 省 T 市，三地农村信息化的发展均存在城乡发展的失衡。以 G 省 N 市为例，根据《N 市"十三五"信息化发展规划》提供的数据，全市 20 户以上自然村通电话比例已提高到 95.2%，农牧村通宽带比例已提高到 75%，大部分行政村小学已开通宽带并提速到 4Mbps 以上。但是，由于经费投入不足，农村信息化建设历史欠债较多，尤其是边

---

① 中国互联网络信息中心：《国家信息化发展评价报告（2016）》。
② 李强：《廖仁斌代表：以"互联网+"助推新农村 建议加大基础设》，http://news.xinhuanet.com/politics/2016lh/2016-03/04/c_135156126.htm?plg_nld=1&plg_uin=1&plg_auth=1&plg_nld=1&plg_usr=1&plg_vkey=1&plg_dev=1&from=groupmessage&isappinstalled=0，2016-03-04。
③ 中国互联网信息中心：《2015 年农村互联网发展状况研究报告》，2016 年。

远农牧区网络通信难以实现全覆盖，影响着该市信息化建设的整体推进水平。

（二）农村公共服务设施建设相对薄弱，未能形成稳定增长的投入保障机制

农村基本公共服务体系建设是我国基本公共服务建设的难点，是制约我国城乡社会统筹发展的短板，也是实现基本公共服务均等化的关键。没有健全的农村基本公共服务体系，就不可能有比较完善的农村基本公共服务，不可能有城乡之间、区域之间的基本公共服务均等化，更不可能有发达的现代农业、农村和真正意义上的现代农民。[①] 正是基于西部民族地区公共服务供给的现实困境及其城乡发展差距的实际，《国家中长期教育改革和发展规划纲要》《中华人民共和国国民经济和社会发展规划纲要》等国家宏观发展政策，都对农村公共服务质量的改善进行了强调和关注。而且，针对西部民族地区及其农村区域的公共服务供给，国家还出台了专门的支持政策。比如，针对民族地区教育发展，国务院出台了《国务院关于加快发展民族教育的决定》等政策。另外，针对西部民族地区不同省份的具体情况，国务院还出台了支持各省份发展的政策。针对调查涉及的 N 省、G 省、M 省，国务院先后出台了《国务院关于进一步促进 N 省经济社会发展的若干意见》（国发〔2008〕29 号）、《国务院办公厅关于进一步支持 G 省经济社会发展的若干意见》（国办发〔2010〕29 号）、《国务院关于进一步促进 M 省经济社会又好又快发展的若干意见》（国发〔2011〕21 号）。

在国家和地方各级党委政府的共同努力下，西部民族地区农村区域的公共服务设施建设得到有效改善。"十二五"期间，广受西部民族地区农村群众关注的医疗、文化等公共服务领域，基本形成了健全的设施网络体系，农村公共服务的人力资源、设施设备

---

① 郑子青：《强化农村基本公共服务》，《人民日报》2011 年 11 月 29 日第 007 版。

等的配置得到优化，公共服务供给能力和供给质量得到显著提升。然而，城乡公共服务设施的差距仍然显著存在。第一，农村公共服务设施的基础条件薄弱。以 N 省为例，全省 50% 以上的乡镇卫生院的附属用房亟待改善，乡镇卫生院、村卫生室标准化建设覆盖率分别达到 85%、74.69%。N 省 M 市大部分乡镇卫生院和新建村卫生室没有集中供暖设施，部分乡镇卫生院 X 光机、彩超、生化仪和急诊急救等必备医疗设备短缺。城乡公共文化服务设施建设不均衡，农村文化公共服务设施缺乏、质量层次低，数字化的现代服务供给与尚未健全的传统服务供给共同存在。第二，地方政府对农村公共服务设施建设的投入不足。受到发展观念和自身的财政保障能力的限制，除人员工资的保障外，西部民族地区的很多县虽然对医疗、文化等公共服务具有一定的资金投入，但是尚未将文化设施建设等纳入本级财政预算，公共服务设施的建设与发展大都依靠上级政府的转移支付，没有形成稳定的投入增长保障机制。第三，农村公共服务机构人员的激励机制不健全。按照已有的企事业单位预算管理规定，乡镇卫生院等农村公共服务机构实行全额预算后，工资收入分配结构进行了调整和规范，绩效工资所占比重较低，难以调动基层服务人员的工作积极性，无法形成有效竞争的工作格局，传统"大锅饭"式的分配模式弊端再次出现，甚至很多乡镇卫生院出现了常见病、多发病的住院手术治疗停滞，医疗服务项目范围不断萎缩，基本医疗服务的能力逐步减弱，直接影响了医疗公共服务的供给质量。

（三）城乡义务教育投入保障机制得到持续加强，农村社会成人教育投入缺乏稳定的长效机制

自新中国成立以来，伴随我国财政管理体制的变革，围绕城乡义务教育发展，国家多次对义务教育管理体制和投入保障机制进行调整。农村义务教育的投入重心先后经历了"自上而下"和"自下而上"两种倾向的变迁。2001 年起，逐步确立了"以县为主"的经费投入体制与管理机制。2005 年，面对不同层级政府之间和不同区

域之间的财力差距以及县级政府的财政压力，我国在中西部地区实施农村义务教育经费保障机制改革，健全了"中央与地方政府共担、强化向中西部偏远贫困地区倾斜"的政策取向，农村义务教育经费保障重心出现由"'县'到'省'"的变动趋向。2006 年，新修订的《中华人民共和国义务教育法》再次明确"省级统筹"的投入与管理体制变革要求。2007 年，农村义务教育经费保障机制改革全面实施，"中央与地方政府按比例共同承担""省级政府统筹为主"的义务教育经费保障体制机制逐步健全，西部民族地区农村义务教育的投入供给得到持续改善，为快速发展奠定了坚实的物质基础。在城乡教育二元发展模式的背景下，与农村义务教育相比，受到管理主体及其所处地理位置优势的作用，城市义务教育发展质量和资源配置处于相对优势。农村义务教育经费保障机制改革实施后，城市开始实施免费义务教育，与之相对应的经费保障机制逐步建立。2015 年，国家统一城乡义务教育学校生均公用经费基准定额，并建立统一的城乡义务教育经费保障机制，为西部民族地区城乡义务教育的跨越发展带来了机遇，强化了城乡义务教育高质量发展的物质基础。

与城乡义务教育投入相比，城乡社会成人教育发展的投入保障相对薄弱。高等教育大众化的背景下，脱产进修方式更加丰富和多样化，城市社会人口面临着更多的学习选择渠道与途径。受到所在区域及城乡教育资源分布差异的影响，农村成人接受教育的途径相对较少，也未能形成稳定的投入保障机制。在过去的很长一段时间里，为加强农村成人的文化素质，国家通过多种途径采取灵活多样的扫盲措施。M 省、N 省、G 省先后于 2007 年、2008 年、2011 年通过"两基"达标验收，实现基本扫除农村青壮年文盲的文化普及任务。为巩固"两基"达标成果和继续降低文盲人口比例，国家出台《教育部等 12 个部门关于进一步加强扫盲工作的指导意见》，对财政投入资金的责任主体进行了明确，并进行了具体的规定。由于评价考核机制的弱化和"两基"达标任务的初步完成，导致农村社会成人教育投入长效机制的缺乏。当前西部民族地区农村社会成人教育主要以短期的技能培训项目为主，以脱贫致富为主要目标，对农村人口基础文化知识素养的培养却未能形成有效的投入保障机制。按照《N省农业现代化暨农村全面小康建设综合考评方案》的规定，针对农村社会成人的教育主要体现于"新型职业农民培育与农民职业技能提升"的评价考核，具体包括"新型农民培育工程""农民外出务工人员技能提升工程""引凤还巢工程"等技能培训的要求。以上评价考核规定，也体现了农村成人教育重技能，对基础文化素养关注不够的现实，进而导致农村社会人口整体素质难以获得可持续性地提升。

二 专业设施环境财政投入机制

（一）城乡学校专业设施环境获得显著改善，向民族地区倾斜的投入政策逐步健全

整体性与协调性是教育财政政策的主要特征。教育财政分配应以全体受教育者为对象，并顾及各级各类教育的协调发展以及全国各地区教育的发展水平，不可偏废。教育要发挥其功能，就必须具备良好的结构，使各级各类教育之间以及教育与社会政治经济之间形成双向良性循环。而这种良性循环的重要前提之一就是教育投资结构科学合理，讲求教育资源配置的整体性与协调性。教育财政的整体性特点要求在教育财政分配过程中立足全面，正确妥善处理局部与整体的关系，实现教育财政资金的最佳分配。[①] 民族教育是国民教育体系的构成部分，既是国民教育体系整体发展质量的薄弱环节，又是国民教育整体协调发展、健康发展的关键环节。民族教育始终是国家教育财政分配的倾斜和支持对象。作为西部少数民族聚居特征显著的省份，除了国家的支持政策外，调查涉及的三省均出台了促进民族教育发展的专项政策和具体举措。从学校专业设施环境建

---

① 宁本涛：《教育财政政策》，上海教育出版社2010年版，第6页。

设看，主要呈现以下特点：

向民族地区倾斜的投入政策取向不断强化。《M 省人民政府关于加快发展民族教育的意见》明确规定，基本稳定现有少数民族义务教育学校布局、规模，率先实现办学条件标准化和旗（县）域内均衡发展。《G 省加快发展民族教育专项规划（2016—2020 年）》规定，全面改善义务教育薄弱学校基本办学条件，项目资金按在校生数的 120% 向民族地区倾斜，加快义务教育学校标准化建设。2016—2018 年，将为民族地区安排"全面改薄"专项资金 16.47 亿元，主要用于校舍建设项目和设施设备购置项目，全面完成民族地区义务教育薄弱学校改造任务。"十二五"期间，G 省教育厅争取国家资金近 3 亿元，用于改善民族地区中小学办学条件和教师培训，民族地区中小学生均建筑面积整体达到全省平均水平。N 省坚持将教育重点工程项目向少数民族聚居区倾斜的政策取向。"十二五"期间，累计完成基础设施投资项目 11 个，包括重大惠民政策，累计完成投资额 156.83 亿元，少数民族聚居 9 县区累计投资 82.8 亿元，占 52.79%。[①]

分类实施的民族教育投入政策不断健全。根据不同民族地区教育发展的差异，西部各级政府还制定了专门的区域性教育投入政策。针对 N 市的民族教育发展现状，G 省教育厅制订《支持 N 市教育跨越发展行动计划（2013—2020 年）》，明确了推进义务教育学校标准化建设和中小学校舍安全工程的具体要求。M 省 T 市为推动民族教育的快速发展，不仅颁布了《T 市民族教育条例》，还出台了《关于加快发展民族教育的决定》，在全市设立民族教育专项补助资金、建立民族教育经费补充机制，全市用于民族教育的专项资金每年达 680 万元，以及民族学校运行和民族幼儿免费教育补贴资金 3175 万元。而且，深入实施了民族中小学办学水平提升工程，加快推进民族标

---

① 数据来源于内部资料：N 省教育厅《关于〈对民族教育发展情况报告的审议意见（N 人常办〔2014〕22 号）〉的办理情况报告》。

准化学校建设。2013—2016 年，T 市累计投入 3.8 亿元，新建和改扩建民族中小学、幼儿园 94 所，基本满足了民族适龄儿童少年入学需求。① 差异化教育投入政策不仅为民族地区教育发展奠定了物质基础，还为区域内民族教育均衡发展提供了前提条件。

（二）城乡学校设施环境差距迅速缩小，向农村倾斜的投入保障机制不断强化

社会的多元化发展引发教育内在结构的多元化变革。对于个体人而言，接受教育由选择性发展路径转变为必备性生存条件。在当今社会，肌肉的力量正在被头脑的力量所取代。在整个 20 世纪前叶，几乎没有受过什么正规教育的人也可以找到报酬很好的手工工作来养活他们自己及家人。在当代，作为技术进步的结果，这种就业方式已不复存在。替代了手工劳动力的机器，需要受过良好教育的操作者，同时，机器的发明和设计者以及相应的装置要求操作者受过高水平的正规教育。现在一个人受正规教育的程度与他的经济地位密切相关。过去，接受正规教育是一种选择；今天，教育是全面参与我们社会、政治、经济等各方面的通行证。那些没有通行证的人，不能完全融入我们的社会，可能将面临永远成为下层阶级中一员的命运。② 正是基于教育对人发展的重要意义和不同区域人群公平发展的实践需要，农村人口的受教育质量成为国家、西部民族地区各级政府持续的政策着力点。

从调研情况看，农村学校成为西部民族地区学校专业设施环境投入的主要领域。以 N 省为例，2014—2016 年，重点以中小学标准化学校建设为抓手，组织实施了"全面改薄"项目，共投入项目资金 43.03 亿元（其中，基本建设资金 30.74 亿元，设备采购资金 12.29 亿元），改造、建设项目学校 1529 所，新建、维修改造校舍

---

① 数据来源内部资料：T 市汇报材料《农村牧区教育工作调研报告》。
② ［美］理查德·A. 金、奥斯汀·D. 斯旺森、斯科特·R. 斯威特兰：《教育财政——效率、公平与绩效》，中国人民大学出版社 2009 年版，第 8 页。

95.18万平方米，建设室外运动场地193.9万平方米。安排资金2.7亿元，改造了1485所农村中小学的供暖设施，全省农村义务教育学校彻底告别火炉取暖的时代。投入资金8738万元，改造教学点263所，使所有农村教学点办学条件达到基本标准。① 在M省T市，农村学校成为城乡专业设施环境"数量最大、比重最高"的投入领域。该市"十个全覆盖"校舍建设及安全改造工程和"全面改薄"工程，累计投入农村牧区校舍建设资金11.4亿元、建筑面积58.6万平方米、设施设备购置资金2.9亿元，分别占全市的76.3%、74.3%和70.5%。2016年，市政府启动实施农村牧区中小学办学条件提升工程，规划总投资7.1亿元，规划项目1119个，到2017年8月，工程全部完成，全面改善了农村牧区中小学校师生的住宿条件、运动场地条件。②

（三）农村学校专业设施环境的投入需求较大，现有的投入规模和投入举措难以满足实际需求

一方面，西部民族地区农村教育发展的弱势累积，导致农村教育的发展面临巨大的历史负担，造成城乡教育发展差距的反复叠加，不但成为有效缩小城乡教育差距的障碍，而且也成为缩小区域教育发展差距，进而成为实现质量教育公平的瓶颈；另一方面，西部民族地区经济发展滞后的总体格局，再加上地方政府发展理念偏好的差异，共同引发了地方教育财政投入能力的弱化，成为西部民族地区教育可持续发展的制约因素，也是国家教育财政体制改革的重点和难点问题。根据调研的情况，西部民族地区农村学校专业设施环境的投入缺口较大，现有的投入规模难以满足投入的实际需求。N省教育厅一位多年从事基础教育管理工作的领导谈道："经费投入的不足是影响民族地区农村学校设施环境建设的

---

① 数据来源于内部资料：N省教育厅关于义务教育均衡发展的汇报材料《义务教育均衡发展攻坚中存在的困难与问题》。

② 数据来源内部资料：T市汇报材料《农村牧区教育工作调研报告》。

主要问题。比如，十三五期间，我省'全面改薄'项目共计规划投入资金67.04亿元。其中，中央专项资金25亿元，省级统筹中央校舍维修改造、进城务工随迁子女补助、农村初中校舍改造工程等其他义务教育类专项资金16亿元，地方资金26.04亿元。因国家从2016年起停止实施进城务工随迁子女补助和农村初中校舍改造工程项目，因此要如期完成'全面改薄'项目任务，我们还存在12亿元的资金缺口。"通过调查资料的收集和分析，G省和M省等西部少数民族聚居省份，也不同程度地存在农村学校专业设施环境建设资金缺口较大的问题。

西部民族地区农村学校专业设施环境投入缺口直接原因是地方政府教育财力的弱化。从N省、G省、M省的情况来看，在义务教育均衡发展推动过程中，三省均存在经费投入的缺口，一个非常重要的原因就在于地方政府投入不足，未能按照已有政策规定足额完成教育财政投入任务。为调动各级政府加大教育投入的工作积极性，1995年颁布的《中华人民共和国教育法》明确提出"三个增长"的要求，即"各级政府教育财政拨款的增长应高于财政经常性收入的增长，并使按在校学生人数平均的教育费用逐步增长，保证教师工资和学生平均公用经费逐步增长"。此后，"三个增长"成为评价各级政府教育投入达标程度的主要参考标准。在义务教育均衡发展的推进过程中，中央和西部省级政府也将"三个增长"作为重要评价依据。调查发现，市县级政府"三个增长"的不达标在西部民族地区大量存在，直接影响了农村学校专业设施环境建设投入的充足性。M省T市共有12个旗县（区），其中7个旗县（区）2015—2016年"三个增长"不达标。8个需完成达标任务的旗县区需投入资金近15亿元，地方财政压力非常大。在接受评估的辖区中，G省N市2014—2016年连续两年没有达到教育投入"三个增长"的政策要求。根据N省M市《对H县义务教育均衡发展工作市级整体验收的反馈意见》，通过市级检查验收，尽管H县总体上已经达到N省和国家义务教育均衡发展的要求，但是未能实现"三个增长"的教育财政投入要求，缺口达 3484.6 万元，成为推动 H 县义务教育均衡向高层次、高质量发展的障碍。

三 专业文化管理软实力财政投入机制

学校是教育教学活动最为基层的实践载体，是教师专业发展活动有效实施最为直接的影响因素，也是保障城乡教师专业施展机会均衡的基线。然而，作为特定的专业组织单位，教育教学活动本身及其主体之间关系的复杂性，使学校更加需要对人文意蕴的关注，更加强调对民主权利的关注。学校不仅是校长的学校，更是全体教职员工的学校，它是一个"共同体"，学校使命的完成必须以全体相关成员的共同合作为基础。诚如美国学者罗伯特·J. 斯塔拉特所指出的，学校"在很大程度上（是）规模太小，不适合用管理或者组织中谈论的那些权力方面的抽象词汇。学校不仅在规模上，而且在情感和着眼点上更接近于家庭而不是大型企业"[1]。在国家、社会对教育的关注度不断增强，国家、地方各级政府对教育投入持续增加，以及学校的软硬件条件逐步改善的前提下，基于专业文化支持环境的改善，学校的整体管理能力与质量、学校政策承载与转化能力等软实力支持就显得尤为重要，成为学校教育质量稳步提升的关键，也成为推动教师专业能力有效施展的柔性支点。从国际经验看，基于技术、研究探索等方面的政策软实力支持，对学校管理、学校发展规划等整体能力的关注和支持，是教育教学改革有力的支撑基础，也是专业文化环境改善的重要途径。美国公立中小学教师薪酬改革的成功实施，正是得益于政府对中小学校实施的专业性引导等政策软实力支持。[2]

---

[1] [美] 托马斯·J. 萨乔万尼:《道德领导——抵及学校改善的核心》，冯大鸣译，上海教育出版社 2002 年版，第 57 页。

[2] 马青、赵亚丽、王天马:《美国公立中小学教师薪酬改革政策研究》，《河北师范大学学报》（教育科学版）2015 年第 2 期。

（一）教育部门对学校管理科学化要求增强，但是缺乏教育经费投入的保障支持

为适应教育发展的新形势和新要求，教育部印发《教育部关于印发〈义务教育学校管理标准（试行）〉的通知》（教基一〔2014〕10号），从平等对待每位学生、促进学生全面发展等6个层面和92项标准，对义务教育阶段学校的科学化和规范化管理提出了详细的目标和要求。《国务院关于统筹推进县域内城乡义务教育一体化改革发展的若干意见》（国发〔2016〕40号）提出义务教育阶段学校管理科学化的要求，明确规定"落实义务教育学校管理标准，提高学校管理标准化水平"。《教育部关于印发〈县域义务教育优质均衡发展督导评估办法〉的通知》（教督〔2017〕6号）也强化了义务教育阶段学校管理规范性要求，在教育质量的评估方面，明确重点评估内容包括义务教育普及程度、学校管理水平等四个维度，而且提出"所有学校制定章程，实现学校管理与教学信息化"的具体要求。针对上述政策，N省、G省、M省都印发了贯彻落实的通知，N省还结合国家的要求出台了地方的《义务教育学校管理标准》。

虽然上述政策明确了义务教育阶段学校科学管理的具体要求，但是对相应的投入保障却未能给予明确的规定。国家政策及调查涉及的三省地方政策，只对各地贯彻实施的差异化要求和评估要求等进行了规定，并对通过教师和校长培训进行学习和宣传的要求进行规定，可是缺乏对政策实施及学校综合管理能力改进的经费投入支持规定。在西部民族地区，首先是学校领导者的学历层次、知识能力、管理实践能力等的整体发展滞后；其次是经济社会发展整体水平的滞后导致农村学校领导者的吸引力不足。在调查过程中发现，在偏远地区有的农村小规模学校校长的流动过于频繁，甚至有的学校三年间换了三任校长，以至于刚刚结束特岗身份、工作经验仍然不足的本科毕业生也能成为校长。针对西部民族地区学校管理软实力的提升，究竟应如何给予适当的外部性引领？如何实施学校整体管理水平的提升？如何通过针对性的外在干预改进学校的发展能力

和政策承载力？上述问题不但需要学校自身的主动努力探索，而且还需要教育主管部门、社会组织等外在力量的支持和引导。从调查的情况看，近年来除了部分国际组织和社会中介组织实施的一些政策软实力支持外，比如，世界银行贷款/英国政府赠款西部基础教育项目（SDP：学校发展规划；PTT：参与式教学），针对学校整体发展能力的政策软实力支持仍然较为缺乏。

（二）学校管理能力发展的专项支持项目较少，尚未形成明确的投入保障支持机制

针对民族地区教育的发展，在《国务院关于加快发展民族教育的决定》（国发〔2015〕46号）已有规定的基础上，N省、G省、M省还结合自身的教育发展水平和地方财政能力，实施了具有针对性的发展举措。可是，从具体的实施内容看，除"改薄工程"等硬件设施建设、课程建设以及教师专业能力等软件建设的投入倾斜外，对学校整体发展能力和管理能力的软件建设专项投入项目较少，而且未能形成明确的经费投入保障机制。

N省围绕民族地区民族中小学校的发展，先后实施了"百标工程""提质创新行动计划"等支持项目。从建设内容看，以上项目主要侧重于对学校教育教学基本设施等的资助，尽管对民族中小学校长的领导能力、学校的发展规划能力、学校发展的制度建设能力等政策软实力给予了支持，可是相应的经费使用范围主要集中于图书、教学设备等硬件支持领域，对学校管理能力等政策软实力的支持仅仅停留于以内涵发展为主题的"小课题"研究层面，并没有相对应的投入引导政策规定和实践支持政策规定。G省根据制约民族地区义务教育发展的重点和难点问题，以民族聚居县为单位，实施了"跨越发展行动计划"和"两个共同示范县"建设项目。就项目实施内容而言，重点对教育均衡发展、学校硬件设施改善、教育信息化建设等的发展要求进行了规定，并且对资金筹措的途径和具体要求进行了说明。虽然以上项目也涉及学校规划能力等综合管理能力的建设，但是并未对相应的投入来源渠道及其具体管理措施给予

明确的规定。M 省不断巩固"两主一公"的办学模式，从政策设计、经费支持、资源配置等方面向民族教育倾斜，先后实施了"民族教育发展水平提升工程""民族教育人才培养模式改革试点""少数民族专业技术人才特培计划"等项目工程。可是，从《M 省民族教育专项补助资金管理办法》等经费管理规定来看，支出范围主要集中在师资培训、双语教育、教学设备、教学资源开发等方面，对学校管理能力的建设并未给予关注和明确的投入支持规定。然而，学校综合管理能力已经成为制约西部民族地区城乡教育及教师发展的瓶颈。M 省 T 市教育督导部门的一位负责人坦言："近年来，国家包括省级政府对民族地区的投入力度都非常大，学校的硬件设施也得到了显著的改善，直接关系教育质量的投入，比如，教师专业发展等也不断增加。接下来的问题是，学校如何才能通过有效的管理不断增强教育教学活动的实效性就显得越来越重要了，这也是影响教育质量均衡发展的关键因素。但是，从现有的经费投入趋向看，这方面的经费投入以及相关的配套措施并没有得到有效的回应和支持。"

第三节　城乡教师专业施展保障基础均等化财政投入机制构建

针对西部民族地区城乡社会发展的实践差异，以及城乡教师对专业施展条件的认同度差异，城乡教师专业施展条件的保障仍应侧重于农村教师及其专业施展支持条件的改善，并根据城市教师的发展需求，适当增加城市教师专业施展支持条件的投入，以推动城乡教师专业施展保障基础的均等化发展。

一　社会支持环境改善财政投入机制

基于教师对社会支持环境的需求分析，针对"社会环境安全、网络信息渠道畅通、公共服务设施供给、社会人口文化程度"的认同度,三省城乡教师呈现显著的城乡二元分布特征,城乡教师之间存在认同度差异。尽管在不同省份内部城乡教师认同度并未呈现严格的城乡二元分布对应特征,可是城市教师认同度均值或者仍为最高值或者仅次于最高值,同样存在一定的城乡二元结构特征,与城市教师相比,农村教师社会支持环境仍然是城乡教师社会支持环境财政投入的主要侧重点。需要说明的是,当前城乡教师对公共产品供给认同度均值都较低,在提升农村公共服务供给质量的同时,也应增加城市公共服务产品的供给。

(一)实施农村社会安全服务的财政供给改革,增强农村社会安全供给的实效性

从呈现形式来讲,公共产品包括以物质形态呈现的公共产品和以非物质形态呈现的公共产品。以物质形态呈现的公共产品包括道路、桥梁等公共产品类型,以非物质形态呈现的公共物品包括纠纷解决系统、社会保障制度等。[①] 非物质的公共产品通常与特定的制度相互关联,并对特定的社会群体产生影响,制度影响下的社会群体可以享受到制度带来的收益,成员之间不存在相互排他性,对不受制度覆盖的社会群体则具有排他性。[②] 农村社会安全是一项以非物质形态呈现的公共产品,是农村公共产品体系中效益最广泛的公共产品。从经济与社会协调发展的角度讲,经济结构的变迁必然带来社会结构的变迁,经济结构需要对应的社会结构支撑,才能实现经济发展与社会发展的良性互动。虽然当前西部民族地区农村社会仍然是以农业为主的产业结构,但是从其产业内容的实质看,已经具备了多元化产业结构的特点,客观上要求农村社会结构与社会体制的

[①] 陈柏峰:《新农村建设要关注非物质性公共品供给》,《调研世界》2006年第7期。

[②] 郭俊霞:《农村安全供给的基本需求与制度保障》,《重庆社会科学》2010年第2期。

变革。可是，与城市的社会发展相比，农村社会结构仍然要滞后于经济结构的发展。社会安全是社会结构与社会体制改革的重要内容，也未能形成与农村现代社会发展和经济发展相适应的结构与形式。

20世纪90年代，我国实施了以分税制为核心的财政体制改革。在各级政府财力结构得到调整的同时，也出现了"财力逐层向上强化，事权逐层向下移置"的趋向，导致不同层级政府间财力与事权的不平衡。乡镇作为农村基层的政府组织载体，财力处于最为弱势的地位，成为负债率高发的政府组织。国家审计署的报告显示，全国3465个乡镇政府负有偿还责任债务的债务率高于100%[1]，加剧了乡镇机构运行的困境。西部民族地区以农业为主的乡镇该问题更为突出。为应对财政运行的压力和完成经济发展的分解任务，乡镇政府将大部分的时间用于经济发展和招商引资，直接影响了公共服务职责的有效履行。就社会安全服务的供给而言，城市有着相对健全的服务体系，而且以安全系统为主的服务机构向城市和城镇集中的分布特点，也强化了城市社会安全服务质量的有效供给。与城市相比，农村的社会安全实施以公安系统派出机构为主的属地化管理。设置在乡镇的公安派出所是以派驻形式完成对广大农村社会安全的管理任务。在中国传统社会，对农村社会实行的是自治管理，奉行皇权止于县的管理理念。近代社会以来，国家权力逐步向农村社会渗透，实现国家政权对农村社会的管辖和控制。新中国成立以后，建立了城乡分割的管理体系，主要目的仍然是便于从乡村社会汲取资源，服务于城市和工业发展的需要。[2] 20世纪80年代以来，国家实行的从人民公社制度到乡政村治制度再到村民自治制度的改革，

---

[1] 苏晓洲等：《乡镇政府欠条竟成地方"流通货币"》，《经济参考报》2014年8月19日第5版。

[2] 吴理财、杨桓：《城镇化时代城乡基层治理体系重建》，《华中师范大学》（人文社会科学版）2012年第6期。

使国家权力远离了村庄，弱化了国家权力对农村的影响。[①] 再加上，乡镇合并带来的影响，使原有的安全服务供给面临服务范围过大的挑战，增加了安全服务有效供给的难度，也疏远了国家安全服务机构与农村社会的联系。

针对西部民族地区农村社会安全服务的供给，应在强化公安系统主体责任的基础上，强化安全公共服务政府购买改革。首先，应以专项经费的形式，制定统一的建设标准，集中完善农村社会安全服务的基础设施建设。固定的办公场所和服务标识，既能够为安全服务的高质量供给提供便利，又能够对安全服务的常态化供给提供形式与观念上的象征意义，能够体现农村社会安全服务工作的重视程度和正式程度，更能形成对社会不稳定因素的威慑。例如，N 省实施的"一村一警"改革措施。据报道，N 省 Z 县在实施"一村一警"改革的过程中，着力加强了对基础设施的建设，在首批推行的 4 个乡镇，就已经建成标准化的村警之家 4 个、村警室 51 个，并统一配备服装和装备，极大地提高了安全服务的效率和质量。其次，实施安全服务供给的政府购买服务改革，稳定和加强农村社会安全服务的人力资源供给。N 省实施的"一村一警"改革，要点之一就是增加了农村社会安全服务的人力资源数量。尽管这种方式在一定程度上扩大了农村社会安全服务的供给范围，并增强了安全服务的供给效率和质量，可是受到乡镇财力的影响，相关的人员费用等因乡镇而异，造成政策实效的持续性难以有效保障。结合公共服务供给改革的发展方向，应在借鉴政府购买服务改革的基础上，实施"公安机关+安全服务辅助公司"的改革，进行农村社会安全服务的集中统一管理。应以县为单位，选择有资质的安全服务公司，由其在农村选拔符合条件的农村居民作为当地安全协调员或者村警，作为农村责任警察的协助人员。农村社会安全辅助管理实行公司化运

[①] 郭俊霞：《农村安全供给的基本需求与制度保障》，《重庆社会科学》2010 年第 2 期。

行，在当地公安机关指导下，由公司对雇用的安全管理人员进行统一管理、统一培训，当地公安机关定期监督、定期进行评价。

（二）加强农村网络基础设施建设投入，增加区域、城乡网络服务建设均等化的财政支持

增加西部民族地区农村的基础网络设施建设投入。依据《国务院关于印发"十三五"国家信息化规划的通知》和《国务院关于印发"宽带中国"战略及实施方案的通知》等国家信息化政策的规定要求，在继续扩大国家和地方政府财政投入的基础上，积极探索农村网络设施建设投入的多元化途径。中央和地方政府应着力实施农村网络的基础设施建设，重点加大对西部民族地区农村，以及偏远贫困地区网络设施建设的投入，提升网络设施的建设质量和覆盖范围，打通网络覆盖的"最后一公里"。建立西部农村网络设施建设的财政引导基金，鼓励和支持信息网络服务企业，深度参与农村网络基础设施的建设和改造工程，充分发挥网络信息服务市场的主体地位，重点加强对未通网络地区的网络建设，以及已通网络地区的改造升级，切实改善西部民族地区农村网络设施服务质量和供给水平，为西部农村社会的发展提供健全的网络信息系统支持。

建立西部民族地区网络设施建设均等化的投入标准制度。按照国家推动区域、城乡信息化建设的发展目标，以及西部民族地区区域、城乡信息化建设均衡发展的实际需求，制定网络设施建设均等化的基线标准，明确均等化发展的政策要求和具体指标，制定西部民族地区网络设施建设均等化的投入标准，并将其作为增加网络信息建设投入和实施网络信息基础设施建设的参考依据，弥补西部民族地区农村信息化建设的底线短板，在不断加强网络基础设施建设的基础上，持续改善信息网络服务的供给质量，有效缩小西部民族地区城乡之间、不同省份之间、不同区域之间的信息化建设差距，增强西部民族地区农村社会人口的信息化支持获得感，推动西部民族地区区域、城乡信息化建设的均衡发展。

加强西部民族地区农村网络信息应用服务投入。以推动基本公

共服务供给均等化为目标，以网络基础设施建设为支撑，围绕教育、文化等主要民生领域的重点难点问题，加强涉农信息网络平台研发与建设的投入支持，健全面向三农的信息服务网络体系，构建立体化、全方位、广覆盖的信息服务体系，丰富和创新农村网络信息应用的渠道和途径，提升网络信息的服务质量，满足农村社会人口生活、工作、发展的需求。为改善西部民族地区农村社会人口的生活质量奠定基础，为农村教师开展教育教学活动，进而实现高质量的职业成就感与体验感，提供实践平台和载体。

（三）健全城乡公共服务设施的投入体系，加强城乡公共服务设施标准化建设投入

作为一种新型的管理方式和途径，国内的公共服务标准化研究兴起于 21 世纪初期，2009—2011 年国家标准委员会确定了 50 多个国家级公共服务标准化试点单位。[1] 而且，标准化以技术载体的形式为实现公共服务的均等化提供价值引领和具体的目标指向。我国不同地区之间不同的社会发展阶段和管理体制问题，使公共服务的均等化不仅成为突出的经济问题，而且也是一个社会问题，更是一个政治问题。基本公共服务标准化以均等化为目标，也就是以人为目标，力图克服地域之间差别，可以通过制定共通的、广泛的、相对统一标准的形式，从量纲上保证其全面性和可及性，如偏远地区等。[2] 基于区域、城乡公共服务供给的失衡，国家先后出台了多项具有探索性和指导性的政策和推动措施，必将成为改进西部民族地区城乡公共服务供给质量的有力途径，以及优化西部民族地区城乡公共服务投入的重要改革方向。

增加西部民族地区公共服务设施标准化建设的财政支持。增加

---

[1] 尹昌美、卓越：《公共服务标准化的发展路径、影响因素与评估体系》，《公共行政评论》2012 年第 4 期。

[2] 郁建兴、秦上人：《论基本公共服务的标准化》，《中国行政管理》2015 年第 4 期。

对西部民族地区农村公共服务设施建设的专项转移支付,强化对基本设施标准化建设的关注和研究。根据公共服务设施标准化建设的基本标准,确定西部民族地区城乡公共服务设施建设的投入标准,增强西部民族地区城乡公共服务设施的供给能力。根据中央政府和地方政府之间的财力分布特征和事权与财权的职责划分范围,明确各层级政府之间的投入范围和职责权限,充分发挥转移支付对西部民族地区城乡公共服务投入的引导和补充作用,着重加强对偏远、贫困地区农村公共服务设施建设的支持力度。

加强西部民族地区公共服务设施标准化建设资金项目的整合。围绕城乡公共服务设施建设的改善,西部民族地区各级政府应按照"集中、统筹、效率"的工作思路,在现有财经管理规定的前提下,整合已有的资金项目,强化对西部民族地区城乡公共服务设施建设的投入扶持。一方面,积极推进不同部门之间的财政资金项目整合。主动探索财政资金项目使用的部门协调机制,将分散在不同部门的财政资金项目整合使用,集中财政资源实施城乡特别是贫困、偏远农村地区公共服务设施标准化建设。另一方面,积极探索财政部门内部的资金项目整合。依据财政资金项目的使用规范和使用范围,在对已有相关财政资金项目进行全面梳理的基础上,将财政部门内部不同机构的财政资金项目进行整合,主要包括对各种结余项目资金等的整合,最大限度地提高财政资金项目的利用效率。

(四)加强农村成人综合文化素质培养的投入,增加农村成人综合文化素质提升工程的财政扶持

结合其他国家的经验,世界各国对农民培养大都经历了"重视生产技能—重视产业发展—农业农村并重—全面统筹发展"的过程,根据中国三农问题的发展趋向和国家针对三农问题的战略举措,中国的农村成人培养也必然会经历类似的发展历程。而且,产业结构的优化升级和生产技术的更新换代,都引发了产业的相互融合性和交叉性。单就农业本身而言,当前的农业也不再是一个孤立的传统产业,农业与其他产业的关联性和融合性越来越强,需要的不再是

仅仅具有简单的技能和良好体力的从业者，农村成人的综合素质将决定农业发展的层次。① 再者，新农村建设持续推进和新型城镇化的深入实施，也要求农村成人除了具备相应的技术技能之外，还必须具备相应的人文素养和综合素质。

增加西部民族地区农村成人的综合文化素质培养投入。在现有的农民短期技能培训基础上，增加培训项目资金的投入，优化农村成人培训的教学内容结构，不仅要强化农村成人技术技能培训，还要加强农村成人基本文化素质和综合素质的培养。借鉴美国等其他发达国家农村成人培养模式的改革经验，融入以人为本的培养理念，将促进农村成人的全面发展，作为西部民族地区农村成人培养的目标与归宿。改变长期以来将农村成人培养主要停留于技能等低层次阶段的现状，引入综合发展、全面发展的培养理念，吸收美国4H教育的培养经验，从人力资源开发的角度，注重"健脑、健心、健手、健身"的同步发展，形成一条"兴趣—爱好—知识—体验—经验—专业—职业"培养路径，培养全面发展的新型职业农民。② 为农村社会整体文化层次的提升和农村教师教育教学活动的有效开展提供人力资源基础。

增加西部民族地区农村社会文化建设引领的财政支持。为加强西部民族地区农村社会的文化建设，各级政府以硬件和软件设施项目的形式给予了大量投入，尽管对农村社会文化建设的深化产生了积极影响，可是对农村成人文化素质的提升作用仍然有待继续挖掘。地方政府应通过购买服务的方式，以专家服务团的形式，通过"送文化下乡"等具体的活动载体，加强对西部民族地区农村社会文化建设的引领，一方面，引导农村社会成人参与各种形式的文化活动，充分发挥农村社会文化设施的作用；另一方面，在丰富西部民族地

---

① 李金龙、修长柏：《美国4H教育对中国新型职业农民培养的启示》，《世界农业》2016年第12期。

② 同上。

区农村成人文化生活的同时，丰富其文化体验，进一步加强西部民族地区农村成人基本文化素养培养，促进其综合文化素质发展。

二　标准化专业设施环境建设财政投入机制

基于专业设施环境的教师需求分析，针对"整体校园设施环境、教育教学基础设施"，调查涉及的三个省城乡教师认同度均存在城乡二元分布特征，城乡教师存在认同度差异。虽然在三个省内部城乡教师认同度存在省际差异，不同的省表现出不同差异特征，但是城市教师认同度仍处于优势地位，在增加农村学校专业设施环境投入的基础上，还应适当加强城市学校的专业设施环境投入，以满足城乡社会快速发展的不同需求。为改善农村学校的办学条件，自20世纪末以来，国家先后实施"国家贫困地区义务教育工程""农村中小学危房改造工程""西部地区农村寄宿制学校建设工程""中西部农村初中校舍改造工程""全国中小学校舍安全工程""农村义务教育薄弱学校改造计划"等9个重大教育工程，农村学校的面貌发生了翻天覆地的变化。可是，面对教育发展的新形势和新要求，再加上发展滞后所带来的弱势积累，西部民族地区农村学校建设亟待继续加强，投入需求数量较大。面对城市化背景下大量人口的涌入，城市学校面临着巨大的承载压力，在强化西部民族地区农村学校专业设施环境投入基础上，还应适当增加城市学校专业设施环境的投入。

（一）实施农村学校标准化专业设施建设专项财政扶持政策

受到农村教育属地化管理体制的影响，虽然农村义务教育经费保障新机制改革推动了投入体制改革，特别是针对中西部地区，国家的投入比重增大，但是地方政府仍然承担着相应的投入责任。另外，受到国家财政管理体制的影响，国家对民族地区的转移支付规模较少，呈现逆均等化的效果，再加上民族地区经济发展水平总体相对较低的现实，导致民族地区的财力整体较为薄弱，不仅民族地区与其他地区之间存在财力的不均衡,而且民族地区内部也存在着财力配置的差距。[1] 财力配置的不均衡成为推动义务教育均衡发展的主要制约因素。那么,针对城乡义务教育、城乡师资的均衡发展,通过积极的财政政策回应,实现西部民族地区农村学校专业设施环境改善就成为城乡师资均衡发展的首要条件。

建立西部民族地区农村学校标准化建设的财力需求评估体系。在考虑一般影响因素的基础上,充分参考民族地区农村学校的特殊性因素,兼顾西部民族地区农村学校的整体性特征和不同西部民族区域之间农村学校的发展差距等个体性特征,结合西部民族地区农村学校专业设施建设已取得的成效,以及西部民族地区不同区域之间的财力配置均衡程度,制定西部民族地区农村学校标准化建设的财力需求评估工具。改革开放后,我国区域经济发展水平出现了较大的差距,目前,不仅少数民族地区与汉民族地区之间发展差距较大,而且少数民族地区内部也出现分化,尤其是部分非民族省区的民族地区发展水平明显高于民族省区的民族地区,这些客观情况都应在评估体系中有所体现。总之,应科学评估基础性、社会性、经济性、民族性等各种因素的影响,采用统计分析的方法、按照收支均衡的标准构建民族地区转移支付测算体系,为扩大民族地区转移支付规模创造条件。[2] 通过"自下而上"和"自上而下"两种途径,对西部民族地区农村学校专业设施环境建设的财力需求进行评估,将评估结果作为均衡西部民族地区农村学校专业设施环境建设财力的依据。

实施西部民族地区农村学校标准化建设的均衡性转移支付。均衡性转移支付是针对不同政府间的财力不均衡而实施的一种财力补充制度,是弥补薄弱地区的财力缺口和缩小地区之间财力差距的有

---

[1] 段晓红:《促进民族地区财政均衡的转移支付制度探析》,《中南民族大学学报》(人文社会科学版)2012 年第 5 期。

[2] 同上。

力手段。针对民族地区的财力配置不均衡，国家的均衡性转移支付不断增加，但是，由于均衡性转移支付的规模小于税收返还的规模，均衡性转移支付对民族地区财力差距的校正功能难以有效发挥。在这样的财力分布背景下，西部民族地区农村学校的标准化专业设施环境建设投入直接受到影响。围绕西部民族地区农村学校标准化专业设施环境建设，应增加均衡性转移支付的规模，弥补西部民族地区农村学校标准化建设的财力不足，以及民族区域之间农村学校标准化建设财力配置失衡造成的负向影响。遵循"分类实施、差别对待"的财力配置原则，结合《国务院办公厅转发教育部等部门关于实施教育扶贫工程意见的通知》（国办发〔2013〕86号）的政策精神，重点加强对集中连片贫困地区的均衡性转移支付规模，支持西部集中连片贫困地区的农村民族学校率先完成标准化建设，实现西部民族地区农村学校专业设施环境的标准化建设。

（二）实施等值的城乡学校专业设施标准化建设投入政策

20世纪50年代，面对城乡发展失衡、城乡差距不断扩大的历史背景，德国赛德尔基金会倡导"城乡等值"的改革试验，主张虽然城市与农村生活是不同的，但是应该等值化发展。该试验的目标在于通过农村土地、村庄革新等方式，消除农村社会生活的负面印象，实现农村生活的高品质发展，实现在农村生活并不代表生活质量下降的目标，在农村居住仅是环境选择，当农民只是职业选择，从而实现农村经济与城市经济的平衡协调发展。[①] 基于等值的西部民族地区城乡学校标准化建设，意味着对城乡学校内在价值的尊重，以城乡学校实际的发展需求为依据，支持城乡学校按照自身需求进行特色发展；意味着对城乡学校专业设施标准化建设的政策倾斜性，在统筹配置城乡教育资源的同时，实施差异化的投入保障政策，加强对城乡学校专业设施标准化建设的投入力度，支持其差异化发展、

---

① 陈国华：《城乡等值：破解农村教育难题的关键》，《人民教育》2016年第12期。

优质化发展。

制定西部民族地区城乡学校专业设施建设的等值化投入标准体系。在综合考虑经济发展水平、教育发展目标和区域教育发展特色的基础上，深入挖掘西部民族地区义务教育的特色内涵，基于城乡义务教育的优势资源，构建支持特色教育教学实践的专业设施建设等值化投入标准体系。受区域社会发展失衡的影响，农村教育留给人们的印象通常是弱势的，成为"基础薄弱、质量低下"的代名词，西部民族地区义务教育也往往被片面地理解为"受帮扶"的对象，但却忽视了对西部民族地区义务教育自身优势的反思与挖掘。实施西部民族地区城乡学校专业设施建设的等值化投入标准设计，进而为城乡教师的专业施展提供坚实的实践载体，首先必须正视西部民族地区义务教育自身的潜在优势，必须正确认识课程教学的重要价值。尤其是针对西部民族地区农村义务教育，应深刻认识和有效运用农村现有资源的相对优势，是提高农村基础教育质量的关键。课程教学是农村孩子获得知识、技能与方法，形成积极的态度、情感和价值观的主渠道，是乡村教育质量的生命线。[①] 在西部民族地区城乡学校专业设施建设的实践过程中，应以满足专业设施条件为基线，以本土化的地方特色资源为依托，基于当地特有的自然资源环境和生产生活环境，致力于城乡学校专业设施等值化投入标准设计。

建立西部民族地区城乡学校专业设施建设等值化投入的推进制度。在现行义务教育管理和财政管理体制下，强化省级政府的统筹职能和县级政府的管理职能，强化中央政府的宏观统筹与管理职责，进一步健全"分层级、分比例"承担的城乡学校专业设施建设投入体制，探索西部民族地区城乡学校专业设施建设等值化投入的推进制度。首先，在广泛调研和征求基层学校意见的前提下，国家教育

---

① 邬志辉：《农村基础教育"由弱变强"的战略选择》，《光明日报》2008 年 9 月 20 日第 007 版。

主管部门牵头,制定西部民族地区城乡学校专业设施建设等值化投入专项行动规划,对投入的总体规模、重点解决的问题、推进的时间进度安排等内容进行具体规定,将其作为工作推进的政策依据和行动指南。其次,强化政策实践的基层需求导向,结合民族地区城乡义务教育的整体发展水平和民族地区之间农村教育发展的需求差异,以及不同地区之间的财力供给差距,科学确定各级政府之间的投入责任比重,继续加强国家对西部民族地区城乡学校专业设施等值化投入的支持力度,保障投入的充足度,提升财政投入的供给水平。

三 专业文化管理软实力改进财政投入机制

在教育管理的实践运行过程中,我们经常会发现,"一边是不断增加的教育投入,一边却是农村学校发展水平滞后"的现实,问题的根源就在于农村学校发展动力的不足和发展能力的弱化。正如传统"输血"式的治贫方式,由于缺乏对内在动力和内生能力的关注,结果只能停留于表层,从而陷于治标不治本的恶性循环。除了从外部增加各种教育资源的供给之外,西部民族地区城乡学校的发展及其教师专业能力的施展,还必须着眼于城乡学校自身发展能力和综合管理能力的建设。

(一)设立城乡学校管理能力建设的专项经费

增加对学校管理者的培训投入。在国家和地方已有教师培训投入的基础上,采取单独列支方式,增加西部民族地区城乡学校管理者培训经费,确定人均投入标准。依据《义务教育学校管理标准(试行)》的具体要求,实施《义务教育学校管理标准(试行)》的全员式培训,围绕"学生发展、教师发展、质量提升、现代学校建设"等核心问题,进行重点解读和分析,增强学校管理者现代教育治理意识与认识。再者,通过不同学校之间的联动式发展,加强西部民族地区农村学校与城市优质学校的互动,支持学校管理者以"影子学习""脱产挂职"等方式,开展体验式的管理能力学习和锻炼，在体验互动中，切实增强城乡学校管理者的管理实践能力。

增加管理研修的经费投入。以课题立项的形式，支持西部民族地区城乡学校管理者展开管理能力的集体研修，并将所需经费纳入地方科研经费资助范围，按照年度定期立项、定期划拨经费。针对《义务教育学校管理标准（试行）》的落实要求，结合学校管理运行的实践问题，支持西部民族地区城乡学校管理者，以管理研修工作坊的形式，在深入理解《义务教育学校管理标准（试行）》实施要求的同时，根据当地经济社会发展的实际需求，探索特色化的学校标准化管理实践模式，提升西部民族地区城乡学校管理者的现代教育管理实践能力。

增加《义务教育学校管理标准（试行）》修订的研究经费。设立专项经费，支持国内知名高校、科研院所的专家学者，与民族地区高校、科研院所的专家学者，围绕《义务教育学校管理标准（试行）》的修订和完善，进行跨区域、跨学科的联合攻关。结合民族地区与非民族地区教育的管理差异，以及民族学校与非民族学校的管理差异，研发西部民族地区城乡学校落实《义务教育学校管理标准（试行）》的行动路径和具体策略。

（二）增加城乡学校标准化管理试点建设投入

在西部民族地区开展城乡学校标准化管理试点建设。在教育部确定的管理标准实验区基础上，增加西部民族地区城乡学校标准化管理实验区，并给予专项经费支持，纳入年度教育财政预算，用于实验区及实验学校的实验改革支出。鼓励西部民族地区各级政府根据"十三五"时期教育发展目标和特色化办学目标，资助城乡学校标准化管理试验区和实验学校进行管理改革实验。另外，对实验区和实验学校进行全程跟踪与动态管理，将改革实验成效作为经费划拨的主要参考依据，调动西部民族地区教育管理部门和城乡中小学校参与的积极性。再者，在改革实验的过程中，坚持发展性评价理念，按照"一校一案"原则，实施改革实验学校的管理诊断与改进项目，邀请相关领域专家学者，对实验学校进行"一对一"的跟进与支持，对改革实验过程中出现的重点和难点问题，进行针对性的技术帮扶。通过过程忙的干预，不断提升西部民族地区城乡实验学校的标准化管理水平。

第 五 章

城乡师资均衡发展公共财政供给保障机制

20世纪50年代，美国著名经济学家萨缪尔森（Paul A. Samuelson）分析了社会公共产品与私人产品的区分特征，将非排他性（Non-excludability）和非竞争性（Non-rivalry）界定为公共产品的主要判断标准，随后社会学、教育学等领域都遵循这一标准，并以此来分析研究社会、教育等现象与问题。在教育领域，由于义务教育是由政府提供、全体公民都有权享有的教育制度安排，因而体现出显著的公共产品属性。《中华人民共和国义务教育法》明确规定："义务教育是国家统一实施的所有适龄儿童、少年必须接受的教育，是国家必须予以保障的公益性事业。实施义务教育，不收学费、杂费。"这就从法律层面确立了义务教育具有强制性、免费性、平等性与公共性等特征，从而使得义务教育的公共产品性质得以全面确立，并在教育政策实践中不断得到实施、推广与有力保障。

资源供给特别是公共政策设计所造成的财政投入数量的限制等因素，使得城乡义务教育资源配置，特别是教师资源配置不均等，进而造成城乡义务教育公平问题的凸显，导致农村学生持续大面积向城镇流动、"择校"问题长期难以有效治理。问题背后的深层次原因实际上最主要的还是"择师"的动机,亦即社会公众对教育教学质量的主动或被动选择与追求。美国学者费古逊(Ferguson)通过研究证实,如在控制了其他社会经济因素后,学生成绩的差异几乎全是由教师能力引起的。其中,在影响数学测试分数提高的因素中,教师能力占43%,缩小班级规模和学校管理水平仅占8%。[1] 正是基于教师质量所具有的实践意义,城乡师资的均衡发展就必然成为教育政策实践领域的热点话题和教育改革发展实践中所着力推动的政策要点。公共财政供给机制是城乡师资均衡配置与均衡发展的物质基础,决定着城乡师资投入均等化的充足性、稳定性,是城乡师资均衡财政保障机制设计的关键支点。缘于此,在前面几章"分述"的基础上,本章将聚焦于对城乡师资均衡发展公共财政供给机制的分析论述,试图从学理与政策层面上廓清公共财政供给机制如何保障城乡教师一体化配置的现实问题。

第一节 城乡师资均衡财政投入公平配置机制构建

义务教育统筹资源配置的职责划分实际倾向于统筹层级更高、能力更强的省(直辖市、自治区)级政府,具体管理职责主要由更具信息优势的县(区)级政府承担和实施。因此,针对西部民族地区经济社会发展相对落后、地方财力不足的现实,中央政府和省(直辖市、自治区)级政府应主要承担统筹城乡师资均衡发展所需的资金投入,切实保障地方教育财政的充足性,并使之成为县(区)级政府发挥自身管理职责的前提与基础。同时,县(区)级政府应在统筹城乡一体化发展中,认真落实优先发展教育战略决策,以切

---

[1] [美]艾伦·R.奥登、劳伦斯·O.匹克斯:《学校理财:政策透视》,杨君昌、裴育译,上海财经大学出版社2003年版,第269页。

实措施来加强农村教育和农村教师队伍建设。以上分析与论述，是健全城乡师资均衡财政投入公平配置机制观点的立论基础。根据这一基础，下面几点都应是在教育政策实践中积极探索和逐步建立、完善的。

一 城乡师资均衡财政投入中央转移支付机制

在民族自治法保障与西部大开发的宏观政策背景之下，中央政府对广袤的西部地区持续实行了财政转移支付政策。仅就教育领域来看，中央财政在安排对地方的一般性转移支付、工资性转移支付中，一直都对西部贫困地区和少数民族地区给予很大倾斜和积极照顾，具体反映在西部地区"两基"攻坚计划、农村中小学危房改造工程、现代远程教育工程、中小学布局调整、免费教科书发放、农村中小学办学条件改善等政策之中，也体现在贫困地区学生助学金、少数民族教育专项资金等一系列专项资金的分配中，中央财政都对西部地区有着适当倾斜与积极支持。特别是基于我国综合国力迅速提高的现实，2007年通过农村义务教育经费保障机制改革，切实加大了对西部地区农村义务教育事业的财政保障力度，并全面纳入公共财政保障范围，义务教育的公共产品属性得到了充分体现与政策保障。但由于教育事业的长期性、全民性特征，再加之西部民族地区集中了更多的国家级扶贫攻坚县，在推动西部民族地区城乡教育一体化发展进程中，还需在继承已有成功政策经验的基础上，继续创新体制机制以加大对西部民族地区城乡师资均衡发展的财政支持力度。

一方面，中央政府有能力承担对西部民族地区进行更多中央财政转移支付。为了缩小区域发展差距，积极支持西部民族地区各项事业的快速健康发展，我国自1995年就开始实行财政转移支付制度。在促进区域协调发展过程中，中央财政不断加大转移支付力度。从2000年起，中央财政就对少数民族地区专门实行民族地区转移支付制度，以切实帮助解决少数民族地区在改革发展中所遇到的特殊困难。中央政府也充分考虑到西部民族地区的特殊支出因素，中央财政还积极通过一般性转移支付来对民族地区特别是西部民族地区实行一系列优惠帮扶政策。西部民族地区财政支出在很大程度上更多是中央财政的转移支付。比如，在西藏自治区多年的财政支出中，就有93%—94%来自中央的转移支付，这实际上意味着西藏财政每花10元钱至少有9元是来自中央政府的转移支付。①

财政转移支付作为平衡地区间贫富差距、实现地区间社会发展协调共进的财政宏观调控政策与有效手段，在世界各国与世界各国不同时期都不同程度地使用着。中国共产党第十八届中央委员会第三次全体会议通过的《中共中央关于全面深化改革若干重大问题的决定》提出"建立事权和支出责任相适应的制度"，"中央和地方按照事权划分相应承担和分担支出责任。中央可通过安排转移支付将部分事权支出责任委托地方承担"。完成此项战略部署，也需要在继承已有成功经验的基础上，继续合理"调整和规范中央与地方、地方各级政府间的收支关系"，以推动西部民族地区各项事业的发展。

就中央政府的财力而言，分税制改革以来，中央财力逐步得到加强，承担的事权却层层下放；地方财力逐步弱化，承担的事权却逐步增加。中央政府与地方政府的财力结构演变直接表现为地方政府财力与事权的不对称。中央政府拥有更大的财力，却承担相对较少的财政支出负担；地方政府拥有相对薄弱的财力，却承担相对较多的财政支出负担。虽然中央政府对地方政府的转移支付力度不断加强，但是中央政府与地方政府之间财力与事权分配的不对等并未得到根本改善。2011—2015年，我国中央财政收入占总财政收入的比重从2011年的49.4%下降到2015年的45.5%，中央财政支出占

---

① 《西藏财政支出的93%—94%都来自中央转移支付》，http://www.gov.cn/jrzg/2008-04/01/content_934007.htm。

总财政支出的比重也从 2011 年的 15.1% 下降到了 2015 年的 14.5%（详见表 5-1）。就收入与支出比例而言，中央财政财力较为雄厚但却承担了相对较少的支出责任，而地方财政财力薄弱但实际上却承担了相对较多的支出责任。虽然近年来中央财政收入、支出比重呈下降趋势，但中央收入大于中央支出却是客观存在的事实。也就是说，自分税制实施以来我国财政支出主要集中在地方财政支出上，中央财政支出明显偏低。另外，也表明中央财政具有增加西部民族地区财政转移支付的财力水平。

表 5-1　　　　　　　中央与地方财政收入、支出对比

	2015 年	2014 年	2013 年	2012 年	2011 年
中央财政收入（亿元）/比重（%）	69267.19/45.5	64493.45/45.9	60198.48/46.6	56175.23/47.9	51327.32/49.4
地方财政收入（亿元）/比重（%）	83002.04/54.5	75876.58/54.1	69011.16/53.4	61078.29/52.1	52547.11/50.6
中央财政支出（亿元）/比重（%）	25542.15/14.5	22570.07/14.9	20471.76/14.6	18764.63/14.9	16514.11/15.1
地方财政支出（亿元）/比重（%）	150335.62/85.5	129215.49/85.1	119740.34/85.4	107188.34/85.1	92733.68/84.9

注：数据来源于中华人民共和国国家统计局网站。

就义务教育发展而言，由于其关乎民生，关乎社会公平，必然就要成为中央政府对地方政府进行转移支付的重要内容（项目），因此也应成为中央政府支持地方政府进行教育改革发展的主要领域。在义务教育改革发展中，要推动区域、城乡均衡发展以确保教育公平，就要在实现办学条件等基础设施建设同等化的基础上有效解决城乡教师数量、素质与质量的同等化。要达到此目标，就应在中央财政转移支付制度中的"教育"项目内增加支持城乡师资均衡发展的子项目，以明确的财政政策设计与支持来平衡区域、城乡之间教师配置存在的不平等现象，确保义务教育阶段教

师配置的"均等化",使全体人民特别是适龄儿童少年共享教育改革发展的成果。以中央财政转移支付为手段、为途径来促进城乡师资均衡的发展,是实现西部民族地区义务教育公共服务水平均等化的重要抓手,也是从更大范围、更高层面推进社会公平正义的制度设计,并且要"条件转移支付"与"无条件转移支付"相配合。在继续强化有条件转移支付的基础上,充分发挥无条件转移支付的辅助功能,进而实现"效率"与"公平"的兼顾,促进西部教育财政供给质量的改进。

另一方面,中央政府有促进各地方政府间财力平衡与促进不同发展水平地区之间逐步实现公共服务均等化的法定责任。为应对区域发展差距过大的现实存在,党和政府多年来始终通过政策调整、对口帮扶、税收减免、专项资金等多种方式来缩小区域、城乡之间的差距。在义务教育领域,过去组织实施的西部地区"两基"攻坚计划、农村中小学危房改造工程,现在正在组织实施的"农村义务教育薄弱学校改造计划""农村义务教育学生营养改善计划"等工程项目,都极大地促进了不同区域农村义务教育的发展提高。有学者运用1994—2009年全国1623个县的面板数据进行实证分析,研究发现:自1994年分税制改革以来,那些财政自给能力弱、财政努力程度低的县级政府获得更多的财政转移支付,表明促进财政均等化是中央向地方财政转移支付的基本目标。其中,在2002—2009年期间,教育供给水平低的县级地区获得了更多的财政转移支付,表明相比于分税制改革初期,中央政府开始关注基本公共服务均等化因素。[①] 但在"马太效应"拉动与西部民族地区生产力发展水平较低的客观事实下,西部欠发达地区要快速缩小与东部发达地区的发展差距,在增加内生动力的同时还要依靠中央财政的大力支持。

---

① 郑浩生、叶子荣、查建平:《中央对地方财政转移支付影响因素研究——基于中国县级数据的实证检验》,《公共管理学报》2014年第1期。

2014年《国务院关于改革和完善中央对地方转移支付制度的意见》明确提出:"围绕建立现代财政制度,以推进地区间基本公共服务均等化为主要目标,以一般性转移支付为主体,完善一般性转移支付增长机制,清理、整合、规范专项转移支付,严肃财经纪律,加强转移支付管理,充分发挥中央和地方两方面积极性,促进经济社会持续健康发展。"由此财政政策可以看出,中央对地方转移支付的主要目标已经不再是为了"救急",而是为了加速推进区域间基本公共服务均等化目标的实现。义务教育关系民生、关系每个孩子的未来,既是推动社会公平发展的重要手段,又是促进不同地区均衡协调发展的重要抓手。在推动城乡义务教育一体化改革过程中,学校建设标准、生均公用经费基准定额、教育教学基本装备配置标准现已基本实现了城乡统一,甚至在不少地区还出现了由于农村学生持续减少而在办学基本条件上部分农村学校还优于城镇(市)学校的现象。我们应充分认识到,在推进城乡义务教育一体化发展、向全体社会成员提供均等化教育公共服务的现阶段,城乡师资均衡发展成为推动教育公平发展的最关键领域与最主要环节,理应纳入中央对地方进行转移支付的支持范围之内。

从历史与现实看,由于我国国土面积辽阔、地域之间经济社会发展水平差异较大,不同地区之间经济社会发展不平衡,特别是东部地区经济社会发展长期领先于中部和西部地区。虽然在西部大开发战略的不断推进中,西部民族地区经济社会发展状况已有很大改善,但不可否认的现实是西部民族地区经济发展水平与发达地区仍有较大差距。在经济社会发展统计中,农村居民人均可支配收入是反映农村居民收入水平以及生活水平与质量的重要指标,从很大程度上可反映出农村经济社会发展的实际情况。对此,统计部门曾对东、中、西部及东北地区农村居民人均可支配收入情况进行过对比性统计(详见表5-2)。

表 5-2　　东、中、西部及东北地区农村居民人均可支配收入　　单位：元

组别	2013 年	2014 年	2015 年
东部地区	11856.8	13144.6	14297.4
中部地区	8983.2	10011.1	10919.0
西部地区	7436.6	8295.0	9093.4
东北地区	9761.5	10802.1	11490.1

注：数据来源于《中国统计年鉴 2016》。

2013—2015 年，西部地区农村居民人均可支配收入依然处于最低，远远落后于其他三个地区。2013—2015 年，东、中、西部及东北地区农村居民人均可支配收入均呈现出逐年增长趋势，其中东部地区增长率为 20.58%，中部地区为 21.55%，西部地区为 22.28%，西部地区农村居民人均可支配收入增长最快。但由于原有发展差距悬殊，西部地区较东部地区而言，2013 年西部地区农村居民人均可支配收入低于东部地区 4420.2 元，2014 年、2015 年西部地区分别低于东部地区 4849.6 元、5204 元。西部地区与中部地区相比，2013 年西部地区农村居民人均可支配收入低于中部地区 1546.4 元，2014 年、2015 年分别低于中部地区 1716.1 元、1825.6 元。虽然西部地区农村居民人均支配收入呈逐年增加趋势，且增长速度均快于中、东部地区，但由于西部地区经济发展与中东部地区经济发展差距过大，西部地区与中东部地区农村居民人均支配收入的差距还在继续拉大。以上数据表明，西部地区经济社会发展特别是农村地区经济社会发展还比较落后，需要中央政府的大力支持。就是说，在政府公共服务职能不断强化、公民基本权利保障水平不断提高，以及依法执政、依法行政的法治背景之下，中央政府有责任也有能力促进不同区域、城乡之间公共服务的均等化。在推动公共服务均等化过程中，城乡义务教育一体化发展与师资均衡配置，就成为中央政府必须承担的重要职责。在明确中央财政应当担负的职责与向西部民族地区贫困县倾斜的原则之下，省（直辖市、自治区）级政府也要

统筹城乡师资发展资金，实现财政投入对教师配置公平的功能作用。

在对不同区域农村居民人均可支配收入变化情况分析的基础上，还可通过国家扶贫攻坚工作重点县（俗称"国家级贫困县"）的实际分布情况来看继续加大中央财政转移支付的必要性。

表 5 - 3　　　　　　　国家扶贫开发工作重点县分布　　　　　单位：个

省份	全国	中部	西部	河北	山西	内蒙古	吉林	黑龙江	安徽	江西
数量	592	217	375	39	35	31	8	14	19	21
省份	河南	湖北	湖南	广西	海南	重庆	四川	贵州	云南	陕西
数量	31	25	20	28	5	14	36	50	73	50
省份	甘肃	青海	宁夏	新疆						
数量	43	15	8	27						

注：数据来源于国务院扶贫开发领导小组办公室官网。

在全国 592 个国家扶贫攻坚工作重点县中，中部地区有 217 个、西部地区有 375 个，西部民族地区国家级贫困县数量要远高于中部地区（详见表 5 - 3）。另外，在 2011 年国务院印发的《中国农村扶贫开发纲要（2011—2020 年）》中，西藏自治区被单独作为一个片区，其全境都属于国家级贫困县。此外在本书调研过程中，调查所涉及的西部民族地区的 M 省、G 省、N 省，分别有 31 个、43 个、8 个国家级贫困县。调查研究表明，这三个省份的经济社会发展相对落后、贫困人口数量较多、脱贫攻坚任务十分艰巨。鉴于西部民族地区幅员辽阔、地势复杂、民族众多、贫困人口相对集中的现实存在，不论是从更大范围、更高层面维护社会公平正义看，还是从全局、战略层面推动不同区域经济社会协调发展的政策高度看，在未来改革发展大局中都需要中央政府继续加大对西部民族地区的财政转移支付力度并建立长效机制，以保障基本公共服务支出与社会公众发展基本所需。具体来说，就是中央政府应通过积极的财政支持与投入倾斜政策,进一步提高区域间财政投入的公平配置水平,加大对西部民族地区公共服务均等化的转移支付力度。中央财政同步也应加强对西部民族地区义务教育等公共服务均等化,特别是教师资源配置均等化的财政保障力度,以推进城乡义务教育均衡协调发展。

受历史因素与地方社会经济水平、所处区位等多因素的共同影响,西部民族地区各级政府整体财力水平有限,依靠自身来推动发展、保障民生的能力较弱。在教育领域,如果仅通过西部民族地区政府自身财政投入来支持城乡义务教育一体化发展及城乡师资均衡配置,可谓是困难重重。对此能直接提供有力支撑的是本书实地调研的三个省份(N省、G省、M省)。这三个省份的地方财力虽有所不同,但财力较弱却是具有共性的。

表5-4　　　　三省份地方财政一般财政收入、支出对比

省份		2015年	2014年	2013年	2012年	2011年
N省	地方财政一般预算收入(亿元)	373.40	339.86	308.34	263.96	219.98
	地方财政一般预算支出(亿元)	1138.49	1000.45	922.48	864.36	705.91
G省	地方财政一般预算收入(亿元)	743.86	672.67	607.27	520.40	450.12
	地方财政一般预算支出(亿元)	2958.31	2541.49	2309.62	2059.56	1791.24
M省	地方财政一般预算收入(亿元)	1964.48	1843.67	1720.98	1552.75	1356.67
	地方财政一般预算支出(亿元)	4252.96	3879.98	3686.52	3425.99	2989.21

注:数据来源于中国国家统计局网站分省年度数据。

2011年到2015年期间,N省地方财政的一般预算支出是地方财

政一般预算收入的三倍左右，G省地方财政一般预算支出也是地方财政一般预算收入的三倍以上，M省地方财政一般预算支出为地方财政一般预算收入的两倍以上（详见表5-4）。这些数据充分表明，地处西部民族地区的这三个省份自身财政收入水平较低，不足以支撑其财政支出，且财政支出的大部分都由中央政府转移支付构成。2011—2015年期间，三省预算收入与预算支出的数据对比，说明西部民族地区政府自身财力较为薄弱，不足以保障本地区公共产品的投入与基本公共服务均等化目标的实现。在现阶段政府间财政关系的制度框架之下，财力均等化转移支付就随之成为公共服务均等化的前提条件，也成为向落后地区提供基本公共服务的资金保障。[①] 显然，包括义务教育在内的西部民族地区城乡基本公共服务均等化目标的实现，离不开中央政府的转移支付支持。

二 城乡师资均衡财政投入积极差别配置机制

就促进义务教育均衡发展而言，从世界各国的经验看，在现实与历史中主要存在着四种政策价值取向，即极端的人道主义方式、弱化的人道主义方式、绩效主义的方式和功利主义的方式。在这四种方式中，弱化的人道主义方式就是采取积极差别对待原则，对弱势地区和学生投入更多资源，以尽量缩小不同学生之间的教育成就差距，已经成了众多国家的选择。[②] 按照这一政策理论，从西部民族地区城乡、区域教育发展不均衡的现实以及城乡一体化发展宏观政策目标导向看，现阶段专家学者们较为普遍地认为按照价值"均等化"理念来实施积极差别对待，应是西部各省（自治区）促进城乡

[①] 贾晓俊、岳希明：《我国均衡性转移支付资金分配机制研究》，《经济研究》2012年第1期。

[②] 袁振国：《建立教育均衡发展系数 切实推进教育均衡发展》，《人民教育》2003年第6期。

师资均衡配置与发展的政策设计原则。① 具体来讲，积极差别对待原则应在推动城乡义务教育改革发展实践中细化为以下几项具体政策路径。

第一，强化积极差别对待投入，最大限度促进城乡教师均衡配置的可实现程度。客观地讲，以实施积极差别对待来对城乡教师进行合理的投入倾斜，是以往与当前各地推动城乡教师一体化均衡配置的最主要方式。例如，N 省在组织实施"乡村教师支持计划"中，就根据本省南北区域经济社会发展处于不同水平的现实差距，在确保农村教师已有收入基础上明确规定：

> 依法依规落实乡村教师工资待遇政策，根据实际情况适当提高义务教育阶段农村学校教师补贴标准，在《人力资源社会保障厅财政厅教育厅关于印发〈N 省义务教育阶段农村学校教师补贴实施意见〉的通知》）的基础上，人均每月提高到山区 500 元、川区 300 元，所需经费按照现行财政分级比例承担。②

在此项政策的积极引导下，该省各县（区）都根据各自经济社会、教育发展实际，在乡村教师队伍投入中纷纷拿出"真金白银"，以积极差别对待为原则来实现公共财政资金配置方式的调整与创新。例如，位于某区集中连片特困地区核心区域的 M 市 Y 区，虽区（县）本级财政十分有限，但在《乡村教师支持计划（2015—2020 年）》的实施上却以积极差别对待为政策原则，决定在省级政府对乡村教师加以积极支持的基础上，再根据本区（县）农村教育、农村教师队伍的实际，以有效政策措施来切实提高乡村教师的物质待遇，确保其能"下得去，留得下，教得好"。

---

① 马青、焦岩岩：《省域城乡义务教育师资均衡发展的机制设计》，《城乡教育一体化与教育制度创新国际学术研讨会——2011 年农村教育国际学术研讨会》，2011 年。
② N 省人民政府办公厅：《N 省乡村教师支持计划（2015—2020 年）实施办法》2015 年 12 月 29 日。

在《N 省乡村教师支持计划（2015—2020 年）实施办法》人均 500 元的基础上，依据学校艰苦边远程度，实行差别化补贴，给边远山区教师人均每月提高到 700 元，所需经费按照现行的财政分级比例承担，不足部分由 Y 区财政筹措予以补充。进一步提高农村教师交通补贴，在原来人均每月山区 50 元、川区 25 元的基础上，提高到人均每月山区 80 元、川区 60 元……①

对政策文本精神加以简要解读，就可看出积极差别化对待是政策制定的核心与原则：地处 N 省南部山区的 Y 市 M 区依据山区经济社会发展水平与全区相比较低、对教师吸引力不强、优秀教师难以留住的长期现实存在问题，在省级政府人均每月 500 元的基础上，由本级财政再增加 200 元，使乡村教师生活补贴达到了 700 元；就本区内农村教师交通补贴发放上，也根据不同地区之间的偏远程度、交通实际状况在原来人均每月山区 50 元、川区 25 元基础上提高到人均每月山区 80 元、川区 60 元，依然体现出差别化对待原则。由此看来，在强调国家层面应以差别化对待为原则来支持乡村教师队伍发展的前提下，我们还应该更多在省、市、县（区）层面，大力提倡以积极差别化支持原则来支持乡村教师队伍建设与发展，以充分体现国务院《乡村教师支持计划（2015—2020 年）》中规定的要"逐步形成'越往基层、越是艰苦，地位待遇越高'的激励机制，以及充满活力的乡村教师使用机制"②，不断推动农村教师队伍的发展与壮大，为农村义务教育发展提高奠定良好的师资基础与坚实的人力保障。

---

① M 市 Y 区人民政府办公室：《Y 乡村教师支持计划（2015—2020 年）实施细则》2016 年 6 月 20 日。

② 国务院办公厅：《乡村教师支持计划（2015—2020 年）》（国办发〔2015〕43 号）2015 年 6 月 1 日。

依据以上政策实例分析与理论认识看,由于西部民族地区经济发展相对落后且不少地方政府自身财力薄弱,再加之城乡二元经济结构所造成的农村教师队伍发展投入不足的深远影响,因此要实现城乡师资均衡发展目标,就需要更多、更大的公共财政支持。公共财政应该为公共教育提供充足的财政资源,以便使得来自不同地区、学校、家庭和具有不同教育需求的所有学龄学生都能获得某种水平的基本教育投入。[①] 就历史与现实存在看,从西部民族地区地方政府财力实际情况出发,保障县(区)级政府在促进城乡教师队伍发展所需财政资金的充足性、稳定性是实现教育投入公平的重要环节,也是实现城乡师资均衡目标的必要前提性、基础性条件之一。同时要强调指出的是,在当前整体经济运行下行压力加大的经济社会发展背景之下,还需要各级政府在进一步加大教育投入的基础上以差别化为原则来不断加大对农村教师发展的投入,并切实做到向贫困地区、民族地区、偏远地区的农村学校、农村教师倾斜。在经济发展新常态下,政府财政收入增幅下降,人口结构转换导致政策优先议程重置以及淡化支出挂钩等宏观财政体制改革,都将对传统体制下的教育财政投入的持续增加形成巨大挑战。而且,新的研究数据显示,当前中国教育财政投入水平依然低于主要发达国家和发展中国家的均值,未来仍需加大教育财政投入力度。[②] 也就是说,在确保教育投入继续稳定增长的基础上,要以积极差别对待为政策原则,把新增教育投入优先用于教师发展,特别是城乡师资均衡的发展之中,才能推动城乡教育公共服务均等化目标的实现。

第二,强化积极差别对待投入,有效提高农村教师的专业能力与教书育人的水平。由于西部民族地区城乡师资配置不均衡,且城乡师资专业水平差距较大,再加之农村地区学校规模小、布局散,

---

[①] 黄斌、钟宇平:《教育财政充足的探讨及其在中国的适用性》,《北京大学教育评论》2008年第1期。

[②] 宗晓华、陈静漪:《"新常态"下中国教育财政投入的可持续性与制度转型》,《复旦教育论坛》2015年第6期。

因而提升农村教师队伍专业素质的成本较高且难度较大。对此，N省M市L县某所小学的老教师在访谈中不无伤感地诉说道：

> 我1986年从师范学校毕业后就在这所小学开始教书，这一教就是三十多年。在这三十多年中，我的感受是农村学校办学规模是越来越小，农村教师的专业发展越来越处于不利境地。记得在20世纪90年代前后，我们这所学校当时还有学生600余名，教师30多个，有着较大办学规模。在那个时候，许多教师在教学之余，还经常进行教学观摩、教学研讨，教师专业发展有着较好氛围与外部条件支持，我们学校的许多老师也是有一定影响的优秀教师。他们那时经常出去做示范课、搞讲座，专业水平不低，教学能力较高。但从21世纪后，特别是近年来，由于学校越办越小，学校教师的专业发展越来越动力不足，开始缺乏环境支持与教师之间的相互影响。就当前说，因为学校现在只有43名学生、5名教师，所以过去教师之间相互学习、取长补短的现象已不存在了。同时，也由于留下的学生多是家庭经济困难或学习成绩不好的，再加上人数过少，学生之间也就形不成相互竞争、相互促进的学习氛围。因此，我们学校的教师大多抱着"维持会长"心态来教书，以致自己的专业水平越来越低，也越来越不爱学习新东西了。就我个人感受说，虽然近年来政府、教育部门以许多好政策来帮助、支持我们农村教师发展，但因办学规模与教研氛围缺乏的问题，我的专业水平是越来越低了。我的好多同学生于在小学教书，现都成了名师，这就是环境造就人、环境成就人……

这位已从教三十余年的农村老教师的感受既是真切的也是沉重的，他的经历与感叹告诉我们这样一个事实：虽然农村与城镇（市）有着生活、交通等方面的明显差异，就农村学校与城镇（市）学校而言，这些差异也是实实在在存在的并影响到了教师的许多方面，但对农村教师影响最大的还不在这些方面。实际上，由于办学规模、教育教学改革实践以及学术研究等多种因素造成的农村教师专业发展不利的现实存在，是在更深层次上影响到教师"下不去，留不住，教不好"的重要因素。如此看来，要有效解决农村教育对教师吸引力不强的现实问题，就需要以更大、更多的公共财政投入力度，支持农村教师专业发展。只有这样，才能逐步提高农村教师队伍的专业化水平，进而推动城乡师资均衡发展。就现阶段促进农村教师队伍发展政策而言，在国务院《乡村教师支持计划（2015—2020年）》精神指引下，西部地区众多的省、市、县（区）都以切实政策来关注、推动农村教师队伍专业化发展。如在《G省乡村教师支持计划（2015—2020年）实施办法》中就有着对"全面提升乡村教师能力素质"的系统政策设计与制度要求。

  各市州及县市区政府要切实履行主体责任，把乡村教师培训纳入基本公共服务体系予以保障。在加强省级教师培训机构建设的同时，市州要建设教师培训中心，县市区要建设教师发展中心，乡村要建设教师活动中心，积极构建乡村教师、校长专业发展支持服务体系。到2020年前，对全体乡村教师、校长进行每人360学时的培训。将师德教育作为乡村教师培训首要内容贯穿培训全过程，推动师德教育进教材、进课堂、进头脑。全面提升乡村教师信息技术应用能力，积极利用远程教学、数字化课程等信息技术手段，破解乡村优质教学资源不足的难题，同时建立支持学校、教师使用相关设备的激励机制并提供必要的保障经费。加强乡村中小学和幼儿园音体美等师资紧缺学科教师和民族地区双语教师培训。按照乡村教师实际需求改进培训方式，采取送培下乡、顶岗置换、专家指导、校本研修、网络研修等多种形式，增强培训的针对性和实效性。加强革命老区和藏区学前教育转岗教师、藏区双语教师培训，不断丰富培训内容，着力提高教师教育教学水平。①

该项政策把乡村教师的专业培训、专业发展、素质提高全部纳入了现行基本公共服务体系之中，就可由公共财政予以足够保障，体现出对农村教师专业发展的高度关注与有效解决。与之同时，我们还可看出，G 省支持乡村教师专业发展、素质提高政策的亮点就在于系统设计出教师培训制度保障体系的建设：省级有教师培训机构建设，市（州）有教师培训中心建设，县（市、区）有教师发展中心建设，农村则有教师活动中心的建设，在分层、分类中促进教师专业化发展，较为充分地体现出"积极构建乡村教师、校长专业发展支持服务体系"的系统政策设计思路。诚然，在《乡村教师支持计划（2015—2020 年）》精神贯彻落实的过程中，西部民族地区的众多市、县（区）也都在各自推动农村教师发展提高的政策细则中，推出了许多强化农村学校师资培训、提高农村教师队伍专业化的具体措施与办法。如同属于 N 省 M 市的 X 县，为了促进农村教师专业发展、素质提高，制定出县本级财政每年安排 200 万元教师培训专项经费，以重点支持乡村教师培训；为乡村中小学校安排网络资费 141 万元，专项用于支持教师远程学习和"优质资源班班通"建设……②这些政策实施细则制定的情况都说明，农村教师专业发展处境不利问题已引起了教育政策制定者、政策研究者的高度注视，并被稳步而积极地解决。

在总结已有成功经验与从切实推动农村教师专业发展目标出发，应在注重加强以公共财政投入来支持农村教师队伍专业发展、素质提高的政策背景下，全面、切实地促进农村教师队伍专业发展，还要分类分级来优化政策设计。具体讲就是：西部民族地区的省级政

---

① G 省人民政府办公厅：《G 省乡村教师支持计划（2015—2020 年）实施办法》2015 年 10 月 27 日。
② 朱立杨：《西吉县启动乡村教师支持计划》，《宁夏日报》2016 年 6 月 21 日。

府应根据各自农村教育的发展现状，在翔实调研与科学论证的基础上，制定城乡教师统一的发展目标和投入底线标准，继续强化优质师资向弱势地区尤其是偏远地区、贫困地区、农村地区倾斜的政策取向；要以县（区）级行政区域为实施单位，确定优先支持对象，制订"省域三分位"推进计划，就是根据城乡师资均衡水平和未来的城乡师资均衡目标对各县（区）进行排序，分为发展型、维持型、贫困型三种。① 在此基础上，省级政府还要按照不同经济社会发展水平、教育发展水平的不同县（区）农村教育实际需求情况，将贫困型县（区）农村教师专业发展作为最先给予支持的对象，将维持型的县（区）的农村教师专业发展作为二级发展目标进行适度资助，对发展型的县（区）的农村教师专业发展一般不进行重点支持与扶持。此外，省级政府在政策制定与实施之前，还应制订较为详细的农村师资队伍"贫困"县"脱贫"扶持计划，集中资源加大对维持型尤其是贫困型县（区）的财政支持力度，从新进教师、骨干教师、教师培训指标的分配、优秀教师的调配等方面进行积极倾斜，限期完成。在目标完成后，省级政府再按照各县（区）师资均衡水平重新进行排序和分类，再次对师资贫困县进行"贫困"治理。据此方法循环进行，最先实现县域师资的均衡，最终实现省域城乡师资的均衡发展。②

第三，强化积极差别对待投入，不断缩小已有的城乡义务教育发展差距。多种因素的共同影响与相互作用特别是日益加快的城镇化进程，使得城乡义务教育发展差距拉大。在教育发展现实中，许多发展基础较好的城镇（市）学校，特别是一些重点中小学凭借自身的悠久办学历史、优越的办学条件与巨大的社会教育影响力，逐步走上了良性发展之路。反之，许多办学条件原本薄弱、师资配置

---

① 马青：《农村义务教育投入的主体再认与保障制度变革》，《教育发展研究》2009年第21期。

② 马青、焦岩岩：《省域城乡义务教育师资均衡发展的机制设计》，《城乡教育一体化与教育制度创新国际学术研讨会——2011年农村教育国际学术研讨会》，2011年。

原本不强的农村中小学校,特别是那些处于偏远、贫困地区的农村中小学校,办学规模越来越小、对教师特别是优秀教师的吸引力越来越弱,慢慢迈入了举步维艰的发展境地。农村学校与城镇(市)学校不同的发展境地,使得农村教育与城镇(市)教育的发展差距不断拉大。从差距的实质特性看,现阶段城乡教育差距,在很大程度上是教师的差距。正是基于此,有研究者曾对 N 省域内的城乡教师整体职称结构、学历层次、年龄结构、构成类别等进行了实证分析,得出农村教师队伍建设仍面临着严峻的挑战的研究结论。[①] 如此看来,要有效缩小已有城乡义务教育存在着的发展差距、推动城乡义务教育一体化的发展步伐,就要从教师队伍建设入手,才能实现城乡教育基本公共服务均等化的政策目标,提高人民群众的教育获得感。

在推动城乡教育一体化发展实践中,《国务院关于统筹推进县域内城乡义务教育一体化改革发展的若干意见》按照全面建成小康社会目标、加快缩小城乡教育差距、切实促进教育公平目标,明确要求各地要统筹推进县域内城乡义务教育一体化改革发展步伐。《国务院关于统筹推进县域内城乡义务教育一体化改革发展的若干意见》还具体规定了要加快推进县域内城乡义务教育学校建设标准统一、教师编制标准统一、生均公用经费基准定额统一、基本装备配置标准统一和"两免一补"政策城乡全覆盖。需要关注的是,在以上"四统一"中,"教师编制标准统一"从教师数量上可以较容易地做到,但是从教师质量上却常常面临众多问题与困难,这也是城乡义务教育一体化建设的关键点和难点所在。要加快缩小城乡义务教育发展差距,就要以切实有效的措施来不断缩小城乡义务教育教师的质量差距。具体来讲就是,教育公共政策应在积极解决农村教师工作条件不好、待遇不高、积极性偏低及优秀、青年教师流失严重等

[①] 解光穆、刘炎胜:《宁夏农村教师队伍实证研究与对策》,《宁夏师范学院学报》2011 年第 4 期。

问题的同时，优化农村教师专业成长环境、加快农村教师专业成长，这也是现阶段必须重点关注与有效解决的重大现实问题，必须给予重点投入支持。

三　城乡师资均衡财政转移支付法制建设机制

实现城乡师资均衡配置发展目标需要长期持续的公共财政资金投入，加强政府间转移支付的法制化建设，能从法律上保障城乡师资均衡配置、专业发展所需公共财政资金的持续稳定投入。加强政府间转移支付法制化建设，是转移支付规范化发展的必然要求，特别是一些重要的原则和规范需要法律法规的进一步明确，可以保证转移支付的规范化发展。同时，加强政府间转移支付的法制化建设，也是规范公共财政分配公平性的必然要求。随着综合国力的逐步提高与中央财力的与日俱增，转移支付资金规模也在不断扩大。无论是保障转移支付资金的公平分配，还是提高转移支付资金的使用效率，都需要对政府转移支付行为进行立法。因为公共财政转移支付法律法规能够产生巨大影响，特别是"在平衡各级政府的财政支付能力、确保各地纳税人获得大体相同的公共产品以及促进地区经济发展等方面都能起到巨大的作用"[1]。西方发达国家财政转移支付法律制度相对成熟，其转移支付法律体系有效协调了不同层级政府间的利益冲突，保障了全国基本公共产品有效供给。无论是西方发达国家的成熟经验，还是我国财政体制改革发展现实需要，政府间转移支付的法制化建设都势在必行。教育改革发展实践也证明，转移支付管理的法制化能够保障转移支付资金分配向西部民族地区、农村地区、贫困地区的民生领域倾斜，能够促进政府将转移支付资金向包括义务教育在内的公共产品进行投入，从而促进城乡师资均衡发展。

---

[1]　翟继光：《财政法原论——和谐社会背景下的税收法治建设》，立信会计出版社 2008 年版，第 244 页。

首先，转移支付立法中应当明晰中央政府和地方政府事权与支出责任，强化省级政府在统筹推进区域内包括义务教育在内的基本社会公共服务均等化的法定职责。当前我国中央政府和地方政府事权与支出责任还不够清晰，导致部分公共财政转移支付的结构不合理。应当通过转移支付法律法规明确划分中央政府事权、中央政府与地方政府的共同事权和地方政府事权，明确各级政府的支出责任，进一步优化转移支付结构。《国务院关于改革和完善中央对地方转移支付制度的意见》曾明确指出，要不断强化省级政府统筹推进区域内包括义务教育在内基本公共服务均等化的职责。因为从政府组织体系的运行看，我国实行"中央—省—市—县—乡"五级管理，省级政府是地方政府体系的最高管理层级，统辖管理省域范围内的经济、文化、教育等各项工作，起着承上启下的作用。省级政府不仅拥有中央政府所赋予的各项资源和权力，还具有调配省级财政收入及其他各种资源的权力，与其他层级的地方政府相比，其统筹能力最强、作用范围最广，也更有利于从长远角度、战略高度来考虑和实施推进区域整体发展、不断改善民生的宏观调控举措，并能够有效实现国家宏观政策导向与地方发展实际的有机结合。或者说，加强省级政府对城乡师资均衡配置职责与统筹能力，有利于充分发挥省级政府的管理优势——向上能够获取中央转移支付财政资金，向下能够合力统筹本省域内城乡师资均衡配置、优化城乡师资均衡发展的资金分配。在贯彻落实《乡村教师支持计划（2015—2020年）》过程中，西部民族地区的省级政府也大都加强了自身对城乡教师均衡配置的主体性作用，以多项"倾斜政策"来促进城乡师资均衡配置和农村教师队伍的快速发展，体现了省级政府的统筹管理优势。

建立省、市、县（区）、校四级联动培训网络。省级逐年增加师资培训专项预算，到2018年达到1200万元，重点支持乡村教师培训。各市、县（区）人民政府要切实履行教师培养培训主体责任，把乡村教师培训纳入基本公共服务体系予以保障，确保乡村教师培训时间和质量。探索建立省级乡村教育人才培养基地，从 2016 年起，"国培计划"集中支持乡村教师和校长培训，到 2017 年，对教学点教师和乡村学校校长全部轮训一遍，到 2020 年前，对乡村教师、校长每人进行 360 学时的培训。加强音乐、体育、美术、英语、科学、综合实践等薄弱学科教师培训。提升乡村教师信息技术应用能力，利用远程教学、数字化课程等信息技术手段，破解乡村优质教学资源不足的难题……①

《N 省〈乡村教师支持计划（2015—2020 年）〉实施办法》从两方面具体体现出省级政府履行推进义务教育基本公共服务均等化的法定职责：一是对省级增加农村教师队伍建设投入的明确规定——"逐年增加师资培训专项预算，到 2018 年达到 1200 万元，重点支持乡村教师培训"；二是对本省范围内促进农村教师队伍专业发展、素质提高的有效统筹与切实管理——"各市、县（区）人民政府要切实履行教师培养培训主体责任，把乡村教师培训纳入基本公共服务体系予以保障，确保乡村教师培训时间和质量"。以上政策与要求，清晰地区分了省级政府和市、县（区）的财权与事权以及各自对促进城乡教师均衡配置的支出责任，有利于实现城乡师资均衡配置，并促进了城乡义务教育一体化发展目标的加速实现。

其次，要通过转移支付立法来规范省以下政府转移支付行为，稳步扩大一般性转移支付比例，逐步形成各级政府的合力、共同促成城乡师资均衡配置的良好发展局面。一般来说，转移支付立法应当对省级以下政府公共财政的转移支付做出适当规定，从而保障地方公共财政转移支付资金的公平分配和高效利用。并且，应逐步扩大一般性公共财政转移支付比例，以充分调动地方基层政府发展包

---

① N 省人民政府办公厅：《N 省乡村教师支持计划（2015—2020 年）实施办法》2015 年 12 月 29 日。

括教育在内的基本社会公共服务的主动性。一般性转移支付与专项转移支付具有不同的特点：一般性转移支付能够发挥地方政府了解居民公共服务实际需求的优势，有利于地方因地制宜、因时制宜来统筹安排财政支出和落实管理责任；而专项转移支付则能够更好地体现中央政府的意图，促进相关政策的落实且便于监督检查。[1] 由于我国民族众多、地域广阔、经济社会发展不平衡，且不同地区的实际情况差异巨大，因此地方政府应根据当地的经济社会发展实际情况来合理安排、使用转移支付的公共财政资金并充分发挥信息优势，促进义务教育在内的基本公共服务均等化目标实现。扩大一般性转移支付规模可有效增加地方政府自主财力的配置规模，使其有能力对义务教育学校生均占地面积、学校操场、辅助用房、实验室及多媒体信息设备等基本装备标准进行系统设计与不断改善，达到城乡义务教育学校建设的标准化和规范化，促进城乡教师在同级同类学校之间和不同级、不同性质学校之间合理流动。[2]

总之，通过转移支付的法制化建设，有利于促进中央政府财政转移支付资金向西部民族地区、贫困地区与农村地区倾斜，也有利于促进省级政府向本区域内欠发达地区的倾斜。另外，在加强转移支付法制化建设基础上，也要强化县（区）级政府在发展义务教育中的主体性职责，并有效增强自身能动性的发展动力，为实现城乡师资均衡配置、农村教师队伍专业发展与素质提高提供必要的法律保障。

四 城乡师资均衡财政投入政府激励机制

20世纪60年代，西方学者提出了官僚经济学理论。美国政治学家安东尼·唐斯（Anthony Downs）、威廉姆·A. 尼斯坎南（William

---

[1] 财政部：《〈国务院关于改革和完善中央对地方转移支付制度的意见〉政策解读》，http：//www.gov.cn/xinwen/2015-02/02/content_2813376.htm，2015-02-02。

[2] 冯文全、马丽、苏雪林：《城乡义务教育教师流动的问题及对策分析——基于教育财政转移支付的视角》，《教育与教学研究》2014年第10期。

A. Niskanen），英国知名政治学家帕特里克·郭利威（Patrick Dunleavy）都是该学派的代表性人物。他们主张政府不仅具有自身的价值取向，利益需求还呈现出多元化的特征，都有谋求自我利益最大化的动机。从某种意义上讲，该理论已经颠覆了政府作为公共利益捍卫者之"守夜人"的经典论点。虽然有学者从社会制度的角度认为官僚经济学理论不适应于中国的实际。但实际上我们也要看到或承认，现行行政体制、财政体制改革的深化实际上形成了国家层面的全局利益、地方政府的局部利益共存的利益格局。在许多政策的逐步实施与不断推行过程中，"上有政策，下有对策"的政策执行偏离现象就是最好的实例。

就教育改革发展全局而言，从发展义务教育的现实需要看，尽管中央政府在推进义务教育均衡发展过程中负有不可推卸的责任，但中央政府不可能成为义务教育的直接推行者或实施者。在现行的教育体制下，各级政府间就形成了多层级的委托代理关系，县（区）级政府成为义务教育的政策实施者、推动者。而且，"以块为主，条块结合"的教育行政管理体制、基层政府寻求自我利益维护的价值冲动以及政府层级多样化所带来的信息不对称，都会增大基层政府在推动义务教育改革发展中机会主义行为的出现概率。这也说明，要实现城乡教育一体化发展目标，就迫切需要通过以相应的政策来合理划分不同层级政府及其职能部门间的责任，并调动基层政府忠实履行教育职责和维护教育公正的积极性。① 当然，我们也要看到或承认，中央政策的引导和示范作用、中央转移支付能够促进地方财政教育支出。有学者运用协整、向量误差修正模型对转移支付与地方财政教育支出的关系进行实证检验，研究表明我国转移支付对地方财政支出具有促进作用，具体表现为人均转移支付增长1%，人均地方财政教育支出将增长约1.013%，表明中央财政转移支付能够促

---

① 马青、焦岩岩：《省域城乡师资失衡：实践表征、政策归因、改进策略——以宁夏为例》，《教育发展研究》2012年第12期。

进地方对教育等公共产品的财政投入，中央政府政策导向作用是显著的，中央财政转移支付将激励地方政府增加对教育的财政投入。[①]由此看来，要强化城乡师资均衡配置，就必然要求各级政府在农村教师队伍建设的财政投入中要实施积极的政府激励机制，特别是要在农村教师队伍专业发展的财政投入中实施有效政府激励机制，才能有效增加其发展所需的必要财力支持。

在推动城乡教育一体化发展政策实践中，政府投入的激励机制特别是上级政府对下一级政府的投入激励机制有着积极的政策导向作用，并在增加农村教师专业发展投入中有着特殊而重要的意义。笔者在研究 N 省乡村教师支持计划实施情况时就发现，在省级政府以增加农村教师生活补贴、发放交通费等激励政策的引导下，该省的众多市、县（区）也在这些支持政策的影响带动之下，以实实在在的"真金白银"来增加农村教师收入与专业发展所需资金，以投入政策来推动农村教师队伍均衡配置、协调发展。具体举例来看，如 Y 市 X 区在 N 省、Y 市先后出台乡村教师支持计划实施办法并推出众多支持政策后，也在该区的实施细则以更大的投入来切实增加农村教师收入，以有效拓宽乡村教师补充渠道、不断提高乡村教师待遇。对此政策实施细则，当地新闻媒体及时进行了报道：

> X 区将建立起城市小学联合培养乡村教师的机制，新招聘的农村特岗教师，先安排在城市优质学校进行为期 2 年的带岗培训，培训结束后再安排到农村学校任教……X 区乡村教师支持计划中，给农村教师的生活补贴为每月 180—280 元，越偏远的地区补贴越高。某湖地区每人每月 280 元，黄河以西、友爱街以东的农村学校每人每月 180 元。交通费每月补贴 300—500 元。其中，黄河以东的学校每人每月补助 500 元，汉延渠以东、

[①] 唐沿源：《转移支付与地方财政教育支出：激励效应及实证检验——基于协整、向量误差修正模型的分析》，《教育发展研究》2015 年第 Z1 期。

黄河以西的学校每人每月 400 元，汉延渠以西、友爱街以东的学校每人每月补助 300 元。农村在编教师每人每月补贴 400 元。同时，X 区出台政策引导城市骨干教师到乡村学校任教。X 区选派城市骨干教师到乡村学校任教，每年给予 6000—15000 元的补助。对于在乡村学校连续任教 20 年、15 年、10 年的教师，也会分别给予 3000 元、2000 元、1500 元的奖励。①

这就是不同层级政府之间激励机制相互影响、相互作用的具体实例，也是上级政府激励机制对下级政府激励机制制定出台积极带动作用的具体体现。在该区支持农村教师快速发展、不断提高的政策办法中，对"城市骨干教师到乡村学校任教，每年给予 6000—15000 元的补助"等政策规定，都是在省级政府关于支持乡村教师队伍建设影响带动下催生的，体现出明显的激励引导作用。这就说明，在强化城乡师资均衡投入政府激励中，要重视和发挥上级政府对下级政府的激励与带动作用。

在分析了推动城乡教育一体化进程中以政府激励机制来增加农村教师发展投入的事实基础上，在认识、实践层面还要看到，要充分发挥政府的投入激励机制还需解决以下两方面的问题。首先，要提高地方政府对城乡师资均衡投入的积极性。由于地方政府是实施义务教育的责任主体，对城乡师资均衡发展的态度直接影响着该问题的解决。那么，针对地方政府的激励政策就成为推动城乡师资均衡发展政策体系必不可少的部分。如果仅对政府管理者持有那种摒弃个人狭隘私利，以公共利益为行为动机的"公共人"假设显然是不理性的。每个官员不会因为已经成为"官吏"而在道德上高于其他人类群体，虽然不能如休谟所说的那样"必须把每个人都假设为无赖之徒"，但是只有考虑到人对私利最大化的追求，才能设计出较

---

① 韩会霞：《9 月起兴庆区乡村教师支持计划实施》，《银川晚报》2016 年 6 月 20 日。

好的制度,"使坏人所能造成的社会危害最小化"①。也正是因为自利化的倾向,在政绩考核制度的作用下,一些基层政府官员往往会出现"应试化"的行为取向,政绩评价制度强调什么,基层政府官员就会热衷于发展什么。伴随义务教育由数量普及向质量提升转型和城乡教育一体化建设的推进,就应建立一种引导地方政府官员将教育发展重心向提升质量转移,核心是向师资均衡发展倾斜的激励政策。不仅要改革地方政府评价制度结构、凸显公共服务导向,还应关注地方政府对推动城乡师资均衡发展的努力程度,将城乡师资均衡程度作为地方政府教育职能评价的关键指标。② 其次,要适度适时强化县(区)政府对城乡师资均衡发展投入的主体责任意识。县(区)级政府在推动城乡师资均衡发展、提高农村教师专业素养的过程中具有十分重要的地位和作用。由于在我国五级政府机构体系结构中,特别是同乡镇政府相比,管理职能的完整性、区域性等基本特征都决定了县(区)级政府承担义务教育管理职责的可行性。在普及、巩固义务教育发展的进程中,我国逐步确立了"省级政府统筹,县级政府管理为主"的管理体制,县(区)级政府的义务教育管理职责得到了强化,县域内义务教育师资的优化均衡配置成为可能,县(区)级政府职责的有效发挥也随之就成了维护县域义务教育公平的重要基础。一项针对江西省县级面板数据模型的分析结果表明:依靠上级财政转移支付,并辅之以政绩考核的上级监督,能够有效地保障县乡义务教育的有效投入。③ 同样道理,在上级政府不断增加城乡师资均衡与专业提高投入的前提下,引导和激励县级政府持续增加城乡师资均衡发展、专业发展的投入力度,也将会大大

---

① 陈庆云、曾军荣、秦益奋:《比较利益人:公共管理研究的一种人性假设兼评"经纪人"假设的适用性》,《中国行政管理》2005年第6期。

② 马青、焦岩岩:《省域城乡师资失衡:实践表征、政策归因、改进策略——以宁夏为例》,《教育发展研究》2012年第12期。

③ 曾明、肖美兰:《县级政府的教育支出偏好:财政转移支付的视角》,《南昌大学学报》(人文社会科学版)2013年第5期。

缩小城乡师资配置的已有差距。在激励政策的具体设计上，还应当将多种形式的激励政策、促进措施相结合，以有效调动县（区）级政府在推动城乡师资均衡发展、专业发展中的主动性和积极性。譬如可针对县（区）级政府和主要领导干部自身出台一些综合性激励引导政策，形成合力共同激发主要领导干部个人与地方政府整体促进本地区城乡师资均衡发展的动力与活力。具体讲就是，一方面要将本地区城乡师资均衡发展的实际成效、努力程度与上级政府的财政转移支付联动起来，并作为县（区）级政府教育职能评价的关键性指标，从整体上激励县级政府实现本地区城乡师资均衡发展的目标；另一方面要在领导干部的职务晋升考核指标中，凸显所在区域城乡师资均衡发展程度的考量，提高地方官员抓教育促师资均衡发展的积极性。

综上所述，由于在当前与今后一段时期内，要推动西部民族地区城乡师资的均衡配置与素质提高，就要积极发挥教育投入，特别是公共财政投入在引导城乡师资队伍科学配置、合理流动、较快发展中的积极与巨大作用，以便建立更好的政府激励机制来促进城乡师资均衡发展财政投入的稳定增加。

第二节　城乡师资均衡财政投入民主管理机制构建

如果说公平配置机制从源头上保障城乡师资均衡财政投入充足性的话，那么民主管理机制则从过程的角度保障城乡师资均衡财政投入的稳定性。由于信息公开是保障公民知情权的重要举措与必然要求，也是回应社会公众关切事宜的主要渠道与基本途径。因此，构建城乡师资均衡配置、专业发展财政供给机制的关键就在于确保公共财政资金使用过程的民主化，这就必然要求在推进城乡师资均衡配置、专业发展过程中，公共财政资金投入要实现公开与透明，确保公民知情权与参与权，使社会公众了解、参与城乡师资均衡发展财政资金的分配、使用过程。所以，重视城乡师资均衡发展财政资金的民主管理不仅是构建民主财政的要求，也是实现科学决策、合理高效利用公共财政资金的现实需要。

一 基层政府与学校财政支出管理赋权机制

无论是中央政府，还是省级政府履行城乡师资均衡发展的财政投入职责，各级地方政府都需要根据本地区实际情况来具体安排财政资金投入。为切实提高公共财政资金的利用效率，应当赋予地方政府更多的自主权，并结合实际最大限度地科学利用财政资金。西部地区大多既是少数民族聚居地区，又是经济不发达地区且自然条件恶劣，使得该地区推进城乡师资均衡发展面临着更多的困难。而且，西部民族地区城乡师资发展实际情况也较为复杂，需要根据各地具体情况与实际需要来及时调整、不断优化师资均衡公共财政资金的配置。笔者在实地调研中发现，很多校长、教育局局长认为与教师专业发展相关的资金使用限制过多，不利于地方政府和学校根据自身实际情况加以及时调整。与此同时，一些地区还存在着公共财政资金使用方向、方式较为单一等弊端，影响到公共财政资金的使用效率。G省N市Z县X乡镇中心小学的马校长在访谈中对教师培训讲述道：

> 客观说，近年来各级政府、教育部门以及教师培训机构都通过"国培计划"等众多项目，加大了对我们农村教师的业务能力培训与专业提高，这些政策也起到了一些积极作用，促进了农村教师队伍教书育人素质的不断发展。但从管理来看，现行教师培训政策也存在一定问题，比如在教师培训的抽调对象中，有时存着着忽略音体美等小学科教师培训的问题。在中小学教师培训经费的使用、管理上，客观上也存在着由教育局、教师培训机构说了算的问题，我们农村学校只能机械执行培训

的指令性任务，而不能根据自身实际需要采取请专家到校、引进教育教学改革项目、对部分优秀年青教师进行"师带徒式"的长期、跟踪式培养……可以说，由于教师培训经费过度强调集中使用，使得培训实效受到影响。我的建议是，应按比例来合理划拨中小学教师的培训经费，一部分由县上统筹使用，一部分经费由学校各自自行安排与使用……

笔者在实地调研中发现，马校长的观点、看法具有一定普遍性，也反映出城乡师资均衡发展政策的实施过程中客观存着"统得过死，管得过严"的不足。根据管理运行的实践需求，应赋予地方政府、学校更多的自主权，实现经费管理与实践需求的有效对接，以最大限度地发挥公共财政资金的作用。一方面，要赋予地方政府城乡师资均衡发展投入的支配自主权，充分发挥地方政府在推动城乡师资均衡发展中的能动性。已有的经验研究表明，地方政府财政自主权的适度增强，能够促进地方政府加大对城乡师资均衡配置的财政投入，提高自身的努力程度。市—县财政分权对县义务教育生均经费水平具有显著的负影响，市—县财政分权的加大会减少县自有财力对义务教育的及时投入，而县财政自主权的加大则会提高县自有财力对义务教育的投入。[①] 由于各地城乡师资发展情况各不相同，因此无论是进一步提高乡村教师待遇、减少教师流失，还是切实加强教师队伍培训、提升师资水平，都需要根据各地的实际情况加以具体分析，制定出适合本地城乡师资均衡发展的政策。并且，赋予地方政府更多的自主权，可改变过去只是上级政策执行者的角色，地方政府领导可以根据实践需求优化财政投入的利用结构。另一方面，要赋予基层学校资金使用、管理的自主权，改革创新学校公共财政资金的使用管理办法。然而，在严格控制财务运行的现实条件下，

[①] 黄斌、王璇、张琼文：《市—县财政分权与地方义务教育财政支出——基于全国县级数据的多层分析》，《教育经济评论》2016 年第 3 期。

目前限制学校自主使用财政资金的条条框框过多，且公共财政资金使用规定不断趋于严格。烦琐、僵化的管理，实际上不利于学校根据自身以及教师的特点自主决定财政资金的使用方向。西部民族地区各级政府不但要持续增加教师投入，而且也应赋予学校更多的自主权，切实发挥学校在教师培训、校本研修等多项活动中的能动作用。

现阶段西部民族地区大都以增加收入、职称评定倾斜、荣誉制度建立等多种政策措施来鼓励、吸引年轻教师、优秀教师、骨干教师、退休教师到乡村学校任教或支教，各种形式的"送培到校""送教下乡""定点帮扶"等活动也纷纷开展，如M省就在乡村教师支持计划的实施办法中进行了以下规定：

> 从2016年起，各盟市、旗县（市、区）城区优质学校每年要定点帮扶本区域内一所或多所乡村学校。各盟市要建立教学名师工作室，组成人员须有乡村教师代表。通过优质学校的帮扶和教学名师的言传身教，着力提高乡村教师教育教学水平。各地区要采取有效措施，充分发挥退休优秀教师和高级专业技术人员的余热，鼓励城镇退休的特级教师、高级教师和高级专业技术人员，在身体条件允许和本人自愿的基础上到乡村学校支教讲学，要对支教讲学的教师给予一定的工作补偿。[①]

M省的政策规定有其科学性、合理性，但是我们在实地访谈时却发现，给予到农村学校任教与支教优秀教师、骨干教师、退休教师的物质待遇，往往由更高管理层级的盟市、旗县（市、区）教育部门、财政部门"说了算"，支教、任教教师所在的学校常常"无权干涉"。这就使农村教师队伍支持政策在实施中存在一定"盲区"

[①] M省人民政府办公厅：《M省乡村教师支持计划（2015—2020年）实施办法》2015年12月28日。

或说"信息不对称",即实际的使用、管理者(学校)没有对资金的使用权,资金的实际管理权部门却不知道某一教师的实际工作情况。城乡师资均衡发展投入的配置,应高度重视、妥善解决资金使用、管理"层级"过高的问题,要分类、分比例给予学校适度的资金使用权与管理权。

二 城乡师资均衡财政投入信息公开机制

教育公共财政信息公开,特别是促进师资队伍发展的公共财政信息的及时公开,既直接关系到广大教师的切身利益,也影响到千千万万农村教师的未来发展和自身利益,更关乎城乡师资均衡配置和确保适龄儿童接受公平的、有质量的教育。在社会实践中由于地方民众对自身教育福利状况有着更直观、更深切的感受,民众参与度与话语权的提升,无疑将使地方政府在义务教育经费保障方面,更加关注民众的需求,推进地方政府政务公开和强化公众监督,增强财政转移支付经费使用透明度。[1] 进一步推进政府教育公共财政投入信息及时公开,有利于监督和规范城乡师资均衡配置、农村教师队伍发展等公共财政资金的合理分配和公平支出,也能够促进地方政府及财政、教育等相关行政部门积极主动地去加强财政资金管理,不断提升财政工作科学化、精细化管理水平。从财政信息公开制度建设角度看,我国已经具备了财政公开运行的制度基础。2008年5月1日,《中华人民共和国政府信息公开条例》公布实施,我国政府信息包括公共财政信息公开工作得以稳步推进。2011年,财政部颁布《关于深入推进基层财政专项支出预算公开的意见》,明确规定:基层政府要进一步加大财政专项支出预算的公开力度,特别是要重点公开与人民群众利益密切相关的教育、医疗卫生、社会保障和就业、住房保障支出以及

---

[1] 姚继军、张新平:《省以下财政转移支付保障义务教育发展的绩效、问题与改进》,《教育学报》2014年第4期。

"三农"等方面的财政专项支出。2015年，国务院颁布《国务院关于改革和完善中央对地方转移支付制度的意见》，强调了改革和完善中央政府对地方政府转移支付制度的重要性与必要性，明确要求进一步加快推进信息公开，并及时主动向社会公开一般性转移支付和专项转移支付的具体项目、规模、管理办法和分配结果等。然而，当前我国教育公共财政投入信息公开仍然存在着公开信息不全面、不详细、不规范、不便利等问题，并由此导致了我国财政透明度较低，其中公开的信息占所调查信息的比重不到40%，还有多达60%的财政信息没有公开。[①] 现阶段教育公共财政投入公开存在的诸多问题在很大程度上妨碍到广大教师、人民群众对城乡师资均衡配置的资金分配、使用的知情权。因此，科学构建城乡师资均衡配置、促进农村教师队伍发展的财政供给机制，重要任务之一就在于保障社会公众、广大教师对公共财政资金分配、使用的知情权与建议权，并促进地方政府重视师资均衡发展公共财政资金的有效与科学管理。

首先，形成规范化、制度化的教育财政信息公开运行规范，确保公众对教育财政信息包括城乡师资均衡发展财政信息获取的及时性和准确性。当前部分教育公共财政数据、经费投入数量等信息公布还不够及时、规范，尤其是部分地方政府公共教育财政信息公开的及时性、广泛性、主动性程度还有待提升。笔者发现此次调研的三个地级市教育局官网均设有"政务公开"专栏，但与三省教育厅官网的"政务公开"专栏相比还存在较大差距：三省教育厅官网对于各年度的投入数据、政务公报等信息公开都较为及时规范。而市、县（区）地方政府及教育行政部门还需要加强有关教育信息的公开，以推动教育各项数据、信息的及时规范发布。

[①] 邓淑莲、温娇秀：《中国省级财政透明度存在的问题及改进建议》，《中央财经大学学报》2015年第10期。

其次，要提升教育财政信息公开的质量，使社会公众更为便捷、清晰、明确地了解已公开信息。在研究过程中，笔者发现目前大多数教育公共财政信息的发布更多属于年度数据，且多见于各项统计年鉴、年度公报、统计报表等，针对某项教育专项（专门项目或专项投入）的专门支出公布较少。在研究中还发现关于城乡师资均衡配置、促进农村教师队伍专业发展的公共财政信息单独公开的更少，大部分数据都需要到相关统计年鉴、公报中去挖掘、整理与分析。实际上，地方政府公共财政信息的公开、透明对财政支出结构有着重要的影响。财政信息公开直接影响到地方政府的行政管理成本，但由于教育、社保、民生、医疗等基本公共服务支出领域的信息公开程度非常有限，社会公众也难以了解政府公共财政支出的全貌，尤其是精确了解公共服务领域政府的支出行为，致使公众对政府公共服务领域的监督有限，从而弱化了其对公共服务支出的影响作用。[①] 地方政府应根据教育特别是农村教育改革发展的实际，及时进行专题公开，以有效保障公众的知情权。

最后，要不断提高对社会公众的回应能力，进而提高社会公众、广大教师对教育公共财政信息公开工作的满意程度。教育公共财政信息及城乡师资均衡配置、农村教师队伍发展等相关教育公共财政信息，不但要及时、主动公开，还要能够及时回应社会公众对上述重大决策的关切。在信息公开工作实践中，各级政府与教育部门还要以运行程序的规范和专人负责的制度，对社会公众对已公开信息所存在的各项疑问进行必要和及时的解答，建立和形成规范化的回应流程，推动教育公共财政投入信息公开的健康发展。

三 城乡师资均衡财政投入决策参与机制

实现城乡师资均衡发展的目标离不开公共财政资金的稳定持续

[①] 刘佳：《地方政府财政透明对支出结构的影响——基于中国省级面板数据的实证分析》，《中南财经政法大学学报》2015年第1期。

投入。由于教师既是师资均衡配置、专业发展所需财政资金的作用对象,又是促进城乡师资均衡配置政策的实施目的所在。那么,在科学配置和使用城乡师资均衡发展财政资金的过程中,保障社会公众特别是广大教师的参与权就显得尤为重要。西方公共选择理论(public choice theory)的研究和公共产品的供给现实证明,政府具有较强的自主性,它并不会自动地根据社会公众的意愿提供公共产品。在多层级行政体系的前提下,信息的不对称也增大了政府间的委托代理风险。著名政治经济学家、社会学家马克斯·韦伯(Max Weber)曾指出:"政权领域的各个部分,离统治者官邸愈远,就愈脱离统治者的影响;行政管理的一切手段都阻止不了这种情况的发生。"[①] 只有公开、公正、开放的义务教育供给过程、只有使利益相关者享有充分的知情权、参与权,才能最大限度地维护公共意愿和保障利益相关者的合法利益。就我国义务教育供给过程中的民主状况而言,教师特别是农村教师作为城乡教育发展的直接利益相关者并不能享有充分的知情权和表达权,致使广大教师的合理利益需求难以得到有效满足。[②] 教师是师资均衡发展财政资金的作用对象,教师的意愿直接关系到财政资金的使用效果。具体来讲,针对城乡师资均衡的财政投入,以下三个方面都应是保障社会公众有效参与必须注意的问题。

第一,保障城乡教师的财政决策参与权。教师是教育教学的组织者、学生管理的实施者,也是城乡师资均衡发展政策的直接相关主体,城乡教师最能够感受到教师发展政策对其自身专业发展的影响,也直接感知着学校管理的效果。另外,教师发展政策的落实也离不开教师群体的参与和支持。教师管理的效能、教育资源配置的公平性同样需要保障广大教师的参与度。地方教育行政管理部门和

[①] [德]马克斯·韦伯:《经济与社会》(下卷),[德]约翰内斯·温克尔曼整理,林荣远译,商务印书馆1997年版,第375页。

[②] 马青、焦岩岩:《省域城乡义务教育师资均衡发展的机制设计》,《城乡教育一体化与教育制度创新国际学术研讨会——2011年农村教育国际学术研讨会》,2011年。

学校管理者应注重管理文化软实力的建设，注重管理方式方法的人文关怀。实地调查显示，有86%的教师认为，在直接关系教师发展和切身利益政策的制定过程中应征求教师的意见。可是，只有26%的教师认为，在直接关系教师发展和切身利益政策的实际制定过程中通常会征求教师的意见。教师利益表达权利的缺失导致教师政策与教师实际需求相背离。在接受调查的教师中，有78%的教师认为教育及其他行政部门出台的政策不能充分满足教师的实际需求，或者与广大教师的实际需求差距很大。保障广大教师的参与权和利益表达权应从"学校""政府"两个层面深化教育民主化改革。只有通过保障教师参与权来切合广大教师，特别是农村教师的实际情况、精准把握教师需求才能更加科学高效地配置和使用财政资金，最大限度发挥好公共财政投入资金的作用。

第二，实行城乡师资均衡财政决策的多主体参与。就社会公众参与权的保障而言，主要涉及"自上而下""自下而上"两个维度的改革。其中"自上而下"的改革是指政府及相关行政部门应增强教师政策制定的实地调查力度，对直接关系教师利益且难以解决的问题应采取教师听证会议制度；"自下而上"的改革是指建立社会力量有序参与政策制定的保障政策，鼓励富有责任心、正义感和参政议政能力的教师代表、专家学者直接参与城乡师资投入政策的决策和评议，保障他们表达个人意愿的机会。"自上而下""自下而上"两个维度改革的同步推进，有利于城乡教师利益的充分表达，因为他们会积极争取和维护自身的合法权益。专家们的积极参与，也能够增强监督的权威性与专业性，也有利于监督信息的披露与违规行为的及时处理，从而能够形成对基层政府的有效约束。[①] 根据其他发达国家的经验，在公共政策制定和实施的过程中通常会有利益相关者、其他社会群体的参与，以实现对政府执政行为的监督和制衡。

[①] 马青：《农村义务教育投入的主体再认与保障制度变革》，《教育发展研究》2009年第21期。

比如，美国加利福尼亚州教育治理主体就包括众多的教师、家长等利益相关者和其他社会组织，他们对州教育政策的制定与实施具有重要的影响，甚至州教师工资投入总数的确定都必须得到教师职业团体的认可。就东西方的文化、社会差异和中国政治民主化的现实而言，虽然我国并不适合推行西方教育"治理"模式，可是保障利益相关者的参与权却是教育民主化进程逐步深入的必然要求。①"自上而下""自下而上"两个维度改革的同步推进，有助于城乡师资均衡发展财政资金的科学配置，进而使有限的资金最大限度促进城乡师资均衡配置与持续发展。

第三，健全学校管理的民主运行途径。健全决策参与机制和民主监督机制是保障教师参与权和教师利益表达权的基本途径，师资均衡发展财政资金的分配、使用应当充分尊重教师意见。学校是教育实践活动的基本单位，也是城乡师资均衡财政资金的直接利用机构。学校管理的民主化程度直接影响到城乡师资均衡财政资金的利用质量和效率。《中华人民共和国教育法》第三十条规定，学校及其他教育机构应当按照国家有关规定，通过以教师为主体的教职工代表大会等组织形式，保障教职工参与民主管理和监督。教育教学活动的专业化趋向使学校成为专业人员集聚的场所，教育教学活动的复杂性又决定了学校管理活动的柔性特征，学校更应成为"'形'散而'内'聚"的组织。"形散"既意味着学校管理的人性化，又意味着学校管理的非强制性；"内聚"则要求学校管理更应富于人文性的关怀，更应体现出组织文化的引领作用。而要实现学校的这种组织特征，就应保障学校管理权力的分散化，健全学校决策的民主参与机制、监督机制。首先，保障教师参与权利的完整性。教师参与权利的完整性不仅包括参与内容的全面性，还包括参与过程的全程性。只要关系到教师的切身

---

① 马青、焦岩岩：《省域城乡义务教育师资均衡发展的机制设计》，《城乡教育一体化与教育制度创新国际学术研讨会——2011年农村教育国际学术研讨会》，2011年。

利益，尤其是直接关系教师自身发展的决策，都应纳入教师参与的范围。另外，为使教师意愿能够在决策执行过程中得到充分体现，还应增强教师对决策实施效果评议的参与度。其次，保障教师参与程序的公正性。程序公正是与实质公正相对应的概念，更接近于应然的公正。保障教师参与程序的公正性主要包括参与人员的广泛性、受益群体的全员性。一是参与人员的广泛性。社会民主化进程的加快、教师素质的逐步提高使广大教师的权利意识不断增强，他们有能力、有愿望参与学校管理。在事关教师利益的决策中，就应保障教师参与的广泛性，给予利益相关者进行利益表达的机会。二是受益群体的全员性。参与程序的最终目的是保障所有利益相关者的利益，而不是部分或者少数利益相关者的利益，每位教师的合法权益都应得到最大限度的尊重和维护。

四　城乡师资均衡财政投入监督机制

在理论认识上，大多数专家学者都承认任何权力都内在地具有向外扩张的本性，正如孟德斯鸠所说的那样："一切有权力的人都容易滥用权力；要防止滥用权力，就必须以权力制约权力。"① 那么，加强对权力行使者的监督就显得尤为重要。在保障城乡师资均衡配置所需财政资金的及时到位并有效使用上也离不开有效的监督。

就我国现行监督体制看，现阶段人大监督和社会监督都是较为有效的监督地方政府规范使用财政资金的基本方式与主要途径。对教育事业的监督还有教育督导。教育督导政策与机制规定了各级教育督导部门要"督教"与"督政"并重，且有独立行使职权等基本制度要求。现行的监督体制对包括教育投入在内的教育行政具有一定的制衡性，但也客观存着监督不全面、不彻底等问题。

---

① ［法］孟德斯鸠：《论法的精神》（上册），张雁深译，商务印书馆1982年版，第154页。

针对权力实施有效监督的问题，古今中外众多权力的实际运行实践表明，如果缺乏源自利益相关者及社会力量的介入，那些来自行政体系内部的"以权力制约权力"的监督机制也很难全部达到预定目标。此外，由于我国是社会主义国家，人民是国家权力的最终享有者，理应拥有相应的监督权和知情权。但是，教育投入特别是包括城乡师资均衡所需投入等众多专项经费，社会力量、利益相关者的监督权利却没有给予足够的关注与实际的行动，尤其是通过现有监督形式，社会公众还难以找到有效的利益诉求表达途径。因为在"条块结合、以块为主"的行政管理体制之下，基层行政系统内部的监督者与被监督者之间存在着种种相关利益，很容易形成"局内人"效应，并造成监督机制的低效甚至"无效"。所以，针对城乡师资均衡配置、农村教师队伍建设的公共财政投入安排、使用、评估中，就不能缺少利益相关者、社会力量的有效监督和及时参与。就现阶段我国的教育监督体制与监督实践而言，除进一步强化人大监督职能和重视发挥社会监督作用外，还要更多地通过外力来推动政府实践财政资金使用的过程民主，以最大限度地提高公共财政资金的利用效率。

首先，加强地方各级人民代表大会对地方政府教育公共财政资金的使用监督，可弥补当前由上级政府对下级政府监督的局限性。政府预算来自人民（纳税人）的税收，应取之于民、用之于民，人大财政监督是人民监督与制约政府权力的重要途径与重要方式，体现了我国社会主义民主的精神。[①] 相较于上级对下级的纵向监督，人大对同级政府的横向监督更加及时有效，使得政府各项工作包括城乡师资均衡配置、促进农村教师队伍建设工作在人大监督下进行，能够推动城乡师资始终保持向前发展，促进财政资金使用民主、科学、高效。在农村义务教育财政供给方面，政府间的委托代理产生了两大问题，即下级政府义务教育财政供给信息

---

① 冯昀：《构建以人大为核心的财政监督机制》，《理论探索》2010 年第 2 期。

不完全导致的反向选择、下级政府义务教育投入行为不能被监控导致的道德风险。① 要有效解决政府间委托代理产生的两大问题，就需要人民代表大会发挥其监督职能。对于城乡师资均衡配置、农村教师队伍发展财政资金的使用，地方人民代表大会应当充分发挥监督职能，并通过开展城乡师资均衡发展状况以及财政资金使用专项问询、质询会议，充分了解并监督政府在城乡师资均衡发展方面的投入和工作状况。应充分认识到，义务教育作为公共产品，必然需要通过人大监督政府来持续增加对义务教育的投入。或者更明确地说，推动城乡师资均衡发展直接关系到政府提供义务教育的质量，并对促进教育公平有着基础性的实践意义，应着力加强各级人大监督职责的规范化。

其次，社会监督是监督政府促进城乡师资均衡发展工作的重要监督手段。城乡师资均衡配置、农村教师队伍专业发展的资金分配、使用涉及广大教师的切身利益，社会影响范围广。通过有力、有效的社会监督能够促进财政资金使用过程民主、科学，减少财政资金违规使用和浪费。并且，由于社会力量监督相较于人大监督具有方式更加灵活多样，更加贴近人民群众，更可直接联系到社会公众较为关心核心问题等特征。在民主化加速推进、信息化高度发展的今天，要重视发挥社会监督推进城乡师资均衡发展的作用，就需要政府及相关部门及时回应社会监督中所发现的问题。具体而言，政府要采取积极的措施、选择科学的路径，积极回应社会公众的要求，切实有效地实现公众的利益和需求，保证权力运作始终在人民群众的监控之下，确保权力在阳光下运行。② 另外，对于个人、媒体、社会组织等各种形式、多种途径的社会监督，各级政府还应建立健全规范的回应制度，及时权威性地回应社会对政府教育工作的监督，

---

① 陈静漪、袁桂林：《农村义务教育财政供给的委托代理关系研究》，《教育发展研究》2008 年第 19 期。

② 孙洪敏：《让人民监督权力是推进政府绩效管理的根本路径》，《南京社会科学》2014 年第 1 期。

在维护政府公正权威的同时，切实提升城乡师资均衡配置的公共财政资金使用与管理水平。

第三节　城乡师资均衡财政投入效能保障机制构建

在"省级政府统筹，县级政府管理为主"义务教育管理体制之下，不断提高城乡师资均衡发展投入的公共财政资金使用效率，应赋予地方政府和基层学校更多的资金利用自主权，以调动地方政府和学校的积极性。从管理效能的角度讲，地方基层政府与学校更有利于承担具体的"管理"职责。与中央政府、省级政府等上级政府相比，地方基层政府与学校具有更强更多的信息优势。根据学者特西里（Richard W. Tresch）的偏好认识论的观点，如果信息是完全的、准确的，由中央政府或地方政府提供公共产品没有差异。可是，复杂多样的现实生活并非如此。社会经济生活中的信息也常常存在着并不完全，也并非都能确定的现象。接近选民的地方政府能更好地了解掌握选民的偏好，中央政府掌握的关于选民偏好的信息就带有随机性和片面性。中央政府在提供公共产品时必然会受到失真信息的误导，提供的公共产品或者太多造成浪费，或者太少难以满足需要，不能达到资源配置优化与社会福利最大化。[①] 基层地方政府所具有的信息优势更有助于管理制度创新并提升公共产品的供给质量，以更好地满足社会公众对公共产品的实际需求。如果中央政府或者高层级的地方政府承担具体管理职责，信息不对称会增大地方基层政府利用信息优势向上级政府争取额外利益的概率，导致管理"隐性"成本的扩大和管理效率的低下。"机械执行者"的身份在某

[①] 樊勇明、杜莉等编著：《公共经济学》，复旦大学出版社2007年版，第309页。

种程度上也会弱化地方基层政府进行管理创新的积极性，进而影响到政策实施的效果。所以，赋予地方政府和学校更多的经费管理自主权，有利于地方政府和学校根据具体实际情况调整资金使用方向和形式，更好地服务于城乡师资队伍建设，促进城乡师资的均衡配置。

一　城乡师资均衡财政转移支付规范管理机制

长期以来，由于我国中央政府和地方政府的事权划分依据与支出责任设置不是十分合理，致使转移支付的规范化程度较低并导致资源配置效率、公平性不高等现实问题。从国际社会发展趋势看，转移支付制度的规范化和公式化现已成为世界各国转移支付制度的突出特征。[1] 财政转移支付制度的持续改革和不断完善，能够使政府间转移支付制度向规范化、制度化方向发展，并成为构建高效财政的重要环节。在城乡师资均衡配置、专业发展转移支付中应重视推进规范化管理，确保"好钢用在刀刃上"，以提高转移支付资金的利用效率。

第一，加强政府间转移支付规范化发展。转移支付（Transfer Payment）源于西方发达国家，具有较长的发展历史和相对完善的制度体系。我国在1994年实行分税制改革后，就引入了西方的财政转移支付概念，伴随我国转移支付理论与实践的改革与发展，政府间转移支付制度得到了不断建立与逐步完善。但是，已有的实践经验和探索与建立现代财政制度的要求相比，现行中央政府对地方政府的转移支付制度还存在不少问题，"受中央和地方事权和支出责任划分不清晰的影响，转移支付结构不够合理；一般性转移支付项目种类多、目标多元，均等化功能弱化；专项转移支付涉及领域过宽，分配使用不够科学；一些项目行政审批色彩较重，与简政放权改革

---

[1] 王强：《国外义务教育财政转移支付模式：比较与启示》，《教育研究》2011年第3期。

的要求不符；地方配套压力较大，财政统筹能力较弱；转移支付管理漏洞较多、信息不够公开透明等"[1]。上述问题影响到我国财政转移支付制度的健康发展，不利于转移支付各项目标的实现。那么，政府间转移支付规范化发展就成为解决上述问题的重要手段，也成为优化城乡师资均衡的财政供给、提高城乡师资均衡财政投入效率的重要途径。

第二，加强转移支付资金分配的规范化。众多教育改革发展实践都证明，转移支付能够促进不同地区间基本教育公共服务均等化，不仅是由于转移支付给地方政府带来实实在在的公共财政资金支持，更是由于公共财政转移支付会激励和引导地方政府加强对教育基本公共服务的财政投入力度。换句话说，转移支付制度首先起到的是激励作用，通过激励作用来引导资源的有效配置，从而实现中央政府的宏观调控目标。[2] 故此，规范政府间转移支付分配，能够有效促进西部民族地区教育，包括义务教育在内的基本公共服务均等化发展水平。为了实现教育基本公共服务均等化目标，实现城乡师资均衡发展的师资建设目标，首先需要规范中央政府对西部民族地区的转移支付，如何在省份间科学分配转移支付资金？转移支付资金如何落实到基本公共服务开支，进而使西部民族地区持续得到财政转移支付资金支持？如何加大对城乡师资均衡发展的财政投入，不断缩小本城乡师资的质量差距？这些都是亟待解决的问题。

第三，规范转移支付程序与方式。由于财政转移支付在决策、审批、拨付等方面存在较大的随意性和人为因素，而且决策人员滥用权力的现象有时也会发生，以致转移支付对象、支付资金数额、

---

[1] 国务院：《国务院关于改革和完善中央对地方转移支付制度的意见》，人民出版社 2015 年版，第 1 页。

[2] 杨龙见、徐琰超、尹恒：《转移支付形式会影响地方政府的收支行为吗？——理论研究和经验分析》，《财经研究》2015 年第 7 期。

支付方式等缺乏法律程序的严格约束。[①] 例如，为获取更多转移支付财政资金，个别地方政府先进行财政收支预算并通过扩大资金缺口或者公共物品供给缺位来"争取"中央政府的转移支付，不利于中央政府转移支付资金的合理配置。再者，由于地方政府的预算一般都是在年初由本级人民代表大会审查和批准，而接受转移支付的时间却是在年中甚至有时在年末，从而造成预算滞后。另外，税收政策调整的灵活度有时滞后于支出政策的调整，也会导致在年中或年末接受转移支付时出现"突击""过度"花钱等现象，造成财政资金不能科学、高效地使用。除规范专项转移支付资金外，也应该以切实措施来进一步规范地方政府对一般转移支付资金的支出偏好。因为从纯经济效用的角度看，义务教育通常不会成为教育公共财政偏好的首选目标或最主要对象。基于义务教育的公共属性，义务教育与教育财政的社会属性具有高度的一致性，决定了教育财政偏好的义务教育优先投入战略。[②] 通过有效措施来不断规范地方政府的支付偏好，实现义务教育投入的充足供给，就可进一步规范城乡师资均衡发展资金投入的管理，从而推动城乡师资投入的均衡，并切实增强城乡学校师资的高质量均衡供给。

二 城乡师资均衡财政投入政策统筹组合机制

细分和统筹各级师资配置、发展所需的财政支出，即地方政府在出台教师发展特别是农村教师支持政策时应当关注上级政府已有的支持政策，并根据当地师资队伍发展实际状况出台更具针对性的支持政策，并力求与已有的政策形成合力来共同促进城乡师资均衡配置、同步发展。统筹细分城乡师资均衡发展的公共财政支持政策，其根本目的是要在更广范围内加强对城乡教师发展的

[①] 范海玉、申静：《我国财政转移支付分配关系的法律调整及其制度完善》，《河北大学学报》（哲学社会科学版）2013年第1期。

[②] 柯佑祥：《教育财政偏好及其规范》，《教育研究》2010年第3期。

政策支持与帮助力度。但在政策实践中，由于各地区的实际情况不同，实际上教师的发展需求也是不同的。例如，由省级政府制定出台的农村教师支持政策大多更倾向于对农村教师工资、生活补助的增加，具有适用性较强、覆盖面较广、政策力度较大等优势。但由于各地农村经济社会发展情况不一样，过度"整齐划一"的政策优势却会使教师引发其他方面的需求，因为作为个体教师在物质待遇需求外，必然还会产生其他的需求与诉求。西部民族地区的不同区域还应根据各自具体情况出台更具针对性的"本土化"政策。也应力求通过各级、各类政策的互补与各级政府的有力统筹，使城乡教师得到更为全面、更为细致的有效支持与切实帮助。

加大城乡师资均衡发展的公共财政资金投入，除了外在硬件设施及教育内在运行环境的改善外，还应通过积极的财政政策实现对社会支持文化的干预和改造。不论是过去还是现在，任何政策都内嵌于特定的社会文化之中，都要与相应的社会文化相适应或者积极地去改造不相适宜的社会文化，这是提高政策设计可行性的重要前提条件。20世纪二三十年代，我国乡村教育运动的倡导者们经过一番努力探索后之所以发出"本来最理想的乡村运动，是乡下人动，我们帮他们呐喊。退一步说，也应该是他想动，而我们领着他们动。现在完全不是这样。现在是我们动，他们不动，他们不仅不动，甚至因为我们动，反夹和我们闹得不合适，几乎让我们做不下去"[①] 的慨叹。实际上从某种意义上讲，正是由于对农村文化考虑不周，乡村教育运动才未能取得理想成就。上述历史事实说明，城乡师资均衡发展政策的设计也不能忽视对支持型社会文化环境的创建，应通过建立基于区域社会文化心理特征的区域文化改造与创新机制，有效降低区域文化特别是偏远地区的"贫困文

---

① 张彬、李更生：《中国农村教育改革的先声——对20世纪20年代至30年代乡村教育运动的再认识》，《浙江大学学报》（人文社会科学版）2002年第5期。

化"对教师发展所具有的负面影响。农村经济、社会发展的滞后不仅仅只表现为物质资源的匮乏,还具体表现在农村地区社会人群内在心理特征、行为模式的"下沉性",以致造成贫困文化的形成和延续。在社会发展中,贫困文化既是无效能的又是下滑的。处于贫困文化中的人们对改革无动于衷或倾向于忽视,不准备改革和不能进行改革。[①] 所以,要克服贫困文化对城乡教师在发挥职业积极性方面的负面影响,就应及时建立贫困文化改造制度:要结合社会主义新农村建设,以灵活多样的途径与形式,通过切实措施来不断培育"上升型"的社会文化氛围,为城乡师资均衡发展创造支持性的文化环境氛围。而且,从实践效果的角度讲,只有在"上升型"的城乡社会文化建设中,才能不断提升城乡的教师社会地位,并建设有利于城乡教师发展的文化软环境。这些文化建设都需要公共财政的大力支持,并在文化建设中利用有限公共财政资金充分吸引优秀人才到城乡学校任教,进一步稳定城乡教师队伍。

三 城乡师资均衡财政投入绩效评价机制

对地方政府和众多学校公共财政资金使用效率进行绩效评价,激励地方政府和学校提高城乡师资均衡发展财政资金的使用效率,也是在促进城乡教师一体化配置中需要解决的现实问题。当前我国财政绩效评价体系还不完善,需要在评价体系方面积极借鉴其他发达国家的已有成功经验。比如,美国"以结果为导向,以提高绩效为核心"的政府绩效考核体系,建立起了涵盖国会、政府、部门、项目、公众各层次的绩效评价体系。从总体上看,这种建立在法制化基础上的政府绩效评价,同时兼有与预算法案相比拟的严肃性,符合美国旨在建立精简、廉洁和高效政府的自身持续性发展要求,

---

① 秦玉友:《贫困文化改造取向中的基础教育改革研究与反思》,《教育理论与实践》2005 年第 9 期。

为提高联邦政府各部门的管理绩效起到了很好的支持作用。[①] 借鉴有益经验，各级政府可根据实际情况加强对本级或下级政府进行绩效评价，以期进一步提高地方政府和学校使用财政资金的效率，减少财政资金的浪费。2011年4月2日，财政部印发了《财政支出绩效评价管理暂行办法》，其中就包含了绩效评价的对象和内容、目标、评价指标、评价标准和方法以及绩效评价的组织管理和工作程序、绩效报告和绩效评价报告、绩效评价结果及其应用等众多内容。为进一步强化县级财政管理责任，保障国家各项民生政策的精确落实，不断提高财政资金使用效益，财政部还于2015年7月24日印发了《2015年县级财政管理绩效综合评价方案》。虽然这些财政投入的绩效评价有其科学性、严肃性，但当前财政绩效评价大多都由各级财政部门根据财政部的有关规定来进行实施，仍需要在实践探索基础上继续完善财政绩效评价体系，促进地方政府和学校提高师资均衡发展财政资金使用效率。

　　首先，加强基于主体实践需求的城乡师资均衡发展财政投入绩效评价。就教育投入的绩效评价而言，主要可以从"利用效果与投入目标的对应程度""教育投入利用与利益相关主体需求的对应程度"两个维度进行，前者的绩效评价更多地倾向于政策效果的评价；后者的绩效评价更多地倾向于主体需求的评价。从教育财政投入政策的公共属性看，两种维度的评价是相互补充、不可或缺的，两者具有内在价值的统一性。从政策宗旨与政策目标的角度讲，教育投入政策目标、教育投入利用效果、利益相关者需求应该具有内在的价值与目标的一致性。但是，教育投入政策宏观设计的技术缺陷以及投入政策设计者与基层实践者之间的主观认识偏差，通常会引发教育投入政策的宏观设计与基层实践需求之间的落差，绩效评价就会出现过度偏重政策设计目标的实现，对基层实践主体需求关注不

[①] 张健、张小平：《美国财政支出绩效管理对建立地方财政绩效评价体系的借鉴》，《财会研究》2012年第10期。

够的问题倾向。面对多元化的需求、薄弱的财政保障能力，教育公共财政资金相对短缺与如何将有限的资金发挥最大效益，成为影响西部民族地区教育财政资金有效配置的关键，也成为影响城乡师资均衡发展财政投入保障的关键。在西部民族地区推行公共财政绩效评价改革，强化基于主体实践需求的财政投入供给，不仅能够确定地方政府财政支出努力程度，还能够通过绩效评价来审视教育财政资金使用效率问题。而且，也只有强化公共财政投入的绩效评价，才能不断发挥财政绩效评价的积极导向作用，引导地方政府将财政资源向城乡师资均衡发展倾斜，促使地方政府不断提高公共财政投入的供给质量。

其次，形成以人大为主导的多元化主体共同参与的投入绩效评价体系。当前各级财政部门和各预算部门（单位）是绩效评价的主体[①]，城乡师资均衡财政投入在很大程度上也遵循同样的绩效评价模式，但主要由政府财政部门对其他政府部门进行绩效评价，却容易形成角色冲突，不利于绩效评价的公正性和客观性。结合我国行政运行结构设置及其功能定位，在发挥政府职能部门的绩效评价职责的基础上，还应加强人大等权力监督部门的作用，应建立以人大为主导多元化主体共同参与的城乡师资均衡专项财政绩效评价体系。人民代表大会作为我国国家权力机关，法律赋予其监督政府财政支出的权力。除此之外，由人大主导绩效评价可独立于政府部门之外，更能够保证财政绩效评价的公平公正。鉴于人大在财政绩效评价方面专业人员及技术相对较为弱势，还可引入多元评价主体，充分利用第三方专业机构进行财政绩效评价。实现评价主体的多元化，尤其是由人大主导、第三方组织实施的评价模式符合政府绩效评价及法治政府建设的内在要求，亦是实现国家治理主体多元化的体现，

---

① 财政部：《财政支出绩效评价管理暂行办法》，《中国财政年鉴》2012 年第 1 期。

具有现实的可行性。① 2012 年，财政部印发《预算绩效管理工作规划（2012—2015 年）》，明确要求完善财政资金绩效评价主体并探索引入第三方评价。而且，公共服务政府建设的实践过程中，政府财政投入的绩效评价也出现了委托第三方专业机构进行的实践探索，以便查找在公共财政资金使用过程中的不足与问题。比如，2015 年，广东省人大常委会选择全省"基础教育创强"与"农村危房改造"两项资金，并在全国范围内选聘第三方机构实施绩效评价，都取得了良好的绩效评价效果。不仅强化了人大对财政绩效评价的管理作用，还实现了财政绩效评价的全过程监督，构建了完整的预算管理监督体系。② 城乡师资均衡发展是教育改革发展的重大实践问题，是教育改革发展投入的重要内容，只有健全绩效评价机制，通过多元主体的共同参与，才能切实增强财政投入资金的利用效率，降低西部民族地区政府的教育财政需求压力。

四 城乡师资均衡财政投入扁平化运行机制

在"省级政府统筹，县级政府管理为主"义务教育管理体制下，县级政府的优势主要在于信息优势，对当地教育实际情况较为了解；省级政府的优势主要在于资金统筹能力较强，有较强的投入能力。城乡师资均衡发展财政投入的扁平化管理，可以减少资金转移和管理环节，切实提高资金的使用质量和使用效率。在教育管理实践中，我们常常会发现一些学校向教育、财政部门申请财政资金审批时手续烦琐，且资金到位时间滞后。说明等级制管理不利于及时、准确把公共财政投入用于教师业务培训、教研活动展开等活动中。通过信息化实现扁平化管理可以减少资金转移和管理环节。随着信息化、智能化技术不断地发展，提高义务教育教师管理的信息化水平，就

---

① 郑方辉、廖逸儿：《财政专项资金绩效评价的基本问题》，《中国行政管理》2015 年第 6 期。

② 李文彬、黄怡茵：《基于逻辑模型的财政专项资金绩效评价的理论审视——以广东省人大委托第三方评价为例》，《公共管理学报》2016 年第 3 期。

能够有效减少省级政府在信息方面的劣势，逐步将部分教师专业培训等工作交由省级政府统筹，有助于促进省域内城乡师资均衡水平的提高。我国信息化建设的深入实施，大数据、人工智能等新技术日渐成熟，对城乡师资均衡发展财政投入实行更高水平的信息管理，在技术上已经完全可以实现。例如，M省就充分利用信息技术来加强农村教师队伍的管理。

>各旗县（市、区）要按照事权统一的原则，在事业单位人事综合管理部门的指导下，建立健全由旗县级以上教育部门统筹管理本行政区域内苏木乡中心区和嘎查村学校师资调派、职称评审、岗位聘任、考核奖惩及校长培养、选拔、任免的长效机制，全面推行"县管校聘"的管理制度，使教师由"学校人"变为"系统人"。为全面落实国家关于推进义务教育阶段学校校长教师交流轮岗工作，进一步促进义务教育均衡发展提供体制机制保障。[①]

由旗县以上的教育部门来统筹管理本行政区域内苏木乡中心区和嘎查村学校的师资队伍建设，信息技术自然就是最为经济、最为便捷、最为方便的手段与途径。充分利用现代信息技术，各级政府与教育部门可以实现大范围、多领域的教师有效管理，对公共财政投入绩效的评价、管理也不例外。结合大数据分析的优势，应探索健全全省范围内义务教育教师统一信息管理平台建设的技术支持体系与制度，综合全省范围内教师的基本资料、培训状况等一系列与师资均衡发展相关的信息，并保持实时更新，为城乡师资均衡发展财政资金的有效利用提供数据支持。另外，基于综合运用物联网、云计算、大数据等新一代信息技术，可以把教育财政管理推向智慧

[①] M省人民政府办公厅：《M省乡村教师支持计划（2015—2020年）实施办法》2015年12月28日。

管理，进而实现城乡师资均衡财政投入的扁平化管理。智慧管理应从提高工作效率入手，使教育系统中各个组织方便、快捷地获取信息，提高工作效率和规范化程度；通过物联网、云计算、泛在网络等新技术，依托先进的网络信息化环境，优化基础资源，为管理决策提供科学依据，提高管理效率和质量，实现创新综合的管理模式。[1] 结合西部民族地区已有的信息化建设基础，应综合利用"三通两平台"建设的信息化资源，实现城乡师资均衡发展财政投入管理的信息化运作，不仅仅能够提高管理效率，更能够通过技术革新带来管理理念的转变，并有助于将有限的财政资金发挥出最大的效用。

---

[1] 荣荣、杨现民、陈耀华等：《教育管理信息化新发展：走向智慧管理》，《中国电化教育》2014年第3期。

参考文献

一 著作类

陈昌盛、蔡跃洲编著：《中国政府公共服务：体制变迁与地区综合评估》，中国社会科学出版社2007年版。

陈鸣、朱自锋：《中国教育经费论纲》，中央编制出版社2008年版。

陈孝彬：《教育管理学》，北京师范大学出版社2005年版。

陈振明：《公共管理学——一种不同于传统行政学的研究途径》，中国人民大学出版社2003年版。

杜育红，孙志军：《中国义务教育财政研究》，北京师范大学出版社2009年版。

范国睿：《学校管理的理论与实务》，华东师范大学出版社2003年版。

樊勇明、杜莉：《公共经济学》，复旦大学出版社2007年版。

费孝通：《乡土中国　生育制度》，北京大学出版社1998年版。

费孝通：《乡土中国　乡土重建》，商务印书馆2016年版。

联合国教科文组织编：《教育——财富蕴藏其中》，联合国教科文组织总部中文科译，教育科学出版社2015年版。

联合国教科文组织国际教育发展委员会编著：《学会生存——教育世界的今天和明天》，华东师范大学比较教育研究所译，教育科学出版社2005年版。

刘华：《财政政策与人力资本研究》，华中科技大学出版社2007年版。

宁本涛：《教育财政政策》，上海教育出版社 2010 年版。

世界银行：《1990 年世界发展报告：贫困问题·社会发展指标》，中国财政经济出版社 1990 年版。

世界银行：《2000—2001 年世界发展报告——与贫困作斗争》，中国财政经济出版社 2001 年版。

孙绵涛：《教育管理学》，人民教育出版社 2007 年版。

韦森：《大转型——中国改革下一步》，中信出版社 2012 年版。

魏新：《教育财政学简明教程》，高等教育出版社 2000 年版。

邬志辉、秦玉友：《中国农村教育发展报告 2011》，北京师范大学出版社 2012 年版。

邬志辉、秦玉友：《中国农村教育发展报告 2012》，北京师范大学出版社 2014 年版。

邬志辉：《现代教育管理专题》，中央广播电视大学出版社 2004 年版。

邬志辉主编：《农村义务教育经费保障新机制》，北京大学出版社 2008 年版。

吴敬琏、马国川：《重启改革议程——中国经济改革二十讲》，生活·读书·新知三联书店 2013 年版。

吴晓波：《历代经济变革得失》，浙江大学出版社 2013 年版。

吴志宏、冯大鸣、周嘉方：《新编教育管理学》，华东师范大学出版社 2000 年版。

项中新：《均等化：基础、理念与制度安排》，中国经济出版社 2000 年版。

阎云翔：《中国社会的个体化》，陆洋等译，上海译文出版社 2012 年版。

杨会亮：《当代中国教育财政发展史论纲》，人民出版社 2006 年版。

袁振国：《教育政策学》，江苏教育出版社 2009 年版。

翟博：《教育均衡论》，人民教育出版社 2007 年版。

翟继光：《财政法原论——和谐社会背景下的税收法治建设》，立信会计出版社 2008 年版。

周黎安:《转型中的地方政府——官员激励与治理》,上海人民出版社 2008 年版。

周三多、陈传明、鲁明泓:《管理学——原理与方法》,复旦大学出版社 2003 年版。

[德] 马克斯·韦伯:《经济与社会》(下卷),[德] 约翰内斯·温克尔曼整理,林荣远译,商务印书馆 1997 年版。

[法] 贝纳西著:《市场非均衡经济学》,袁志刚等译,上海译文出版社 1997 年版。

[法] 孟德斯鸠:《论法的精神》(上册),张雁深译,商务印书馆 1982 年版。

[美] 艾伦·R. 奥登、劳伦斯·O. 匹克斯:《学校理财:政策透视》,杨君昌、裴育译,上海财经大学出版社 2003 年版。

[美] 爱德华·拉齐尔:《人事管理经济学》,刘昕译,生活·读书·新知三联书店 2000 年版。

[美] 理安·艾斯勒:《国家的真正财富——创建关怀经济学》,高铦、汐汐译,社会科学文献出版社 2009 年版。

[美] 理查德·A. 金、奥斯汀·D. 斯旺森、斯科特·R. 斯维特兰:《教育财政——效率、公平与绩效》,曹淑江译,中国人民大学出版社 2010 年版。

[美] 刘易斯·芒福德:《城市发展史——起源、演变和前景》,宋俊岭、倪文彦译,中国建筑工业出版社 1989 年版。

[美] 罗伯特·W. 麦克米金:《教育发展的激励理论》,武向荣译,北京师范大学出版社 2007 年版。

[美] 小弗恩·布里姆莱、鲁龙·R. 贾弗尔德:《教育财政学——因应变革是当代》(第九版),窦卫霖主译,中国人民大学出版社 2006 年版。

[美] 亚历克斯·卡利尼克斯:《平等》,徐朝友译,江苏人民出版社 2003 年版。

［美］托马斯·J. 萨乔万尼：《道德领导——抵及学校领导改善的核心》，冯大鸣译，上海教育出版社 2002 年版。

［印］阿马蒂亚·森：《贫困与饥荒》，王宇、王文玉译，商务印书馆 2009 年版。

［印］阿马蒂亚·森、让·德雷兹：《饥饿与公共行为》，苏雷译，社会科学文献出版社 2006 年版。

［印］阿马蒂亚·森：《以自由看待发展》，任赜、于真译，中国人民大学出版社 2012 年版。

［印］阿马蒂亚·森：《正义的理念》，王磊、李航译，中国人民大学出版社 2012 年版。

［英］F. A. 哈耶克：《个人主义与经济秩序》，邓正来译，生活·读书·新知三联书店 2003 年版。

［英］K. J. 巴顿：《城市经济学——理论和政策》，上海社会科学院部门经济研究所城市经济研究室译，商务印书馆 1984 年版。

［英］莱恩·多亚尔、伊恩·高夫：《人的需要理论》，汪淳波、张宝莹译，商务印书馆 2008 年版。

［英］马尔科姆·卢瑟福：《经济学中的制度》，陈建波等译，中国社会科学出版社 1999 年版。

［英］史蒂文·卢克斯：《个人主义》，阎克文译，江苏人民出版社 2001 年版。

［英］亚当·斯密：《国民财富的性质和原因的研究》，郭大力、王亚南译，商务印书馆 1974 年版。

二　期刊类

安虎森、吴浩波：《转移支付与区际经济发展差距》，《经济学》2016 年第 2 期。

安雪慧：《我国中小学教师工资水平变化及差异特征研究》，《教育研究》2014 年第 12 期。

安雪慧：《县域内城乡义务教育教师资源配置差异和政策建议》，

《教育发展研究》2013年第8期。

包金玲：《"以县为主"教育管理体制与教育均衡发展》，《河北师范大学学报》（教育科学版）2007年第3期。

蔡阳宗：《十二五：甘肃省教师队伍素质显著提升》，《甘肃教育》2016年第3期。

陈成文、李萍：《论教育投入均衡化与贫困地区教育发展》，《教育发展研究》2009年第17期。

陈国华：《城乡等值：破解农村教育难题的关键》，《人民教育》2016年第12期。

陈庆云、曾军荣、秦益奋：《比较利益人：公共管理研究的一种人性假设兼评"经纪人"假设的适用性》，《中国行政管理》2005年第6期。

陈向明：《从教师"专业发展"到教师"专业学习"》，《教育发展研究》2013年第8期。

陈向明、王志明：《义务教育阶段教师培训调查：现状、问题与建议》，《开放教育研究》2013年第4期。

陈新夏：《人的发展视阈中的经济增长与社会发展》，《学习与探索》2012年第9期。

崔允漷、王少非：《教师专业发展即专业实践的改善》，《教育研究》2014年第9期。

邓淑莲、温娇秀：《中国省级财政透明度存在的问题及改进建议》，《中央财经大学学报》2015年第10期。

丁建峰：《超越"先验正义"——对阿马蒂亚·森正义理论的一种解读与评价》，《学术研究》2013年第3期。

杜育红：《农村教育：内涵界定及其发展趋势》，《华南师范大学学报》（社会科学版）2013年第1期。

段晓红：《促进民族地区财政均衡的转移支付制度探析》，《中南民族大学学报》（人文社会科学版）2012年第5期。

樊香兰：《城乡中小学教师收入差距原因分析及建议》，《中国农业教育》2009 年第 2 期。

范海玉、申静:《我国财政转移支付分配关系的法律调整及其制度完善》,《河北大学学报》(哲学社会科学版) 2013 年第 1 期。

范先佐:《关键是要确保教师工资福利待遇的不断提高》,《教育与经济》2014 年第 1 期。

范先佐:《农村中小学教师队伍建设刍议》,《当代教育论坛》2008 年第 10 期。

范子英、孟令杰:《对阿马蒂亚·森的饥荒理论的理解及验证:来自中国的数据》,《经济研究》2006 年第 8 期。

冯光伟:《教师专业标准视域下的培训需求分析》,《中小学教师培训》2015 年第 3 期。

冯文全、马丽、苏雪林:《城乡义务教育教师流动的问题及对策分析——基于教育财政转移支付的视角》,《教育与教学研究》2014 年第 10 期。

冯昀:《构建以人大为核心的财政监督机制》,《理论探索》2010 年第 2 期。

高春芽:《集体行动的逻辑及其困境》,《武汉理工大学学报》(社会科学版) 2008 年第 1 期。

高慧斌:《中小学教师职称制度改革特征与现状分析》,《教师教育研究》2016 年第 11 期。

高丽茹:《人的需要:从需要满足到三个世界的福利——评〈人的需要理论〉》,《社会福利》(理论版) 2014 年第 11 期。

关松林:《发达国家中小学教师培训的经验与启示——以美国、英国、日本为例》,《教育研究》2015 年第 12 期。

郭熙保、王万珺:《市场机制、个人自由和社会机会——阿马蒂亚·森经济学说评述》,《山东社会科学》2004 年第 9 期。

胡蓓、翁清雄、杨辉:《基于求职者视角的组织人才吸引力实证分析——以十所名牌大学毕业生的求职倾向为例》,《预测》2008 年第 1 期。

胡怀国：《从新古典主义到阿马蒂亚·森的能力方法》，《经济学动态》2010 年第 10 期。

胡扬名：《城乡统筹发展背景下农村信息化建设问题研究》，《江西社会科学》2016 年第 2 期。

黄斌、王璇、张琼文：《市—县财政分权与地方义务教育财政支出——基于全国县级数据的多层分析》，《教育经济评论》2016 年第 3 期。

黄斌、钟宇平：《教育财政充足的探讨及其在中国的适用性》，《北京大学教育评论》2008 年第 1 期。

姜金秋、杜育红：《提高中小学教师工资水平的方案设计及可行性分析》，《教育研究》2014 年第 12 期。

姜金秋、杜育红：《我国中小学教师工资等级研究》，《教师教育研究》2014 年第 7 期。

焦岩岩：《西部地区城乡教师职业吸引力现状及提升策略研究——以宁夏为例》，《宁夏大学学报》（人文社会科学版）2017 年第 5 期。

焦岩岩：《西部地区小学教师培训需求分析》，《中小学教师培训》2017 年第 7 期。

揭爱花：《单位：一种特殊的社会生活空间》，《浙江大学学报》（人文社会科版）2000 年第 5 期。

柯佑祥：《教育财政偏好及其规范》，《教育研究》2010 年第 3 期。

李金龙、修长柏：《美国 4H 教育对中国新型职业农民培养的启示》，《世界农业》2016 年第 12 期。

李金奇：《农村教师的身份认同状况及其思考》，《教育研究》2011 年第 11 期。

李瑾瑜、史俊龙：《我国中小学教师培训政策演进及创新趋势》，《西北师大学报》（社会科学版）2012 年第 5 期。

李俊文：《信息化时代生活世界的变革》，《哈尔滨工业大学学报》（社会科学版）2003 年第 1 期。

李强、刘海洋：《变迁中的职业声望——2009 年北京职业声望调查浅析》,《学术研究》2009 年第 12 期。

林挺进:《地市级市长对于预算内教育经费支出的影响》,《公共行政评论》2009 年第 1 期。

刘波、赵琴琴:《成就需要理论在大学班级管理中的运用》,《西南石油大学学报》(社会科学版) 2011 年第 5 期。

刘德吉:《公共服务均等化的理念、制度因素及实现路径:文献综述》,《上海经济研究》2008 年第 4 期。

刘继同:《人类需要理论与社会福利制度运行机制研究》,《中共福建省委党校学报》2004 年第 8 期。

刘佳:《地方政府财政透明对支出结构的影响——基于中国省级面板数据的实证分析》,《中南财经政法大学学报》2015 年第 1 期。

刘善仕、彭娟、段丽娜:《人力资源实践、组织吸引力与工作绩效的关系研究》,《科学学与科学技术管理》2012 年第 6 期。

刘武昌:《人的需要与校长的教师管理模式》,《中国教师》2009 年第 S1 期。

刘晓靖:《阿马蒂亚·森以"权利"和"可行能力"看待贫困思想论析》,《郑州大学学报》(哲学社会科学版) 2011 年第 1 期。

马青:《农村义务教育投入的主体再认与保障制度变革》,《教育发展研究》2009 年第 21 期。

马青、赵亚丽、王天马:《美国公立中小学教师薪酬改革政策研究》,《河北师范大学学报》(教育科学版) 2015 年第 2 期。

明庆华、程斯辉:《发展我国农村教育要处理好几个关系》,《中国教育学刊》2004 年第 10 期。

潘希武:《政府在教育治理中扮演的两个角色》,《比较教育研究》2006 年第 11 期。

彭礼、何文彬:《深圳市代课教师生存现状的调查》,《教育探索》2011 年第 3 期。

秦玉友:《贫困文化改造取向中的基础教育改革研究与反思》,《教育理论与实践》2005 年第 9 期。

曲正伟：《多中心治理与我国义务教育中的政府责任》，《教育理论与实践》2003年第9期。

史亚娟：《中小学教师流动存在的问题及其改进对策——基于教师管理制度的视角》，《教育研究》2014年第9期。

孙富林：《论马克思主义"需要理论"之意蕴要义》，《南京政治学院学报》2004年第6期。

孙洪敏：《让人民监督权力是推进政府绩效管理的根本路径》，《南京社会科学》2014年第1期。

孙君恒：《阿马蒂亚·森的分配正义观》，《伦理学研究》2004年第5期。

孙志诃：《2003年国际农村教育研讨会综述》，《职教论坛》2003年第5期。

汤林春：《"教育管理机制"辨》，《教育研究与实验》1997年第4期。

唐沿源：《转移支付与地方财政教育支出：激励效应及实证检验——基于协整、向量误差修正模型的分析》，《教育发展研究》2015年第Z1期。

唐一鹏、胡咏梅：《我国义务教育阶段教师工资制度框架设计——经济学和管理学的视角》，《教师教育研究》2013年第7期。

万力勇、赵呈领：《基于UTAUT模型的民族地区中小学教师信息技术采纳与使用影响因素研究》，《现代远程教育》2016年第2期。

汪丁丁：《情境理性》，《IT经理世界》2004年第1期。

王长乐：《应该注意建设教育机制》，《教育科学研究》2003年第2期。

王宏杰：《从阿马蒂亚·森的多维贫困观谈农村扶贫对象的选取》，《经济研究导刊》2013年第35期。

王进：《实践性正义观与立法实践——阿马蒂亚·森对约翰·罗尔斯理论的重构与启迪》，《理论与改革》2015年第6期。

王军等：《国外政府间财政均衡制度的考察与借鉴》，《财政研究》2006年第12期。

王强:《国外义务教育财政转移支付模式:比较与启示》,《教育研究》2011年第3期。

王瑞德:《教师需要分殊及其满足》,《现代教育论丛》2016年第2期。

王艳玲、李慧勤:《乡村教师流动及流失意愿的实证分析——基于云南省的调查》,《华东师范大学学报》(教育科学版)2017年第5期。

王艳萍、潘建伟:《阿马蒂亚·森的发展经济学评述》,《当代经济研究》2010年第6期。

王志标:《阿马蒂亚·森的贫困思想述评》,《北京工业大学学报》(社会科学版)2005年第3期。

吴丽萍:《中国农民可行能力贫困研究——以阿马蒂亚·森可行能力理论为视角》,《西安石油大学学报》(社会科学版)2015年第3期。

伍叶琴、李森、戴宏才:《教师发展的客体性异化与主体性回归》,《教育研究》2013年第1期。

夏永祥、王常雄:《中央政府与地方政府的政策博弈及其治理》,《当代经济科学》2006年第2期。

相丽玲、牛丽慧:《基于阿马蒂亚·森权利方法的信息贫困成因分析》,《情报科学》2016年第8期。

肖正德、李长吉:《山村小学青年教师需要的叙事研究》,《教育理论与实践》2003年第10期。

谢丽丽:《教师"逃离":农村教育的困境》,《教师教育研究》2016年第4期。

许丽艳:《"最美乡村教师","美"在何处?》,《中小学管理》2013年第10期。

杨成波、王磊:《简论阿马蒂亚·森能力贫困理论及对完善中国低保制度的启示》,《生产力研究》2010年第5期。

杨建芳:《基础教育教师收入对师资供给的影响》,《教育学报》

2009年第2期。

杨龙见、徐琰超、尹恒：《转移支付形式会影响地方政府的收支行为吗？——理论研究和经验分析》，《财经研究》2015年第7期。

姚继军、张新平：《省以下财政转移支付保障义务教育发展的绩效、问题与改进》，《教育学报》2014年第4期。

叶逢福、赖勇强：《高校教师教学意愿影响因素及对策探析》，《现代教育论丛》2014年第5期。

殷志平：《雇主吸引力维度：初次求职者与再次求职者之间的对比》，《东南大学学报》（哲学社会科学版）2007年第3期。

尹昌美、卓越：《公共服务标准化的发展路径、影响因素与评估体系》，《公共行政评论》2012年第4期。

尹后庆：《从教育管理走向教育治理——政府转变管理职责方式的思考》，《上海教育科研》2008年第1期。

于冰、于海波：《薄弱学校师资问题研究——来自OECD国家的经验与启示》，《比较教育研究》2015年第4期。

于建嵘：《中国县政改革的目标和基本路径》，《甘肃理论学刊》2008年第4期。

余戎：《阿马蒂亚·森的发展经济思想及其对我国新农村建设的启示》，《华中农业大学学报》（社会科学版）2015年第4期。

余新：《有效教师培训的七个关键环节——以"国培计划——培训者研修项目"培训管理者研修班为例》，《教育研究》2010年第2期。

郁建兴、秦上人：《论基本公共服务的标准化》，《中国行政管理》2015年第4期。

袁冬梅、刘子兰、刘建江：《农村教师社会保障的缺失与完善》，《教育与经济》2007年第2期。

袁振国：《建立教育均衡发展系数 切实推进教育均衡发展》，《人民教育》2003年第6期。

岳映平、贺立龙：《精准扶贫的一个学术史注角：阿马蒂亚·森的贫困观》，《经济问题》2016年第12期。

曾明、肖美兰:《县级政府的教育支出偏好:财政转移支付的视角》,《南昌大学学报》(人文社会科学版)2013年第5期。

曾晓东、易文君:《我国中小学教师工资的地区差异问题研究》,《华中师范大学学报》(人文社会科学版)2015年第9期。

翟学伟:《中国人社会行动的结构》,《南京大学学报》(哲学·人文·社会科学)1998年第1期。

张彬、李更生:《中国农村教育改革的先声——对20世纪20年代至30年代乡村教育运动的再认识》,《浙江大学学报》(人文社会科学版)2002年第5期。

张成福:《论公共行政的"公共精神"》,《中国行政管理》1995年第5期。

张德政:《以正义论重建经济学的伦理维度——论阿马蒂亚·森伦理经济思想的主题》,《河北经贸大学学报》2016年第3期。

张光:《转移支付对县乡财政教育支出的影响——以浙江、湖北、陕西为例》,《教育与经济》2006年第2期。

张建新:《社会机制的涵义及其特征》,《人文杂志》1991年第6期。

张培:《让教师诗意地栖息在教育中》,《教育理论与实践》2006年第7期。

张旭光、张南、吉孟振、王晓志:《基于多元回归模型的内蒙古地区平均工资影响因素分析》,《内蒙古农业大学学报》(自然科学版)2012年第2期。

赵安顺:《城市概念的界定与城市化度量方式》,《城市问题》2005年第5期。

赵忠建:《美国80年代以来教师教育发展政策述评》,《全球教育展望》2001年第9期。

郑浩生、叶子荣、查建平:《中央对地方财政转移支付影响因素研究——基于中国县级数据的实证检验》,《公共管理学报》2014年第1期。

周雪光:《项目制:一个"控制权"理论视角》,《开放时代》2015

年第 2 期。

朱小蔓、李敏：《"以县为主"农村义务教育管理体制下的教师专业管理》，《教育发展研究》2008 年第 22 期。

庄西真：《地方政府教育治理模式改革分析：嵌入性理论的视角》，《教育发展研究》2008 年第 21 期。

宗晓华、陈静漪：《集权改革、城镇化与义务教育投入的城乡差距——基于刘易斯二元经济结构模型的分析》，《清华大学教育研究》2016 年第 4 期。

三　报纸

高慧斌：《农村教师培训成效喜忧参半》，《中国教育报》2017 年 1 月 5 日第 12 版。

国家信息中心"信息社会发展研究"课题组：《从工业社会加速向信息社会转型》，《光明日报》2015 年 7 月 8 日第 016 版。

井明：《解读民主财政》，《中国财经报》2002 年 8 月 2 日第 004 版。

王嘉毅：《西部教育何时不再"老大难"》，《人民日报》2016 年 12 月 1 日第 18 版。

王善迈、袁连生、田志磊、张雪：《教育调查：全国各省份教育发展水平比较分析》，《中国教育报》2014 年 4 月 16 日第 3 版。

邬志辉：《农村基础教育"由弱变强"的战略选择》，《光明日报》2008 年 9 月 20 日第 007 版。

郑炜梅：《我市启动教师学历提升工程》，《梅州日报》2016 年 3 月 7 日第 001 版。

郑子青：《强化农村基本公共服务》，《人民日报》2011 年 11 月 29 日第 007 版。

四　电子文献

马云：《未来三十年属于"用好互联网技术"的人》，http：//it.sohu.com/20161116/n473323582.shtml。

财政部：《国务院关于改革和完善中央对地方转移支付制度的意见》政策解读，http://www.gov.cn/xinwen/2015 - 02/02/content_2813376.htm，2015 - 02 - 02。

李更生：《教师到底喜欢什么样的培训？》，http://mt.sohu.com/20160728/n461543727.shtml。

李强：《廖仁斌代表：以"互联网+"助推新农村 建议加大基础设施建设投入》，http://news.xin。

《马云设立乡村教师奖：每年评100名 每人奖励10万》，http://news.163.com/15/0916/11/B3KO9IIV0001124J.html。

《2014年中小学标准化建设工程实施方案》，http://www.nxjy.gov.cn/xxgk_readnews.asp?newsid=2727。

《宁夏"十二五"期间乡村教师队伍建设主要举措与成效》，http://www.sohu.com/a/65020846_387134。

《提高教师职业吸引力》，http://inews.nmgnews.com.cn/system/2016/09/08/012127711.shtml。

中国乡村之声：《2016中国农村公共服务现状调查报告》，http://www.zgxcfx.com/sannongzixun/91120.html。

中华人民共和国统计局：《中国统计年鉴2016》，http://www.stats.gov.cn/tjsj/ndsj/2016/indexch.htm。

五 其他

刘荣、韩美青：《雇主吸引力的提升研究》，Proceedings of 2014 4th International Conference on Applied Social Science（ICASS 2014）Volume 53。

邬志辉：《城乡教师流动的两种类型及其决定机制》，《基础教育区域性发展的理论视野与实践模式学术研讨会会议资料》，2012年。

夏征农、陈至立主编：《辞海》，上海辞书出版社2000年版。

肖捷：《国务院关于深化财政转移支付制度改革情况的报告——2016年12月23日在第十二届全国人民代表大会常务委员会第二十五

次会议上》，2017年。

中国互联网信息中心：《2015年农村互联网发展状况研究报告》，2016年。

［美］D. 格林沃德：《现代经济词典》，商务印书馆1981年版。

六 外文文献

Ashley Keigher, Freddie Cross, *Teacher Attrition and Mobility: Results From the 2008-09 Teacher Follow-up Survey*, U. S. Department of Education, 2010.

Biederman I., "Recognition-by-components: a theory of human image understanding", *Psychological review*, 1987 (2).

Coldron, J. & R. Smith., "Active location in teachers' construction of their professional identities", *Journal of Curriculum Studies*, 1999 (6).

Dean H., *understanding human Need*, Policy Press, 2014.

Doyal L, Gough I., *A theory of human need*, Palgrave Macmillan, 1991.

Kirby, S. N., Berends, M. & Naftel, S., "Supply and Demand of Minority Teachers in Texas: Problems and Prospects", *Educational Evaluation and Policy Analysis*, 1999 (1).

Leininger M M., *Caring, an Essential Human Need: Proceedings of the Three National Caring Conferences*, Wayne State University Press, 1981.

Lepak D. P., Snell S. A., "The human resource architecture: Toward a theory of human capital allocation and development", *Academy of management review*, 1999, 24 (1).

Lievens, F., "High house, the relation of instrumental and symbolic attributes to a company's attractiveness as an employer", *Personnel Psychology*, 2003 (5).

Maslow A. H., "A theory of human motivation", *Psychological review*,

1943（4）.

Max-Neef M., Elizalde A., Hopenhayn M., "Development and human needs", *Real-life economics: Understanding wealth creation*, 1992（3）.

Pyszczynski T., Greenberg J., Solomon S., "Why do we need what we need? A terror management perspective on the roots of human social motivation", *Psychological inquiry*, 1997（1）.

Rickman, Bill D. and Parker, Carl D., "Alternative Wages and Teacher Mobility: A Human Capital Approach", *Economics of Education Review*, 1990（1）.

Ryan R. M., Deci E. L., "Self-regulation and the problem of human autonomy: does psychology need choice, self-determination, and will?" *Journal of personality*, 2006（6）.

Sen A., "Elements of a theory of human rights", *Philosophy & Public Affairs*, 2004（4）.

Sheila Nataraj Kirby, Mark Berends, Scott Naftel, "Supply and Demand of Minority Teachers in Texas: Problems and Prospects", *Educational Evaluation and Policy Analysis*, 1999（1）.

Wilcock A., "A theory of the human need for occupation", *Journal of Occupational Science*, 1993（1）.

Zembylas, M., "Emotions and teacher identity: A poststructural perspective", *Teachers and Teaching: Theory and Practice*, 2003（3）.

后　　记

　　本书是我主持的国家社科基金项目"西部民族地区城乡义务教育师资均衡财政保障机制"（批准号：11CGL079）终期研究成果，也是宁夏大学民族学一流学科（NXYLXK2017A02）建设项目成果。

　　本书选题主要源自我攻读博士学位期间的学术思考和导师的引导。2005年开始，我先后在东北师范大学攻读硕士、博士学位，东北师范大学教育科学学院浓厚的学术氛围，导师邬志辉教授深厚的理论功底和宽广的学术视野，令我"大开眼界"，学术思维和理论视野都得到极大开阔。攻读硕士学位期间，受到国家经济社会发展水平等综合因素的影响，财政投入不足成为当时教育理论和实践界关注的焦点，经费短缺是教育学术界热议的话题。攻读博士学位期间，国家对义务教育的管理和改革出现重大的政策方向调整，更加突出关注义务教育"质量"保障，国家先后制定多项重大政策，对义务教育的财政投入持续增加，尤其是《国家中长期教育改革和发展规划纲要（2010－2020年）》的出台，为推动义务教育更快更好地发展提供了政策基础。基于上述思考，结合义务教育由"数量普及"向"质量提升"转变的基本判断，参加工作后，我将"城乡义务教育师资均衡"作为科研主攻方向，考虑到学习期间的关注点和教育财政投入的重要性，便选取"城乡义务教育师资均衡财政保障机制"作为国家社科基金申报选题方向。

　　课题成功立项后，随着研究的深入实施，课题研究面临的各种理论和实践的问题接踵而至，究竟应如何理解"均衡"，如何理解

"机制"，如何借助经济学的机制设计理论去深化研究论题，如何才能保障调查样本的代表性和广泛性，如何才能根据研究任务安排实现跨省调研等等，再加上工作单位调整、工作性质变动等工作生活中出现的一系列新情况，我也曾因不知从何着手而"困顿"，因无法取得实质进展而"忐忑"，因难以获取亟需的数据信息而"不安"，使我再次深刻地体会到学术研究的艰辛与不易。

  课题顺利结题，除了个人的努力外，主要还得益于课题组成员的通力合作。我的研究生张纯坤、贺丹等，承担了大量的数据处理、材料梳理、文字校对工作。宁夏教育科学研究所解光穆教授、西北师范大学教育学院周晔教授、内蒙古赤峰市委统战部胡延鹏同志，在数据采集、实地调研等方面给予了大力支持，在此一并表示谢意！感谢宁夏大学民族学一流学科建设项目给予的资助，感谢杜建录教授、尤桦博士的信任，感谢宁夏大学教育学院各位领导和同事长期以来所给予的帮助。

  最后要感谢我的妻子焦岩岩博士，不论是远赴"东北"求学，还是选择到"西北"工作，她始终伴随左右，给予了莫大的支持和鼓励。她既是我的家人，又是密切的合作伙伴，在课题申报、实施、结项过程中，她承担了大量的工作，付出了艰辛的努力，正是她的理解和支持，才使我能顺利攻破一道道难关、迈过一道道坎！

  再次感谢导师邬志辉教授的培养，感谢所有曾给予我帮助的人！

马　青
2020 年 5 月于银川